내 엄마에게서

참 고맙습니다

내 엄마여서
참 고맙습니다

초판 1쇄 인쇄·2013년 4월 15일

지은이· 유정숙
펴낸이· 이승훈
펴낸곳 ·해드림출판사
주소·서울시 구로구 온수동 47-1 청곡빌딩 510호
전화·02-2612-5552
팩스·02-2688-5568
e-mail ·jlee5059@hanmail.net
등록번호 ·제387-2007-000011호
등록일자· 2007년 5월 4일

* 책값은 표지에 있습니다.
* 잘못된 책은 바꿔 드립니다.

ISBN 987-89-93506-79-2

내 엄마께서
참 고맙습니다

사랑하는 아들에게

그분은 너를 빛 가운데로 반드시 인도하실
것이며 너의 오른손을 이끌어 인도할 것이고
인생 삶의 기본 바탕을 하나님 말씀 위에
세우리라. 그리고 부디 네가 나이를 먹더라도
술과 담배는 네 인생에 적으로 알아다오.
지금 부탁이오, 이 어미의 생명 다 하는
날까지의 소원이요 부탁이다.
부디 건강하여라.
_엄마가

해드림

‖ 펴내는 글 ‖

소망과 감사로 심은 씨앗들

언어의 다양성과 정보 통신의 발달로 빠르게 변해가는 이 시대에, 민속촌에서나 볼 수 있는 묵은 살림들을 정리하면서 기증도 하고 이웃과 나누기도 했습니다. 그리고 삼십 년 전 아들을 유학 보내놓고 주고받은 편지 묶음을 꺼내다보니 문득 책으로 엮어보고 싶다는 생각을 하게 되었습니다.

식구들의 사랑과 꿈과 애환이 깃들어 있는 지나온 세월의 토막토막을 한데 묶어 회상해 보면 더욱 좋을 듯 싶었습니다.

어느덧 황혼이 짙은 길목에서 뒤돌아보니 자녀들 공부시키며 바쁘게 살았던 젊은 시절이 봄 들판의 아지랑이처럼 피어오릅니다.

세상 부모 마음 다른 데 있을까마는 여린 가슴을 아프게 했던 삶의 질곡들이 새삼스레 떠오기도 합니다. 때로는 버거운 짐을 지고 어둠 속을 헤매던 숱한 사연들을 마음 한켠에 접어둔 채 오직 기도로 주님의 도우심을 바라며 소망의 탈출구를 찾곤 했었지요.

어려운 고비마다 하나님은 삶의 지혜를 주셨고 순간순간 그 사랑에 감격하고 감사했습니다. 세월 또한 빠르게 지나 소망과 감사로 심은 씨앗들은 강산이 변하는 동안 튼실한 열매가 되어 돌아왔습니다.

젊음이란 분명 아름답고, 할 수 있는 가능성이 누구에게나 주어짐과 동시에 또 이룰 수 있는 꿈이 있어 언제나 맑게 갠 가을하늘처럼 설레나 봅니다.

자식(생명)을 기른다는 것은 잘 자라도록 지혜와 사랑의 손길로 돌봐주는 것이라는 말이 있더군요.

젊은 아녀자로, 어미로, 귀한 며느리를 맞았고 시어미로, 장모로, 여섯 손주들의 할머니로, 여러 이름으로 불리며 사는 동안 어느덧 아들은 오십이 넘었고 딸들 또한 사십을 훌쩍 넘고 보니 이제는 자녀들이 노부모를 살핍니다.

반세기 넘는 세월동안 남편과 부부의 연을 이어오면서 구름 속 황혼이 더 아름답다는 말을 생각해 봅니다. 지병으로 오랜 세월을 견디며 묵묵히 가정을 지켜 온 남편에게 많은 고마움을 느낍니다. 그리고 주위의 모든 가족들과 책을 펴낼 수 있도록 용기를 북돋아 준 정정성 편지마을 회장님과 장은초 후배님께 고마움을 전합니다.

연약하고 부족한 이 딸을 담금질하여 자녀 삼아 주시고 오늘에 이르도록 이 가정을 지켜주신 주님께 한없는 감사와 영광을 돌립니다.

계사년 봄에 **유정숙**

|| 목차 ||

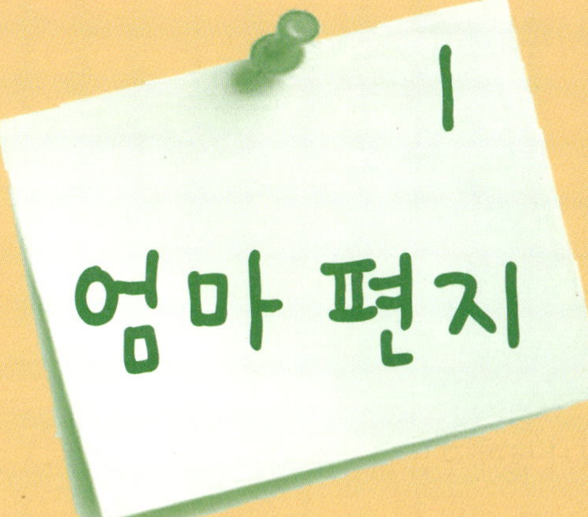
1
엄마 편지

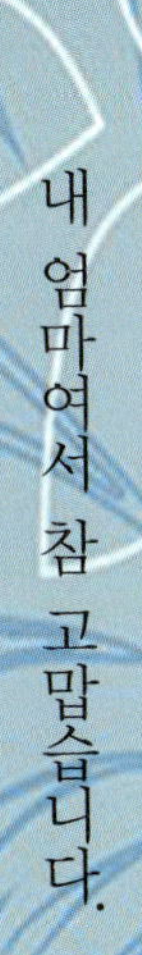
내 엄마여서 참 고맙습니다.

post

희범이 보아라 · 1

너를 태운 비행기가 공항을 떠서 멀리 구름 속으로 사라지는 것을, 서울 네 식구가 바라본 후 발길을 돌렸다. 하숙하는 분 저녁밥 짓기에 바빠 부지런히 집에 오면서 텅 빈 가슴을 기도로 달래야 했다. 하나님 사랑으로 벌써 보름이 지났구나. 지금 11시 40분, 미국은 아침 시간이겠지. 너의 편지를 동생들이 얼마나 반가워하는지, 지금은 얼떨떨하겠지만 그것이 또한 공부니라.

물가 비싼 것을 느낀 것도 공부고, 경제적인 것을 생각해 본다는 것도 공부지. 희천이가 많은 도움이 된다니 고맙고, 사촌끼리 서로 의지가 되어야지!

네가 영어를 모르는 것은 극히 당연한 것이요 자연스러운 것이니 조금도 기죽을 것은 없다. 한국말 모르는 외국사람 또한, 너와 다를 게 없는 것이니 말이다. 김선도 목사가 미국 갔을 때 하도 영어를 못 알아들어 하루는 미국 사람에게 한국말로 실컷 이야기했더니 그도 도무지 못 알아들었대.

그래서 내가 조금도 못난이가 아님을 확인하고 '내가 지금 영어를 한마디 배우면 너보다 나은 사람이니 너는 아무것도 아니다.' 라는 생각에 공부하고 기도하고 하나님께 지혜를 달라고 졸라가면서 그 어려운 과정을 마쳤다는 이야기를 들었을 때, 나는 너무도 감동하지 않을 수가 없었다. 너는 한심할 것이 전혀 없다. 너무 조급하지 말고 담대하게 남아답게 이곳 학교도 못 가 재수 삼수하며 생존경쟁 하는데 너는 그곳에서 재수하며 경쟁하면 되는 것이니 조금도 염려하지 말아라.

그럼 네가 이곳에서 배운 영어로 미국 가서 바로 행세하리라 생각은 안 했겠지. 긴장과 걱정은 다 없애버리고 지극히 당연한 자세로 부딪치면서 조심스럽게 행동하거라. 하나님께서는 스스로 돕는 자를 도와주시고 의와 빛의 하나님이시니 답답할 때 두 손 모아 기도하며 하나님께 지혜를 구하여라. 반드시 응답이 있으리라.

고국에 엄마가 항상 너를 위하여 기도 하는데 어찌하여 선택한 백성의 기도를 안 들어 주시겠느냐. 너는 하나님이 보낸 유학이니 반드시 될 것이다.

그리고 건강에 유의하여라. '돈을 잃은 것은 적게 잃은 것이요, 명예를 잃은 것은 많이 잃은 것이요, 건강을 잃은 것은 모든 것을 잃는 것이다.' 라는 말을 명심하여라. 제아무리 어려워도 너는 해낼 것이다. 건강을 잃지 않는 한, 긴장은 건강의 적이니 매사에 차분하게 돌다리로 두들겨서 한 발씩 걸어가라. 걷기도 힘들면 기어가고….

어쨌든 너는 시간이 있으니까 목적지 달성이 그들과 말이 안 통해 늦을 뿐 네가 한심한 사람은 아니질 않느냐. 아마 한국에 있을 때 시간과 세월을 아껴 살 걸, 느낄 때도 있겠지만 지금도 늦지는 않았다. 건강에 유의하며 시간과 세월을 아껴서 나는 할 수 있다는 긍정적인 자세로 나가면 꼭 될 것이니라. 너무 지나친 염려는 말고 안심하기 바란다. 그리고 모든 것이 하나님 섭리 안에 이루어지는 것이니 하루가 지날 때 감사하며 생활하기 바란다.

이곳 동생들과 부모는 잘 있다. 현옥이 현진이도 88년 올림픽 때는 오빠가 대학을 졸업할 것이라며 그때를 기다린단다. 희천이도 그때는 대학생이 되겠지.

할머니 삼촌들 모두 안녕하시고 2층 너 쓰던 방에는 며칠 전에 다른 분이 오셨단다. 그분도 학생인데 군대 제대한 후 공부하는 것이 열심이더라. 2층에 사람이 있어 든든하지.

나도 너와 함께 열심히 시간을 아껴 생활하면 하나님께선 우리 가정에 꼭 축복 주실 것을 믿는다. 아버지와 나는 주일마다 열심히 교회 가서 기도하고 아버지도 믿음의 생활로 모든 것을 이기는 것을 나는 옆에서 볼 때가 종종 있다. 현옥이 현진이도 오빠 건강하라고 기도한단다. 그리고 내가 순복음 뉴스를 그곳에 신청했으니 아무리 바빠도 일주일에 1시간은 할애하여 틈틈이 읽고 네가 한국에 올 때 고이 간직하였다가 가지고 오기 바란다.

뉴욕에 순복음교회 김남수 목사님의 주소를 적어주마. 인생 살 때 삼촌 내외분의 충고를 귀담아들어 행동하고 그 누구에게도 말 못할 사연이 생길 때는 목사님을 찾아뵙고 의논하여라. 그분은 너를 빛 가운데로 반드시 인도하실 것이며 너의 오른손을 이끌어 인도할 것이고 인생의 기본 바탕을 하나님 말씀 위에 세우리라. 그리고 부디 네가 나이를 먹더라도 술과 담배는 네 일생의 적으로 알아다오. 지금의 부탁이요, 이 어미 생명 다하는 날까지의 소원이고 부탁이다. 부디 건강하여라.

이곳 네 식구는 열심히 주일을 지키며 미국 식구를 위하여 기도한다. 가져간 설교 테이프를 자주 틀어 몸과 마음판에 새겨 두어라. 네가 꺼내 쓸 때가 많이 있을 것이다. 누구나 환경에 적응하기 마련인데 남들도 다 가는 길을 나도 간다는 자연스런 마음으로 걸어가거라. 의지를 굽히지 말고 남자가 아무 데서나 눈물 보이지 말고 열심히 살면 그것이 나중에 이름다운 면류관으로 변한단다.

밤을 지새우고 너와 이야기해도 좋을 것이지만 오늘은 이만하고 엄마가 편지 자주 하지 못하더라도 동생들과 아버지가 할 것이다.

내일은 너를 보내고 세 번째 맞는 주일이다. 아버지는 일요일 아침이면 너 있을 때보다 교회를 더 열심히 다니고 기도를 한단다. 너도 주일이면 교회 못 가더라도 기도하여라. 교회에서 너 찾아가면 등록하여라. 교회에는 여러 직종의 교인을 대하는 목사님이시니 상담에 응해 주실 것이다. 부디 삼촌 내외분 말씀 잘 듣고 사촌 동생 잘 보살피고 영어 도움받아 공부하고 몸 건강하여라.

1982. 8. 21. 서울에서 엄마가

희범이 보아라 · 2

오랫동안 (근 한 달) 네 편지가 없어 몹시 궁금하던 차에 편지를 받아 얼마나 반가웠는지 모른다.

엄마는 어려울 때 기도로 하나님께 맡기는데, 아버지는 얼마나 너를 생각하시는지 그전에는 보지 못했던 모습을 옆에서 보게 된단다. 아버지는 네 편지가 올 때마다 편지 쓰는 것이 점점 는다고 좋아하신다. 성적표 외, 책 그리고 소포도 받았다니 궁금한 것은 풀었다.

이곳은 별고 없고 할머님도 건강하시고 엄마도 아빠도 네가 염려하는 것 만큼 건강히 교회에 잘 다닌다. 현옥이는 네 편지 올 때마다 학교에서 오빠 얘기를 하면 오빠 없는 사람 서러워서 살겠냐고 친구가 웃긴다더라.

이곳도 앞마당에 온통 낙엽이 다 떨어졌고 네가 못 먹고 간다던 대추나무도 벌써 잎이 하나도 없이 떨어졌다.

이제 좀 적응이 되느냐? 유학이란 것이 생각하는 것 그 이상으로 힘들고 어려움을, 이곳 교회 사람들한테도 들었다. 산은 높고 골은

깊어 네가 걸어갈 수 없을 것 같이 힘들고 어려워도 너의 오른손을 하나님께서 붙들어 주시면 힘을 얻어 갈 수 있지만 네 힘만 의지하면 패할 수밖에 없는 것이 인간의 나약한 마음이란다. 부디 건강에 유의하여라. 지난 편지에 네가 뉴욕 순복음교회에 갔다니 엄마는 얼마나 감사하고 좋은지 한없이 눈물의 기도를 드렸단다. 네 나름대로 열심히 하면 되는 것이다. 그곳 대학생들이 열심히 공부하니 앞서 가는 나라가 된 것이라 생각한다. 너도 올려다보고 부러워만 하지 말고 나도 그들처럼 앞으로 시간이 흐르는 동안 할 수 있다는 마음자세만 가지면 할 수 있는 것이다. 사람은 정신적인 자원이 풍부하면 비록 몸이 비천에 처할지라도 마음과 행동은 얼마든지 부자가 될 수 있는 것인데 그 마음의 자원은 하나님으로부터 무한히 받을 수 있는 것이란다. 좋으신 하나님이 항상 너의 마음속에 계시며 역사하실 수 있는 자리를 마련하면 되는 것이지.

엄마는 편지에 하나님 얘기만 한다고 하겠지만 삶의 뿌리를 하나님 말씀에 박아야 변함없는 아름다운 삶을 살 수 있기에 하는 말이다.

시간이 없겠지만 주일을 지키도록 노력하여다오. 그곳을 담당하는 구역장님이 계실 것이다. 모든 것을 구역장님과 의논하면 잘 보살펴 주시고 너를 아름다운 곳으로 인도해 주실 것이며 서울에 이십삼만 성도가 전 세계 순복음 식구들을 위하여 기도하는 소리를 (그 속에 엄마 아빠 기도도 들어있음) 하나님이 응답하실 줄 믿는다. 성경책은 준비하였는지? 성경책을 안 보내 후회를 많이 했다.

요즘 해가 짧아 일찍 집에 와서 밖에 나가지 않는다니 안심이다. 위험도 많은 곳이라 항상 조심하고 엄마가 너의 건강 때문에 많은 기도를 드린다.

요즘 속이 어떠냐? 아플 때, 구역장님 보고 기도해 달라고 하여라. 하나님이 놀라우신 역사가 너희에게 임하실 것이다. 이곳 기독교 방송에서도 뉴욕 순복음교회 김남수 목사님 말씀을 듣는다.

너의 생일 카드를 현옥이 현진이가 종일 만든 것이란다. 정성이 대단하더라. 핏줄의 아름다움을 느낄 수 있었다. 이곳 걱정은 안 해도 되고 그곳 작은집 식구가 늘 고생이지.

할머니, 화곡동, 독산동, 인천 모두 모두 잘 있다. 2층에 김씨도 네 얘기를 많이 한다. 올해 결혼하려고 했는데 미루어지는 것 같더라.

엄마는 하나님이 건강 주셔서 하숙생 돌보는 데에 하나도 불편이 없어. 누구나 하나님이 주신 주어진 시간을 최대한 활용을 할 때 그 삶이 아름다워지는 것이지. 아버지도 요즈음은 바쁘신 것 같다. 그만큼 학교에서 중요한 일을 하시는 것 같아.

작은어머니 고생하시고 작은아버지 일하시는 것, 한국에서는 상상도 못하는 고생이겠지. 열심히들 살아 다 함께 기쁨을 맛보아 성공의 함성이 고국에 임하도록 기도하리라.

작은엄마 몸도 약한데 고생이 많으시겠지. 네가 마음으로라도 아들노릇 많이 해 드려라.

희천이는 아직 어리고 차차 시간이 흐르면 너도 그곳 생활에 익숙하여지겠지. 시간을 아껴서 공부 열심히 하고 작은엄마 작은아버지 딱한 줄 알고 도와드리면 그것이 바로 고생하시는 삼촌 내외분께 보람이 되는 것이다. 아버지는 네 편지를 몇 번씩 읽고 또 읽고 한단다.

일전에 동락이한테 전화하여 이야기했다. 겨울 방학에 온다고 한다. 경찰대학 신문도 보내주고 그놈이 아주 신통하다. 종훈이네도 전화했다. 종훈이 엄마만(전화로)났는 데 글쎄 종훈이 엄마도 순복음 교인이라고 반가워하며 할렐루야를 연발하여 금방 주안에서 자매됨을 반가워했다.

함께 종훈이 12월 초 합격(예비고사)을 위해 기도할 것이다. 성호는 집에 아무도 없어 못 만났다.(전화로)

성욱이가 생일카드 보냈다던데 받았느냐?

네가 친구들에게 편지 다 못해도 엄마한테 편지하면 내가 대신 전화로 답장해 주마. 부디부디 몸조심하여라.

이곳도 김장을 해야 하고 추위가 닥치니 네 생각이 더 나는데, 감기 조심해라. 현옥이 현진이는 미국 하면 희천이를 많이 얘기한다. 네가 보낸 사진도 늘 보면서….

종종 시간 나는 대로 소식 전하마. 안녕~ 안녕.

1982. 11. 18. 서울에서 엄마가

희범이 보아라 · 3

희범아! 불현듯 너와 이야기하고 싶어 일하다 말고 펜을 들었다. 모두 모두 잘 있다니 너무너무 감사하구나. 그래, 얼마나 힘이 드느냐? 하나님께서는 우리 희범이 이모저모 아름답게 키워주심을 이 엄마는 감사하지 않을 수 없구나. 이곳에도 추수감사 주일을 보내고 또 마지막 달 12월을 맞이하여 너를 그 무더위 속에 보낸 지도 넉 달하고 오늘로 하루가 되었다. 밖에는 영하 9.8도라는 추위가 엄습해 왔다. 네 편지 받고 리딩 시간에 교수가 30~40페이지를 복사해 느낀 바를 쓰랬는데 절반 정도 읽으면 시간 다 된다니까 아버지는 그래도 퍽 기특하단다. 어순이 달라서 매우 어렵게 배우면, 그대로 쉽게 배우는 영어보다는 값진 것일 게다. 한국 사람이 일본말 쉬워하는 것과 같겠지만 한국 학생들 대학 입시에 이 점이 유리할 것 같아, 이번에 일본어를 선택 과목으로 정한 학생은 큰 낭패를 당했단다. 너무 어렵게 출제되었다나? 아무튼 우리 아들 장하다. 그 벌판 같은 미국 땅에 가서 엄청 힘든 일과 통하지 않는 언어의 장벽을 열심히 뚫어

보려고 부딪쳐 행동하는 너를 그려볼 때, 하나님! 우리 희범이에게 지혜와 총명과 건강을 주시어 믿는 자녀로 하여금 빛 된 생활하게 해 달라고 수십 번 수백 번 간구한단다.

삶이란 것이 살수록 어려운 것, 그 어려움을 성실과 근면과 인내로 묵묵히 이겨나갈 때 승리하는 삶이 되는 것이다. 그 어려움과 고통과 좌절할 것 같은 순간순간을 '할 수 있다.' 는 마음의 자원을 가지고 싸우는 것이 아니겠니? 얼마나 얼마나 힘든 것을 엄마가 상상해 보고 상상하는 것, 그 이상의 고생이란 걸 나는 알고 있기에 또 기도한다.

지하철 탈 때 기도 하여라. 기도는 영적인 호흡이요 정신적 쉼을 주는 하나님의 위로가 있다는 것을 기억하여라.

200$ 가져간 돈이 400$ 되었다니 아버지는 놀라움과 대견함과 또 어버이로서의 아픔이 있어 우리는 기도 하였다. 한국에서 한국말로 공부하는 것도 힘들다 했는데 그 고통과 힘이 드는 일을 어디에다 비교하겠니? 그러나 좋으신 하나님은 우리 희범이를 아름답게 만들기 위하여 고통과 어려움을 주시는 것이니 긍정적으로 받아들일 때 승리하는 삶이 된단다.

섭섭한 마음과 차별 대우를 마음 상해하지 말고 그들을 위하여 기도하며 너는 희범이가 아니라, 한국인(한국사람)이란 점을 인식하여 행동거지와 마음가짐을 아름답게 가꾸어 나가노라면 위에 있는 자가 되겠지.

일요일에 교회에 간다니 너무너무 감사해서 엄마는 감사의 눈물을 안 흘릴 수가 없었다. 이곳 엄마는 건강하고, 어려울 때 기도하며 마음의 자원이 늘 풍부하여 항상 즐겁게 살고 있다.

일요일엔 교회 버스가 이곳에 오게 되어 개포약국 형, 아파트 누나, 모두 교회 버스로 만나게 되는 즐거움과 아빠와 나란히 앉아 찬송과 기도로 위로받는 삶을 산단다.

네 친구 성호와 종훈이 시험 위해 기도하고 너를 대신하여 전화도 해주었다. 종훈이 엄마는 순복음교회 다닌다고 "할렐루야!"로 한 교회 다니는 기쁨을 나누었다. 성욱이한테도 안부 전하였다. 너무 급하게 서두르지 말고 건강을 돌보면서 공부하여라. 노력한 대가는 반드시 받게 돼 있는 것, 하나님께서는 심은 대로 거둔다고 말씀하셨다.

네가 열심과 노력으로 아름다운 고통을 심었으니 차차 거둬들이게 될 것이다. 속담에 첫술에 배부르냐는 말이 있지 않니?

작은엄마 작은아버지 힘든 것, 마음으로나마 아들노릇 하여라. 아직 희천이는 너보다 어리니까. 현진이 현옥이가 오빠 얘기 많이 한다. 현진이는 콩나물같이 키만 자라 이젠 현옥이하고 키가 같으니 엊그제는 서로 키를 대보고 놀라더라.

부디부디 몸 건강하여라.

하나님이 함께하시는 한, 넌 꼭 승리하리라.

82. 12. 7. 서울에서 엄마가

희범이 보아라 · 4

1월 1일 날에, 너의 전화 목소리 듣고 기쁘기도 하고 아쉽기도 했다. 너도 그랬을 것이다. 엄마는 예나 다름없이 항상 건강하고 하나님께 감사하며 하루하루를 보낸다. 10학점 신청했다니 더더욱 공부하기가 힘이 들겠구나. 목표한 10학점 무난히 달성할 수 있는 힘과 용기와 지혜와 건강을 주십사 하고….

참새 한 마리도 하나님의 허락이 아니면 땅에 떨어지지 않는데 하나님이 함께 하셔야 모든 일을 아름답게 이룰 수 있지 않겠니? 세상에 모든 과학이 놀랍도록 발달하여 세상 삶을 정복할 수 있는 것 같지만 하나님이 보시기엔 극히 미흡함에 지나지 않는 것이다. 모든 것을 하나님께 의지하고 참을 수 없는 고통이 엄습해 온다 한들 너를 위하여 고통을 지신 예수님을 바라보라.(지금은 이 말이 실감 나지 않겠지만)

누구에게나 고통과 시련은 다가오지만 그것을 기꺼이 받아들여 소화시키며 피하지 않고 긍정적이고 적극적인 삶으로 이겨나갈 때 밝고 밝고 환한 삶을 맛보는 것이 아니겠니.

너의 편지를 받을 때마다 하나님께 감사한다. 주일을 지키는 너를 머릿속에 그리며 아버지와 나는 열심히 기도한다. 나는 믿는다. 이 엄마의 기도와 너의 노력이 합쳐져서 두 모자가 참고 견디는 눈물이 하늘에 상달 되어 10학점 따도록 분투하는 한 하늘도 땅도 생각하는 그 모두가 아름다운 결과가 되리라는 것을….

교회는 얼마나 먼가? '나는 할 수 있다.' '나는 승리 한다.' '나는 모든 것을 이기며 모든 것을 참는다.' 라고 남자다운 마음가짐으로 새학기에 임하여라. 물론 생각할 수조차 없는 벅차고 힘들고 참기 어려운 무서운 고통의 시련이 지금 너에게 도전장을 내밀지라도 마음가짐이 가장 중요한 것이지. 그 외의 것은 조심스럽게 건강에 유의하여 야무지게 도전하면 하나님도 너와 함께 하실 것이라 믿는다.

세상에 그 무엇과도 바꿀 수 없는 보배요, 평화요, 사랑인 그 믿음을 유산으로 주고 싶은 엄마의 마음. 이 세상 다하는 그날까지 나는 너를 위하여 좌절하지 않고 기도하리라.

너의 그 고통을 이야기 안 해도 미국 가서 공부한 사람들 얘기 들어 조금은 알고 있다. 네가 좋은 삼촌 내외분을 둔 것도 하나님께 감사해야 한다. 물이 포도주로 변화되는 삶을 살 때 인생의 참가치를 느끼는 것이란다.

지금 이 편지 가지고 미국에 가시는 분은 삼촌이 고등학교 때 친한 친구분이었다. 너와 성호, 동락, 종훈이 사이처럼….

83년도는 네게 가장 힘든 해가 될 것이다. 올해를 잘 인내하면 모든 것을 인내할 수 있는 아들이 되리라 믿는다. 엄마의 기도와 아버지 말 없는 사랑이 있기에. 또한 삼촌 내외분의 고마움이 태산과도 같아 나는 늘 감사하며 살고 있다. 모든 것을 하나님께 맡기고 오직 기도와 간구로 하나님께 아뢰면서 세상의 고통을 믿음으로 이겨나간다. 아버지는 네가 잘 참고 견디는 것을 얼마나 대견해 하시는지….

무슨 문제가 있을 때는 삼촌께 의논드리고 이진구 구역장님께 기도 부탁 드려라. 너를 믿음으로 잘 키워 줄 것이다. 너를 통하여 삼촌 내외분도 주님을 영접하실 때가 오리라 믿는다.

그래, 파티엔 잘 다녀왔고? 그곳 크리스마스는 이곳과 많이 다르겠지? 색다른 구경도 많이 했겠구나.

희천이에게 좋은 형,좋은 친구, 좋은 선배(이국 생활엔 희천이가 선배지만) 고국을 잘 모르는 동생에게, 너를 통하여 한국을 배워야지. 미국도 많은 물건 있겠지만 엄마 아빠의 사랑이니 좋은 선물은 못 되더라도 흐뭇하기는 하리라…. 한국의 곶감, 쥐포, 어리굴젓, 김 모두 한국을 상징하는 것이 아니겠니?

부디 몸조심하고 마음으로나마 고생하시는 작은엄마 작은아버지를 희천이 대신하여 보살펴 드려라. 끝없이 대화하고 싶은 이 마음을 억누르면서 이만 펜을 놓는다.

1983. 1. 13. 서울에서 엄마가

희범이 보아라 · 5

너무 너무 오랜만의 대화로구나. 어찌어찌 하다 보니 그렇게 너와 대화의 시간을 갖지 못했고 늘 기도하면서 하나님께 모든 것을 맡기며 살려고 애쓴다.

희범아! 작은엄마 말씀에 네가 잘 적응하고 있다니 엄마는 얼마나 하나님께 감사했는지 모른다. 금요일 철야기도로 뜬 밤을 새워 기도하는 그 시간에, 미국에서 금요일 낮시간을 쪼개는 너를 생각하며 하나님께 간구한다. 오직 믿음으로 인내하며 열심히 공부와 생활에 참여하노라면 좋으신 하나님께서는 더 많은 것으로 너에게 채워 줄 것이다.

아버지는 너를 생각하며 무척 대견해 하신다. 그 어려운 장벽을 뚫으려 애쓰며 힘든 공부를 하는 것이라며…. 곁에서 볼 때 말 없는 아버지의 부정(父情)이 얼마나 큰 것인지를 새삼 느끼게 한다.

현옥이도 이즘은 9시가 넘어야 집에 온다. 학교에서 수업이 끝나면 화실에 가서 씨름을 하고 오는 것이 그 역시 딱할 때가 많지. 현진이는 요즘 중학교 생활에 적응하며 차 타기가 힘들다며 엄살이 대단하여 엄마를 웃긴단다. 네가 보면 놀랄 정도로 컸지. 현옥이와 비교해 키가 눈에 뜨일 정도로 자랐는데 현옥이는 오므라들어. 눈 속에서 찍은 너의 모습을 보고 또 보고 편지를 읽고 또 읽고 기도하고….

참 좋으신 하나님은 분명코 너에게 좋은 것으로 채워 줄 것이다. 주일을 잘 지킨다니 엄마는 더 없이 감사하고 감사한다. 하나님 말씀에 기초를 두지 않는 성공은 헛되고 헛된 것이지만 말씀에 기초하여 장성하면 실패도 성공의 밑거름의 되느니라.

하루에 통학 거리가 네 시간이 걸리는 것도 감사하여라. 그 시간이 하나님과 이야기할 시간이요, 기도할 시간이다. 그 시간을 헛되이 말고 기도하면 하나님께서 시간을 늘릴 수 있는 놀라운 지혜를 너에게 줄 것이다.

구하라! 그러면 주신다고 하셨으니 네가 부족한 것 있을 때 구하여라. 엄마도 솔로몬과 같은 지혜를 희범이에게 주십사고 늘 아버지와 함께 기도한다. 엄마의 기도가 끊이지 않는 한, 너는 꼭 10학점을 가벼이 딸 것이다. 하나님은 구하는 자에게 주시는 것을 엄마는 체험을 통하여 배웠노라. '나는 할 수 있다.' 긍정적인 마음의 자세가 너를 바른길로 인도할 것이며 운명도 팔자도 마음가짐 하나로 바꾸는 것이지.

주안에서 성공하지 말라는 법이 어디 있으며 유학생이라고 뒤쳐지란 법이 어디 있겠니? 엄마는 늘 기도하며 확신한다. 희범이는 무엇을 해도 할 수 있노라고! 기도할 때마다 긍정적으로 하늘을 향하여 가슴에 두 손 모아 부르짖을 때 하나님은 응답하여 주실 것을 믿는다.

수학 교수한테 귀여움받는다니 얼마나 좋은지…. 아버지도 퍽 좋아하시더라. 한 주일도 교회 빠지는 날이 없이 꾸준히 엄마와 기도한다. 아직 체험은 없는 상태이지만 하나님이 좋으신 분이란 것을 아신단다.

이곳도 그 길던 겨울은 가고 이젠 완연한 봄을 느낀다. 학생들이 신학기에 들어 교복 입는 것을 못 보는 아쉬움도 있구나. 아버지는 이번에 교무를 맡으셨다. 꾸준하신 분이니깐 학교에서도 인정받아 교무에 앉으셨겠지.

3일 전에 증조할머니 제사라서 법석을 하고 이제서야 너와 대화를 한다. 2층에 김씨는 나가시고 다른 분이 오셨다. 다른 사람이 올 때마다 엄마는 많은 것을 배운다. 못난 것 보고도 배우고 좋은 것 보고도 배우고 늘 감사하며 기쁨으로 생활한다.

부디 몸조심하여라. 네가 지금 시간에 애착을 가지고 사는 것을, 얼마나 감사한지 모른다. 네가 고등학교 다닐 때 늘 시간과 세월을 아끼는 아들이 되게 해달라고 기도한 응답이니, 긍정적으로 받아 밀고 나갈 때 분명 밝고 맑고 환한 삶이 네 앞에 올 것이다. 빛 가운데는 검은 그림자가 있을 수 없고 등 뒤에 있게 마련이다.

희천이도 많이 컸고 네가 형 노릇 잘한다니 고맙다. 너의 피나는 노력의 대가는 네가 차지하는 것, 부디 모범 된 형이 되어라.

희범이가 한국인이라는 것을 잊어선 안 된다. 미국에 있는 동안은 한국인이다. 결코 한국에 먹칠하는 일은 없어야 되겠지. 아주 작고 하찮을 일이라도….

이제 학교생활이 좀 익숙해지느냐? 모든 스트레스는 교회 가서 하나님께 기도하며 해결하는 방법을 익히면 우리 믿는 자는 해결되리라 생각한다. 부디부디 건강하여라.

작은아빠 작은엄마께 좋은 조카가 되어 칭찬받는 아들이 되길 바란다.

1983. 3. 11. 엄마로부터

보고픈 희범이에게 · 6

마음이 급한 채로 몇 자 적는다. 그동안 별고 없느냐? 시험 준비로 얼마나 바쁘겠니? 나는 너를 위하여 항상 기도 한다. 믿는 자녀가 위에 있게 해달라고…. 너를 담당하고 계시는 이진구 구역장님의 남편이 이번에 한국에 오셔서 교회에서 몇 번 만났다. 너를 대한 듯 반가워서 하나님께 얼마나 감사했는지 모른다. 다만 아쉽다면 이 전도사님이 시간이 없어 우리 집에서 식사를 못하고 떠나신 것이 못내 아쉽더구나. 김치도 담그고 준비하고 있었는데….

하나님께서는 믿음 키워줄, 믿음의 부모를 준비하신 것에 엄마는 너무너무 감사해 어쩔 줄 모를 정도로 흥분했었다. 아버지도 이 전도사님 만나보고 무척 좋아하셨다. 아무쪼록 믿음생활 열심히 하여라. 쌀이 있으면 떡도 하고 밥도 짓고 하듯이 믿음을 갖고 있으면 박사도 되고 사업가도 되고 네가 할 수 있는 것을 모두 도와주신다. 믿는 자는 능치 못함이 없다.

불행은 어려운 일이 닥쳤을 때 생기는 것이 아니라, 이겨내지 못하고 실망할 때 시작되는 것이다. 나를 필요로 할 때 해낼 수 있는 능력과 하려는 마음가짐을 갖고 자신과 이웃을 위해 최선을 다하노라면 모든 것은 하나님께서 갚아주신다.

부디 몸 건강하여라. 이곳은 별고 없단다. 삼촌댁도 할머니도 모두 안녕하시다. 그리고 아버지가 지난번에 문교부 장관상을 수상하시고 3박 4일 여행도 다녀오셨다. 직분에 충실히 하면 상은 하나님이 주시는 것이다. 네가 열심을 다하는 것을 아버지는 늘 기특해하고 대견해하신다.

엄마도 열심히 건강히 살고 있다. 너무 섭섭하여 신발과 옷을 보내니, 희천이는 작은 것 큰 것은 네 것으로 알고 테이프도 열심히 들어라. 인삼 캡슐은 희천이와 함께 먹어라. 밥맛이 나는 것이며 희천이가 약하다니 밥 많이 먹고 건강해야지. 현옥이 현진이도 건강히 잘 있다. 네가 보낸 어버이날 카드는 잘 받았다. 고맙다.

아버지는 너를 생각할 때마다 희범이가 어려운 공부한다고 늘 말씀하신다. 이 전도사님이 네 칭찬 하시는 것 보고 아버지는 퍽 흐뭇해하셨다. 엄마는 물론 하나님 덕이라고 하지만….

작은엄마 작은아빠는 요즘 사업은 잘 되는지? 건강은 어떠신지? 엄마는 기도가 무기다. 내가 편지 자주 못해줘서 미안하다. 작은엄마께 안부 전하여라. 신앙생활은 구역장님과 전도사님 내외분께 모든 것을 상의하여 믿음을 키우기 바란다. 이만 안녕~ 안녕!

83. 5. 19. 전도사님 만나러 가면서
서울에서 엄마가.

희범이 보아라 · 7

그동안 별고 없었는지? 방학이 되었을 터인데 요즈음 어떻게 생활하고 있는지? 너의 편지가 없어 아버지는 날마다 우체통 열어 보는 게 아주 습관화되셨단다.

지난번 광수군 한국에 왔을 때, 너의 소식 듣고 얼마나 감사하던지, 광수군은 너에게 좋은 형이 될 것임에 엄마는 마음 든든했다. 광수 어머님께서 친히 커피와 편지도 보내 주셔서 너무너무 고맙고 감사했다. 이성윤 선교사님도 한국에 계신동안 교회에서 자주 뵈었다.

이곳 서울도 다 무고하고 현옥이 현진이도 건강히 잘 있다. 아버지도 이젠 남성구역예배도 꼭 참석하시고 꾸준히 믿음생활 하시며 희범이 건강히 신앙생활 잘하도록 주일이면 나란히 앉아 열심을 다하며 하나님께 간구한다.

어젯밤에는 아버지가 너를 꿈에 보았다며 퍽 궁금해 하시기에 엄마는 마음속으로 기도하였다.

좋으신 하나님께서는 너를 아름답게 만들어 주실 것이며 믿는 자에게는 능치 못함이 없으므로 희범이는 신앙이 두터워질수록 모든 일을 잘 이겨 낼 것이다. 오늘까지 인내하며 자라온 것을 감사드린다. 이 선교사님과 사모님 광수군 모두 좋으신 분을 만나게 해준 하나님께 감사하며 너의 믿음이 교훈이 되어 작은집 식구도 구원의 역사가 있기를 바랄 뿐이다.

현옥이는 약해서 고3 생활이 벅찬 것 같아 신경이 쓰이지만 현진이는 세상 것이 다 편한 아이라 덩치는 현옥이보다 더 크단다.

시흥 삼촌댁도 별고 없고 네가 떠난 지도 2년이 다 되어 오는데 향수병에 걸리지 않도록 믿음생활 잘하면서 미리미리 기도로 예방하도록 하거라.

교포들도 미국 가서 2년 되면 향수병에 걸린다는데 너는 좀 경우가 다르지만 밀려오는 외로움이 있다손 치더라도 믿음으로 잘 이겨 나가기 바란다.

아버지는 화초 가꾸는 데 취미가 생겨서 좁은 우리 마당이 이젠 완전히 화초로 포화 상태가 되었다. 대문 지붕 위에도 모두 화분을 올려놓아 아침이면 아버지는 바쁘시단다. 헤리가 짖어대니 산에 끌고 가서 운동하고 집에 오시면 어항에 잉어도 밥 주는 거 알고 아침이면 무조건 한데로 모여 입을 벌리고 먹이를 달라는가 하면 마당에 화초는 아버지 손길을 기다리고 2층에 토마토도 많이 커서 매일 물을 주어야 되며 병아리도 이젠 벼슬이 나와서 완전히 한몫을 하고 있다. 아버지는 이 모두를 돌본 뒤에 식사하고 출근하신단다. 화초가 늘어나면 이 집 주고 저 집 주고….

아버지는 잉어를 키우면서 희범이 올 때까지 잘 키워볼 것이란다. 지금도 회 쳐 먹게 생겼는데….

작은어머니 건강은 어떠시냐? 사업은 잘 되는지? 희천이도 이젠 고등학생이 되겠구나.

광수군 간다기에 섭섭하여 너의 옷을 샀는데 맞기나 할는지? 환약은 귀한 것이니 정성껏 먹어라. 엄마 사랑이 그 속에 있으니 그리 알고 희천이와 함께 건강하기 바란다.

노력한 만큼 성적이 안 나왔더라도 절대로 낙심하지 말고 좋은 성적 나와도 교만하지 말고 항상 희범이는 한국 사람, 한국을 돋보이게 하는 아들이 되기를 바란다.

부디 몸조심하고 소식 오기를 고대하며 기다리겠다.

1984. 4. 9. 엄마로부터

(오늘 저녁 이 편지와 물건 가지고 광수군 큰아버님댁에, 아버지께서 가실 것이다).

보고픈 아들 희범이에게 · 8

얼마나 바빴느냐? 오랜 기일 동안 소식 전하지 못하는 너를 생각하니 더더욱 눈코 뜰 새 없었던 모양이구나.

지난 3월 25일, 네가 돈 잘 받았다는 편지를 받고 오늘까지 편지를 못 받았으니 얼마나 네가 바쁜 생활에 쫓겨 사는가 짐작이 가는구나.

얼마 전 이 선교사 아들 광수군을 만나 네 소식 들었다. 네가 믿음생활을 잘한다니 엄마는 더 바랄 나위가 없구나. 항상 엄마가 하나님께 간구하며 기도하는 것은 네가 믿음을 굳게 가져 위험한 도시 뉴욕에서 어떠한 유혹이 있을지라도 슬기롭게 이겨나갈 수 있는 지혜를 달라는 것이다.

오늘은 5월 29일, 아직도 시험이 남았는지? 그저 엄마는 안타까움으로 달력을 쳐다보면서 기도로 마음을 달래고 밤에 기도할 때는 희범이는 아침을 맞아 하루가 시작될 것이고 낮에 기도하면 희범이 꿈속에서 천사를 만나 엄마의 기도 소리를 듣게 해 달라는 것이다. 항상 아름다운 믿음 안에서 너희 삼 남매를 위해, 또한 아버지 건강을 위해, 열심히 기도 생활한다. 오직 그것이 소망이고 취미인 것은 부인할 수 없는 사실이고 보면 하나님은 좋으신 분이고 엄마의 기도를 꼭 응답해 주시리라 믿는다.

이곳 한국은 별고 없다. 계절의 여왕인 5월엔 항상 풍요로운 사회적인 행사가 많고 또 과천에 세계적인 동물원이 생겨, 창경원 동물들이 모두 이사를 했단다. 아버지는 신앙생활이 향상되고 새벽이면 일어나 마루 소파에 앉아 말없이 기도하신다. 아들을 향한 부정(父情)을 살아갈수록 더욱 느끼는 아버지 모습에서 너를 위한 새벽기도를 엄마는 읽을 수 있단다.

주일에 결혼식이 있어도 주일을 꼭 지키신다. 희범이 위해서라도 교회는 가야 한단다. 현옥이 현진이도 믿음 안에서 착하게 자라고 현옥이는 약한 몸으로 몇 달 안 남은 입시 준비에 마음이 늘 무거운 모양이다. 하지만 누구나 겪는 홍역인 것을….

창가에 목련나무 가지는 어느덧 푸른 녹음으로 바뀌고 집집마다 장미가 한창이며 우리 집 앞과 학교 앞 공터에는 연립주택이 들어서고 동네도 조금씩 달라지고 있단다.

여름방학이 되면 다른 유학생들은 고국에 가는데 희범이도 한국에 오고 싶은 것 참고 있는 심정, 엄마는 안다. 그러나 서로 인내하자.

모든 여건이 주어지더라도 인내는 필요한데 우리보다 더 힘든 환경과 고초를 달게 받고 공부하는 학생도 많은 것을….

엄마는 바쁜 가운데도 희범이가 보고 싶을 때는 찬송가 301장을 부른다. 그 험한 도시 적응하기 어려운 그곳에서 네가 2년이 다 되도록 실족하지 않고 이겨나가는 것을 장한 생각에 엄마는 너를 업어주고 싶구나. 또 두 손 잡아 위로하고 싶어서 나는 또다시 하나님께 감사기도드린다.

희천이도 많이 컸겠구나. 작은어머니 건강은 어떠신지? 사업은? 영어 때문에 고충이 많겠지? 더구나 흥미 없는 과목을….

이성윤 선교사께서 한국에 계신 동안 전화하고 만났다. 지난번에 광수군과 시내 가려고 아버지와 약속을 했는데 광수군이 먹은 것이 탈이 나서 기회가 주어지질 않아 실패로 돌아갔지. 희범이가 광수군한테 많은 것을 배울 수 있는 것 같아 엄마는 마음이 든든하다. 네가 그 어려운 영어에 차차 익숙해지고 전공 과목 잘 살려 어려운 학점 다 따면 얼마나 축복인가? 하고 그림을 그리듯 상상도 해본단다.

하루하루 네 편지를 기다리다가 이곳에서도 편지 자주 못 해주어 미안하다. 방학 때는 네 친구 녀석들이 또 한 번 오려는지, 그놈들을 보면 꼭 너를 보는 것 같아 대견하고 반갑고….

하여튼 떨어져 있다는 것은 안타까우면서도 꿈을 꾸고, 열심히 공부하는 희범이 생각하면 행복하기도 하단다. 모든 것이 주님 안에서 시간과 세월을 아끼노라면 씨는 뿌린 대로 거두는 하나님의 법칙이 우리 가정에도 적용되어 아름다운 열매를 딸 때가 올 줄 믿는다.

희범이도 기도 열심히 하여라. 기도할 때 성령님이 임하시고 기도할 때 지혜가 떠오르며 기도할 때 먹구름은 물러가며 기도할 때 모든 소원을 이루어 주신단다. 기숙사에서 어떻게 해먹고 공부를 하는지 궁금한 것이 많기도 하다. 학교는 어떻게 생겼으며 하여튼 머나먼 나라를 내 멋대로 그려보고 생각하고 꿈을 꾸고 한단다.

엊그제 신문에서 보니 앞으로 유학 가는 것, 많은 규제가 따를 것 같다. 유학생들이 현지에 적응 못 하고 외화 낭비 많고 문제점이 있는 것 같더라. 유학생 중 공부 열심히 하며 성공하는 것이 5% 정도라니….

아무튼 하나님은 희범이 편이고 '나는 할 수 있다.' 를 평생의 좌우명으로 삼고 건강에 유의하여라. 오늘 하루를 충실히 보내면 1년이 충실해지는 것을 명심하고 희범이가 아니고 한국 사람임을 다시 한번 일깨워주고 싶구나.

TV에서 뉴욕이 나오면 아버지는 저기 희범이 지나가는가 잘 보란다. 엄마를 그렇게 웃긴단다.

네 소식 기다리며 희천이와 희범이 여름방학 잘 맞이하기 바라면서 안녕!

1984. 5. 29.
서울에서 엄마가

희범이에게 · 9

찌는 듯한 한더위는 여전한데 내일은 입추구나. 네가 미국 간 지 오늘이 2년이 되는 날이라 많은 생각을 하였단다. 남들은 벌써 2년이냐고 하더구만 엄마는 어찌도 그리 길었던지!

그동안 너와 온 식구 모두 노력한 만큼 대가는 얻었던 것 같다. 미국 삼촌 내외분은 네가 잘 참고 견디니 보람 있을 것이라 했다. 너는 또 일생에서 얼마나 많은 공부를 지난 2년 동안 해냈느냐? 장하고 대견한 마음뿐이다.

엄마와 아버지 동생들은 주일마다 두 손 모아 기도하며 살았고 모두가 삼위일체가 되어 그 어려운 타국 생활을 견뎌내고 있는 거겠지?열심히 열심히 시간 아껴 생활하는 너의 모습을 눈으로 그려볼 때 한없는 감사의 눈물이 흐른단다.

희범아! 이름을 불러 놓고 보니 무슨 말부터 먼저 해야 좋을지? 이 선교사님과 사모님 그리고 광수편에 소식 들어 네 칭찬을 해주실 때 엄마는 하나님께 먼저 감사하며 삼촌 내외분께 드리는 고마움뿐이다.

말할 수 없는 아들의 인내를 그려 보면서 형용하기 어려운 벅찬 감사를 드리곤 한다. 재작년 오늘, 김포공항에서 너를 떠나보내고 살얼음 밟는 기분으로 주야로 기도하며 일 년을 넘길 때 안타까운 그 마음이야 어디에 비하겠느냐? 그리고 그것을 견뎌낸 고마움과 체력과 언어가 달리는 형편에 정신력 하나 가지고 생소한 학교생활 하는 그 어려웠던 네 모습을 그려볼 때, 기도하지 않고는 엄마는 힘들었을 것이다. 예수님께서 호주가 되시어서 모든 식구들에게 힘을 주셨으며 인내하며 감사하는 마음도 주셨기에 엄마와 아빠 식구 모두 건강하게 생활하고 있단다.

LA에서 열리는 올림픽을 TV로 보면서 한국 여자농구 선수들이 그 정신력으로, 모든 장벽뿐인 중공을 꺾는 것을 보고 우리 한국 사람의 의지와 정신력이면 무엇이든 할 수 있다는 것을 느꼈다. 세계 최대 강국인 미국과 금메달을 놓고 경기할 정도로 싸웠으니 엄마는 모든 젊은이들에게 찬사를 보냈다. 이젠 밤 11시가 다 되어 가는데 너는 지금쯤 나와 함께 오늘을 기억하겠지.

희범아, 이 엄마의 기도가 끊이지 않는 한, 하나님께서는 너와 함께 하실 것이며 네 젊음이 있는 한 믿음 가지고 투쟁하면 그 어려운 영어도 벽이 뚫어지고 말리라. 꼬마 한국 여자농구가 중공을 꺾은 사실과 같이….

얼마나 값진 2년이었니? 모든 식구들의 성원에 보답하는 네 열심을 엄마는 안다. 아버지는 네 편지를 몹시 기다리던 중에 그저께 대문 페인트칠 하시다가 미국 독립기념일 날 쓴 편지를 반갑게 받으셔서 시내 나갔다 돌아오는 나에게 급하게 전해 주시더라. 아버지가 너를 대견해 하시는 표정은 말씀 안 하셔도 엄마는 그 모습과 행동에서 수없이 대면한다.

이제 새 학기가 한 달도 안 남았는데 희천이도 맨해튼으로 학교 다녀야만 한다니 너희 두 형제 같은 곳에 학교가 있는 모양이구나.

이곳은 다 무고하고 아버지는 여름방학에 집안 이곳저곳 손보시고 또 보충 수업이 있어 학교에 나가셔야 한다.

현옥이는 여름방학도 없이 계속 학교 나가고 화실에 간단다.

할머니도 건강하셔서 이 더위에도 집에 계신 날이 거의 없을 정도란다.

더위에 건강 유의하고 필요한 것 있으면 편지하거라.

이 밤이 지나면 네가 떠난 지 2년이 지나 삼 년째 되는 첫날이구나. 더 많은 것을 배우고 더 많이 크겠지.

광수 형도 직장생활 하니 배우는 것 많겠구나. 안부 전하여라. 따로 편지 못 드린다고. 좋으신 하나님 믿는 자 한 사람 한 사람 늘 보호해 주심을 체험하고 느낀다.

이 전도사님은 고대 선배시고 한국에 오셔서도 무슨 일 있을 때마다 전화 주셔 만나고 예배보고 하여 아버지는 형님처럼 고마워하며 늘 좋으신 분이라고 하신다.

이제는 남성구역 예배도 한 번도 빠지는 일 없이 열심히 참석하시며 새벽에도 헤리 끌고 나가기 전 얼마간 묵묵히 마루 소파에 앉아 기도하신다. 주일은 물론이고….

요즘엔 너 영어 공부하는데 특별한 지혜를 주시고 희천이와 너, 작은아버지 작은어머니 건강을 위해 기도하고….

우리 교회에서는 벌써 대학가는 학생명단을 교구실에 붙여놓고 대교구장 소교구장 전도사 모두 조별 구역별로 기도가 시작되어 38만 성도가 하나 되어 열심히 신앙생활 하고 있다. 8월 15일부터는 한국 선교 100주년이라 대단한 행사가 있을 것으로 준비한다.

어려울 때 기도하고 외로울 때 찬송하며 하나님 열심히 의지하여 부디 건강하여라. 얼마나 많이 자랐을까? 네 모습이 선하구나.

부디부디 안녕! 할렐루야.

84. 8. 6. 엄마가

희범이에게 · 10

어느덧 10월이 되었다. 너에게 편지한 지 두 달이 되도록 편지를 못하고 벼르고 벼르다 오늘에야 너와 대화를 하려고 펜을 들었다. 그래, 신학기 되어 얼마나 바쁘냐? 보지 않고 있어도 너를 그려볼 적마다 시간에 쫓기는 너를 상상해본다. 안쓰러운 마음 금할 수 없고 애릿한 엄마 마음과 너의 마음을 더듬으며 모든 것을 하나님께 맡긴단다. 기도하며 위로받고 생활하노라면 또한 영적으로 풍부한 기쁨도 맛보게 해주는 분이신 것을 믿으며 너의 건강을 바랄 뿐이다.

삼촌 내외분 건강하고 사업은 잘 되시는지? 희천이도 고등학교에 들어가서 학교 다니느라 힘들겠구나. 지난번 하나님께서 축복하셔 너에게 장학금 타게 해주시고 또한 건강도 주셔서 일하며 많은 것을 배우게 해주신 주님께 영광을 돌린다.

이곳은 별고 없고 셋째 삼촌은 해청아파트(구청뒤)로 이사를 오셨다. 막내 삼촌은 안양에 아파트로 이사하셨다. 엄마도 아마 희범이만큼이나 세월 흐름도 잊은 채 지낸 것 같구나. 추석 제사, 이사 등

등 가을 행사가 밀려 긴장 긴장 또 긴장 속에서 살았지만 다행히 하나님께서 건강을 지켜주셨다.

지난 할아버지 제사 때는 고모부님도 모두 모여 제사보다 잔치 기분이었다. 네가 그 어려운 환경에 잘 적응하는 것도 감사한데 머리되고 위에 있게 해주시니 너무너무 큰 축복인 것만 같구나. 엄마는 대견하며 감사기도 하면서도 편지 한 장 쓰기가 어려우니 이해해 주기 바란다. 하나님께서 널 사랑하셨고 그 노력의 대가를 받았으며 또한 더 큰 축복도 주실 것을 믿는다. 믿는 자에게는 능치 못함이 없으며 눈물의 기도는 하나님께서 응답하신다. 눈물로 뿌린 씨는 기쁨으로 거둬들인다는 말씀, 너는 지금 그것을 하고 있는 것이다.

성수주일 잘 지키고 십일조 드리는 믿음 주십사 기도하며 세상에 보탬이 되는 자녀 되어 주 안에서 우리 삼 남매 아름답게 자라 주는 것만이 소원이라면 욕심일까? 행복이란 것은 불행이라는 밑거름 없이 싹이 날 수가 없는 것이어서 눈물과 고통을 한없이 먹어본 자만이 희열의 행복도 소유할 수 있는 것이니라. 아름다운 정신적 보상을 구하기보다 하나님 말씀 속에서 어려울 때 지혜를 구하며 깊은 곳에서 얻는 참으로 값진 보화를 얻기를 바란다. 세상 모든 사람에게 모든 자원과 24시간의 달란트를 하나님께서 주셨는데 우리 희범이는 이것을 잘 활용하는 것 같아 마음 든든하며 한없는 감사의 기도를 드릴 뿐이다. 열심을 다하여 사는 네 생활이 동생들에게도 많은 교훈이 되니 엄마는 너를 생각할 때마다 대견하고 기특한 마음 한이 없구나.

이번 대학 입시는 그 어느 해보다 치열한 경쟁이 예상되는데 대학 모집정원을 대폭 줄였고 지원자는 더 많아졌다는구나. 내년에는 시험 방법이 달라 재수생이 다시 재수하기 어려운 실정이고 보면 전국적으로 전문대까지 합해도 30%밖에 입학이 안 되는 실정의 좁은 문에 근 40%가 재수생이고 보면 심각하기 그지없단다. 어느 대학이 문제가 아니고 얼마만큼 실력과 인간이 되었느냐가 문제인 사회가 되어야 하고 대학에서 얼마나 공부를 충실히 했느냐가 중요한 때가 온 것 같다.

모든 것 하나님께 맡기고 최선을 다하여 하루를 충실하게 살 때 한 달이, 또 일 년이 충실해질 것이다. 그런 사람이야말로 세상에 보탬이 되는 인간이 아니겠니?

10월이 되면 생각나는 너의 생일을 그냥 지나치기가 섭섭해, 식구들의 작은 정성을 기도하는 마음으로 보낸다. 조끼는 시장에서 구입한 물건과는 다른, 직접 뜬 것이니 희천이와 하나씩 입어라. 희천이 입학 선물도 못해 주고, 마음에 안 들어도 따뜻할 것이다.

아버지는 너만 생각하면 대견하신 모양이다. 주일이면 교회 가서 나란히 앉아 누굴 위해 기도하겠니? 현옥이도 고3이지만 성수주일은 꼭 지킨다. 믿는 학교에 다녀서 믿음도 있고, 현진이는 학교에서건 교회에서건 우등은 못해도 개근은 맡아 놓고 한다. 공부만 조금 더 잘해줬으면 나무랄 데가 없는 아이지.

이 선교사님 댁은 안녕하신지? 아버지는 좋은 선배님이시고 너의 믿음의 아버지로 그분께 너를 부탁하는 마음이신 거 같다. 너무나 바뻐신 분인고로 또 언제 한국에 오시려는지? 안부 전하여라.

지난 추석에는 동락이와 종훈이가 와서 너를 본 듯 얼마나 반가웠는지 모른다. 아버지는 눈시울이 다 뜨거워지시는 것 같더라.

잊지 않고 찾아 주어 고맙고 변함없는 우정이기를 바랄 뿐이다. 정훈이는 최전방에 배치되어 고생이 많은 모양이지만 남자로서 겪어야 하는 과정을 겪는 것이고, 성욱이는 방위병으로 근무를 한대. 이젠 네 친구들이 전부 어엿한 청년이 된 것을 보면 그만큼 엄마는 늙었나 싶구나.

아무쪼록 미국 식구들과 모든 교민들이 긍지를 가지고 살 수 있는 한국이 되기를 엄마는 바랄 뿐이다. 어려울 때 기도하고 작은어머니 작은아버지와 의논하고 또 어려우면 이 선교사님과 광수 형과도 자주 의논하여 이번 학기 잘 지낼 것을 믿는다.

성경에는 '복 있는 사람' 이라 하셨지, '복 있는 환경' 이란 말씀은 안 하셨다. 환경이 어떠하든 내 마음속의 자원을 잘 개발하여 복 있는 사람이 되기를 바란다. 멀리멀리 떨어져 있는 이 엄마는 이역 땅 먼 곳에 있는 너를 위하여 끊임없는 기도가 있을 것이고 이 기도가 있는 한, 너는 하나님께서 지켜 주실 것을 확실히 믿어 의심치 않는다. 너는 주 안에서 승리할 것을 믿는다. 작은어머니 작은아버지께 안부 전하여라. 훌륭한 작은집이 있어 마음이 놓인다고.

끝없는 대화는 다음으로 미루고 끝으로 모든 식구들 위해 건강과 축복이 영원하기를….

1984. 10. 12. 엄마로부터

희범이에게 · 11

오랜만에 너와 대화를 할 기회를 갖게 되어 기쁘구나.

그간 별고 없느냐? 먼저 편지에 보낸 추석에 찍은 사진 잘 받아 보았다. 자나 깨나 너의 모습이 엄마 머리에서 사라지는 시간은 추호도 없이 연속되고 너를 향한 기도는 끊이지 않는단다.

그리도 길던 나날이 벌써 84년도 저물고 시민들 발걸음도 마음도 해를 넘기는 아쉬움에 바쁘기만 하구나. 우리 희범이는 얼마나 얼마나 열심히 시간을 아껴 사는가? 하나님은 너를 복 주고 복 주실 것을 믿으며 장학금 받는 기쁨 또한 벅찬 감격이었다. 이곳 서울 식구들까지 함께 느껴보며 너를 주야로 돌보시는 작은집 식구들에게 감사를 드릴 뿐이다. 해는 짧고 할 일은 많고 얼마나 시간이 모자랄까? 순간순간 안타깝다가도 기도를 하면서 하나님께 부탁하곤 하지.

삼촌 사업은 잘되시는지? 작은어머니 건강은 어떤지? 희천이와 함께 학교에 다닌다니 서로 의지가 되겠구나. 이 선교사님 소식은 듣는지? 늘 생각하며 아쉬운 마음뿐이구나.

이곳 서울은 별고 없고 할머니도 건강하시며 김장철이 지나 12월이 벌써 중순에 접어들었는데도 아직 눈 한 번 안 와서 겨울 기분이 덜 나는 것 같다. 희곤네가 가까이 살아서 서로 왕래하게 되고 김장도 같이했다. 가깝게 사니까 더 가까워져서 좋구나.

올해는 현옥이 시험 때문에 엄마도 덩달아 바쁘고 네가 고3 때와는 또 다른 경쟁이 실감 나도록 피부에 와 닿는구나. 필기 고사는 끝났고, 1월 중에 점수가 나오면 그것으로 입학 원서 내고 또 실기 시험 두 번(구성, 뎃생)을 보아야 된다는구나. 지금 실기를 앞두고 피나는 노력을 하고 있는데 약한 몸에 짐이 무거워 안쓰럽기까지 하구나. 오빠한테 카드도 못 그려 보냈다고….

엄마가 보기엔 대학에서 공부할 것을 미리 다해가지고 가는 게 아닌가 싶을 정도로 실기를 경쟁하는 것 같다. 현옥이는 타고난 소질이 다분하다 생각했더니 이건 도대체 모두 기술자를 만들어 버리는 느낌이야.

모든 것을 하나님께 맡기고 최선을 다하며 기도하는 수밖에 없지 않겠니. 지난번 대입 학력고사 보기 전, 동락이가 너를 대신하여 왔다가 현옥이는 보지 못하고 갔고 성욱이가 시험 전날 너를 대신하여 엿을 사가지고 그 먼 길을 밤에 왔다가 갔단다. 얼마나 고마운지, 송추에서 방위병 근무를 한다는데 거기서 근무 마치고 엿 사가지고 왔으니 정성이 정말 고맙더라. 동락이 동생도 이번에 시험 보고 경찰학교에서 밤에 시험 잘 보라고 시외 통화 해주고 정훈이가 휴가 왔다가 전화해주고….

어린아이 같더니만 모두 성인이 되니 의젓한 목소리가 든든하기만 하다.

현진이가 언니가 카드 못 그리는 대신 오빠한테 보낸다고 두 장 그린 것 넣는다. 그리고 섭섭하여 식구들 셔츠를 샀는데 몸에 맞는지? 엄마 사랑이거니 하고 입어라. T셔츠는 마침 시대샤쓰가 있어 삼촌 드리라고 샀는데 목둘레가 맞으실는지? 속셔츠는 희천이와 한 벌씩 입고 여자 것은 작은엄마 드려라. 녹음 테이프는 이번 구역장 세미나에서 들은 것인데 너희들도 들으면 너무너무 좋을 것이다. 세 번 이상 들어서 내 것을 만들면 살아가는 데 도움이 될 것 같아 넣었으니 그리 알고 꼭 들어라. 현진이도 겨울방학 지나면 3학년이 되니 그저 매일 기도할 일 뿐이구나.

주일은 잘 지키는지? 엄마가 제일 걱정되는 것이 있다면 믿음이 떨어지면 어떡하나? 하는 것이다. 세상 것을 다 얻었다 하여도 그 마음속에 하나님을 모시지 않은 삶은 헛것임을 인식하고 아무쪼록 믿음에 굳게 서서 하나님이 주신 시간의 달란트를 아껴 쓸 줄 아는 사람이 되길 바란다. 생활하는 것과 구하는 것보다 넘치게 주시는 하나님인 것을 믿어 의심치 않으며 모든 것이 합력하여 선을 이룰 줄 믿는다.

현옥이는 대학엔 들어가야 오빠 방학 때 오면 신나게 놀 텐데 하고 꿈을 꾸면서도 자면서도 그림을 그리느라 허리가 아프단다.

아버지도 믿음이 많이 자라서 이제는 남성 구역예배 대표 기도도 할 정도지. 시작하면 꾸준히 밀고 나가시는 성격이라 주일예배 구역예배 개근상 탈 정도로 앞서 가는 믿음을 주실 것을 믿는다. 현옥이는 고3인데도 주일은 꼭 지키고 현진이도 교회서 개근상 타왔단다. 현진이는 국교 6년, 중 2년, 8년을 개근하고 교회서도 개근하니 아빠를 닮은 모양이다.

우리 다시 만나는 날까지 하나님이 함께하시기를 바라며 아무쪼록 건강하고 충실하여 대한민국의 명예를 손상하지 않는 희범이가 되기를 바란다. 엄마도 생활 속에 어려운 때가 많지만 모두 감사로 지내며 열심히 열심히 삼 남매 아름답게 자라는 모습을 그리며 살고 있다.

하루를 충실히 내일 일을 염려하지 않고 후회 없는 하루하루를 보내며 기도하고 위안받고 그렇게 생활한다.

아버지는 너만 생각하면 그리도 좋고 대견해하신다. 그래서 더 열심히 성수주일 지키고 기도하시는 것 같다.

1월 21~26일까지 전기 실기시험이 50% 차지하는데, 네 기도도 부탁한다. 합심기도는 위력을 나타내는 것이기에.

부디부디 몸조심하여라.

1984. 12. 12. 서울에서 엄마로부터

추신)

긴 편지는 3번 이상 읽어야 깊은 이해가 가는 것.

음성이 없고 목소리 없는 글이라서 1번 읽으면 오해하기 쉽고 많이 읽어야 편지 쓴 사람의 마음을 읽을 수 있는 것이란다.

엄마는 네 편지를 아예 외우다시피 한다. 하하하...

보고픈 희범이에게 · 12

며칠 전, 네 편지를 받고 오랜만에 펜을 들었구나. 그간 별고 없는지? 작은아버지 사업은 어찌 되시는지? 먼저 전화에 골치 아픈 일이 있는 것 같던데….

엄마는 자나 깨나 미국 식구 기도가 첫째이다. 이역만리 떨어져 사는 작은집 식구와 너, 그리고 유진이네 식구, 은남고모네 소식은 듣는지? 엄마가 바쁘다 보니 편지도 못하고….

요즘은 제법 봄다운 날씨에 여인의 옷차림도 한결 가벼워졌는데 오늘은 오랜만에 봄비가 주룩주룩 내리는구나. 빈집에 엄마 혼자 앉아 오늘은 우정 너와 대화 좀 하고 싶어 이렇게 앉았다. 언제나 네 편지 받으면 대견하고 신통하고 그 어려운 고비고비를 용케도 견디는 것에 그저 무한한 감사를 하나님께 돌린다. 올여름에는 너와 희천이 만날 생각하니 하루해는 빨리 가도 한 달은 더디 가는 느낌이구나. 이제껏 하나님께서 건강히 지켜주시고 이곳 서울 식구도 무사하고, 모든 것이 감사뿐이다.

지난겨울은 현옥이와 씨름하기에 바빴고 봄이 되니 무슨 행사가 그리 많은지? 칠순, 회갑, 결혼 등등 거기다 증조할머니 제사도 들어있고 둥둥 날마다 떠다니는 기분으로 시간이 어찌나 빠르게 지나는지?

이곳 서울 식구들은 다 무고하고 할머니는 여전하시고 삼촌 댁도 무고하시다. 아버지도 엄마도 동생들도 잘 있다. 현옥이는 대학은 들어갔어도 만족하지 못해 내년에 다시 시험 본다고 마음먹는 것 같더라. 그것이 그리 쉬운 것 같지 않구나. 휴학을 하고 재수를 해도 본전 찾기 힘들다는데 학교에 다니면서는 더 어렵겠지. 모든 것은 제가 알아서 하겠지만 체력이 약해서 그저 저 하는 거동이나 본단다. 현진이도 이젠 3학년이 되고 보니 조금은 달라진 것 같은데 고등학교도 전 같지 않은가 보더라.

좁은 땅에 인구는 많고 경쟁은 심하고 영어를 못하면 행세를 못할 정도고 그래서 아버지는 네가 그 어려운 언어의 장벽을 뚫어가는 것이 무엇보다도 대견하다는 거지. 또 교양 과목 과정을 잘 이수하는 것이 퍽이나 흐뭇하신 모양이고 아버지 믿음이 자란 것은 너를 미국 보내놓고 마음이 너무 허전하여 더욱 하나님께 기도함일 것이다. 믿음이 싹이 나고 자란 것을 보면 정말로 하나님은 좋으신 분으로 모든 것이 협력하여 선을 이루시는 분인 것을 체험하게 되는구나.

엄마는 항상 고기를 잡아주기 이전에 잡는 법을 가르쳐 주고 싶었고 그것을 이행하기에는 많은 인내가 필요했기에 오늘도 끊임없이 주님과 동행하는 삶을 사는 것이다. 이것만이 세상에서 가장 행복된 진리의 길인 것을 느낄 때 엄마는 '행복한 삶' 을 사는 사람 중에 한 사람이란 것을 이야기하고 싶구나. 내가 너를 미국에 보내고 지금까지 제일 걱정되는 것이 있다면 '믿음' 생활을 소홀히 하여 실족할까 걱정이고 평생을 두고 '믿음'에 성공하면 무엇에든지 성공하고 '믿음'에 실패하면 모든 것을 실패한다는 사실이다.

엄마는 편지만 하면 하나님 얘기뿐이라고 네가 웃는 모습을 지금 보는 것 같지만 이것은 심각한 나의 걱정임을 명심하여 믿음생활 잘 해주기 바란다.

엄마의 기도가 하늘에 상달 되어 너에게 응답할 때 내가 받을 그릇을 만들어 놓지 않으면 못 받는 현상이 일어나지만 하나님의 크신 은혜 가운데 오늘에 축복이 있었고 네가 실족하지 않는 삶을 열심히 살았기에 올여름에 기쁨의 단을 서로 안고 만날 수 있지 않겠나? 그날을 생각하니 기쁘기만 하구나. 어서 여름이 왔으면 싶다. 너도 얼마나 얼마나 오고 싶겠니? 먼저 광수가 한국에 올 때 한 열흘 잠을 못 잤다고 하던데….

그리고 약을 샀는데 훼스탈 1정과 베스타제 1정씩 2알을 복용하고 환약은 1알씩 그리고 기타 식구들 증세를 알아오면 거에 맞는 위장약을 선택해 준다고 동우 형이 그러더라. 환절기에 감기 몸살의 증상이 있으면 '로날'을 먹고 재채기 코 막히면 '콘택600'을 복용하도록 해라. 여름에 온다기에 우선 이것만 보낸다. 정로환은 상비약으로 두고 먹으면 좋을 것 같아 보내니 참고하여 복용하도록.

네가 보내준 볼펜도 잘 받았다. 네 용돈도 어려울 텐데….

지난 정월(음력)에는 동락, 종훈, 웅빈이가 우정 세배를 와서 얼마나 대견하고 신통하던지? 아버지도 그렇게 좋아하시더라. 네 친구가 온다니깐 아들이 오는 것처럼 방도 치우시고 저녁도 같이 먹는다고 기다리시고. 다들 저녁을 달게 먹고 늦게서야 갔단다. 그리고 성욱이는 올 봄에 방위 제대 하면 아마 2학기부터 학교에 다니게 될 것 같아. 전화가 없어서 소식도 못 전하고 먼저 살던 집에서 이사를 갔는데 낮에 가면 식구들 없어. 정훈이 녀석이 휴가 와서는 현옥이 궁금하여 공중전화했기에 몇 마디 나누었는데 여름에 네가 온다고 했으니까 좌우지간 정훈이가 전화할 거다.

정훈이보다는 성욱이가 더 빠르겠지. 성욱엄마는 직장에 나가니까 만날 수가 없고, 종훈이 동생은 작년에 숙대 음대에 갔고 동락이 동생도 미대 넣었다가 낙방하고 서울여대에, 또 웅빈이는 오랜만에 봤는데 얼굴이 전보다 좋아졌더라. 여하튼 이젠 장정이 되고 현옥이도 벌써 스무 살이 되었는데 여전히 어리기는 마찬가지다.

그리고 작은어머님, 아버님께 말씀드려라. 부쳐주신 돈은 은행에서 24만 원 찾아서 12만 원 할머니 드리고 12만 원 현옥이 줬더니 생전 처음 만져보는 큰돈이라서 꼭 대학에서 공부할 때, 필요한 도구 사서 쓴다고 하더라. 어려우실 텐데 많은 돈을 보내서 감사히 받으면서도 마음이 아프고 그렇구나. 그저 그저 미국 식구들 건강하고 작은아버지네 사업 다 잘되기를 항상 축원하며 기도하고 있다.

우리 2층에 음악 하시는 분은 며칠 전에 독일로 유학 가시고 다른 분이 들어오셨단다. 엄마는 사람이 바뀔 때마다 많은 것을 배우는 기회가 되고 오늘날까지 건강 지켜주신 하나님께 감사하며 두 딸과 함께 평안한 하루하루를 보내고 있으니 한국 걱정일랑 말거라.

너와 희천이 열심을 다하여 박씨 문중에 꼭 필요한 인물이 되어 주기를 바랄 뿐이고 하루를 충실히 살 때 한 달이 성실히 지나게 되는 것이다. 하루를 충실히 시간을 아껴 평생을 아름답게 사는 너를 엄마는 보고 싶구나.

'우리 다시 만날 때까지 하나님이 함께 계셔 훈계로써 인도하며 간데마다 보호하며 위태한 일 면케 하고 품어 주시기를 바라네~~~'

항상 찬송으로 간구하는 엄마의 마음, 하나님은 너와 함께 하실 줄 믿어 의심치 않는다.

부디부디 무리하지 말고 건강에 유의하기 바란다.

1985. 3. 25. 엄마로부터

나의 사랑하는 아들

희범이 · 13

희범아!

밖에는 초여름다운 뜨거운 햇볕에 그늘을 찾게 되는 날씨이다. 오늘도 무척 뜨거운 오후, 한가한 시간을 일부러 만들어 그동안 이야기 하고팠던 많은 대화의 일부분이라도 나눌까 하여 펜을 들었다.

너는 지금(한국시간 2시 15분) 잠이 들어 있겠지.

지난 월요일 작은아버지가 귀국하셔 잠시 집에 들르셨다. 서로 대화도 못해보고 호텔로 친구와 함께 가셨기에 일정 끝나고 오시는 날 긴긴 얘기 듣기로 하고 현옥이 그림물감 속에 들어있는 너의 편지를 읽고(아버지 젊어서처럼 똑같은 얘기 되풀이한 편지)날마다 아쉬움 속에 너의 마음을 그려보곤 한다. 얼마나 많은 어려움이 있으랴 마는 나는 네가 어떤 고생을 한다 해도 젊어 고생은 금을 주고 사서도 하라는 속담이 있듯이 그것이 일생에 약이 된다면야 무슨 고생인들 못하랴 싶다. 정신적으로 갈등을 느끼는 나약한 아들이어서는 결코 안 된다는 말을 하고 싶구나. 정신적으로 약해지면 모든 두려움이 엄습하여 자신이 조그맣게 보여 상대가 벅찬 느낌이 들기 때문이다.

이곳은 늘 전과 다름없고 너를 만날 날만 기다리고 있다. 하나님이 함께 하시면 두려움도 어려움도 다 이길 수 있으련만 하는 아쉬움이 나를 안타깝게 한다. 네가 주안에서 거듭나서 성령의 체험과 주님과 함께 있어 성령님과 의논하며 대화하고 충고도 해주시며 솔로몬과 같은 지혜도 주시고 힘을 주시어 세상에 무서울 것이 없는 담대함을 얻는 역사를 체험하며 산다면 희범이가 세상 어느 곳에 가 있어도 조금도 걱정이 없으련만….

영어 학점이 기대만큼 안 나와도 네 실력이 없어도 걱정이 없으련만, 엄마의 걱정은 네가 믿음이 없는 것 같아 늘 충만한 은혜를 희범이에게 내려 주십사고 오늘도 1시간 기도하고 천사가 너를 위로 해줄 것을 믿으며 이 글을 쓴다.

희범아! 걱정하지 말아라. 네 미국 보내놓고 이 엄마가 언제 공부 열심히 하여 훌륭한 사람 되어야 된다고 주입 시킨 적 있니? 그저 예수만 잘 믿으라는 얘기뿐이었지. 네가 거듭났다면 편지에 하나님께 감사하는 마음도 있으련만 하나님께 감사하고 주일을 어떻게 보내는지 그것만이 걱정이다. 이것이 근본이기에….

희범이가 볼 때는 엄마가 무척 어리석게 보일 때도 있겠지만. 한국 사람 미국 가서 학부 공부할 때 하나님 도움 없이 끝마친 사람 몇 명이나 되며 주님 도움 없이 공부한 사람 교만하여 무엇에 쓰겠느냐?

희범아! 하나님이 말씀하셨다. "두려워 말라. 놀라지 말라. 내가 너와 함께 함이니라!"고. 믿음은 들음에서 나고 들음은 그리스도로 말미암은 것이니라. 들어야 한다, 하나님 말씀을. 구하라, 주신다 하셨다. 하나님께 구하여라. 성령님은 초월한 능력을 주셔서 너로 하여금 어려울 때 통과하는 경험과 체험을 주실 것이다.

광수 형을 만나느냐? 이진구 구역장님께 상의도 해보고 어려워 말고…. 믿음의 식구는 늘 좋은 상대가 돼 주실 것이다.

이역만리 떨어져 있어도 네 맘 엄마는 안다. 편지를 쓰자니 기쁜 소식 전해야 얼른 쓸 것이 많은데 그런 것 없고 힘든 얘기만 하자니 부모님 걱정하실 것 같고, 이것 빼놓고 저것 빼놓고 편지 쓰려니 쓸 얘기 없고, 늘 그 얘기가 그 얘기뿐이지. 하하하.

희범아! 네 편지 보니깐 12년 공부한 한글도 더러 받침 글씨 틀리고 하는데 남의 국어 3년 하여 통과하려는 무리가 너를 고민하게 하지만, 한 가지 방법은 최선을 다한 열심과 투지 위에 하나님 영감이 함께할 때 즉 지금의 네 실력+하나님 성령도움= 통과라는 말이다.

사랑하는 내 아들아!

세상을 둘러봐도 너와 제일 가까운 엄마, 너를 위해 모든 방법을 다해보는 엄마, 네가 믿음으로 살려고 노력 안 할 때 엄마의 숱한 기도는 헛수고로 돌아가고 하나님 모시지 않은 성공은 성공 같으나 실패라는 것을 알아줬으면…. 아무리 보기 좋은 나무도 뿌리를 땅에 박아놓지 않으면 죽고 말듯이 우리는 믿음을 굳게 하여 하나님께 마음의 뿌리를 박고 말씀을 먹으면 비록 시원치 않은 나무라도 어여쁜 꿈나무(희범)가 될 것을 엄마는 그려본다.

희범아! 엄마 말이 우습더라도 이 말은 평생을 두고 명심하여 기도

해주길 바란다. 너와 내가 합하여 눈물로 기도할 때 하나님께서는 눈물의 기도를 들어줄 것이며 그 어려움은 감사로 변하는 것을 체험하게 된단다.

희범아! 어렵게 공부해야 보람도 있지, 그리고 그것이 우리 가정, 우리 사회, 우리 국가의 보탬이 되는 것이고. 엄마는 한국서 잘 살던 사람이 내 나라 버리고 이민 가서 고국 돈 갖다가 혼자 잘 사는 사람보다는 한국서 묵묵히 열심히 도로 청소라도 해가며 내 나라 사회 가정을 충실히 지키는 사람이 더 대견해. 아무리 애를 써도 한국 사람은 한국 사람이지. 최선을 다해 많은 것을 얻어 이 사회 이 국가를 위해 일하는 희범이를 생각한다. 현옥이 현진이 보고도 하나님이 주신 시간을 최대한 아낄 때 온전한 삶을 사는 것이라고 늘 말을 한다. '나 하나쯤이야' 가 아니라 '나 하나만이라도' 라는 보탬이 되는 삶을 살아보려고 엄마도 많이 노력한단다. 우리 여름에 와서 많이 많이 이야기 하자. 엄마가 보내준 편지 다시 읽어보고 테이프를 들어 위안받고 기도하며 기쁨 얻어 모두 쌓인 긴장 풀어라.

희범아!

웃어봐. 그리고 영어는 할 수 있어! 네가 최선을 다했는데도 안 되는 것 같지만 열 번 찍어 안 넘어가는 나무 없다는 속담이 있고, 유학생이 겪는 고통 중에 하나지만 박씨 문중은 어학에 소질이 없어서 좀 더 힘이 들지 않겠나. 하지만 하나님은 노력하는 것만큼 보상을 언젠가 받을 수 있는 정확한 분이신 것을 명심해라. 우리 엄마 얘기 해봤댔자, 하나님 얘기뿐이라 하겠지만 엄마 편지 버리지 말고 한데 모아 놓았다가 이담에 너 늙고 엄마 하늘나라 간 다음 유학생활 할 때 엄마 이야기다 하고 꺼내보면 참 좋을 것이고 추억도 될 게다. 하하하….

현옥이는 대학 생활 하는 틈틈이 그림 그리러 다니느라 늘 허둥지둥이지. 현진이도 착하게 자라고 있어. 아버지는 요즘 믿음이 자라 엄마가 봐도 많이 변하가고 있다. 꿈은 크게 갖고 현실은 충실히! 하루가 충실하면 일주일이 충실하고 그 하루하루가 이어질 때 평생이 온전하여지는데 하여튼 엄마는 보잘것없는 엄마지만 내 직분에 충실히 열중하므로 이 가정 이 사회 보탬이 된다는 생각으로 하늘나라 갈 때 육신의 부속품도 누굴 위해 줄 수만 있다면 이 사회 이 나라 위해 쓰임 받고 싶은 심정이다.

희범아, 우습지? 너도 지금은 힘들어도 훗날 대한민국 한 모퉁이의 쓰임들이 된다는 자부심을 가지고 우리 함께 마음 합하여 잘 살아보자 알았지. 작은아버지 일정 끝나고 오셔 미국 가실 때, 편지 또 보내지려는지 몰라서 시간 나는 대로 이렇게 긴 얘기 하니깐 좋구나. 주야로 부르짖는 엄마의 기도가 있는 한, 너는 기필코 그 어려움을 이길 것을 확신한다. 부디 더위에 몸조심하고 한국에 온다고 너무 흥분하여 병나지 말고…. 안녕! 안녕!

85. 6. 5.(수요일)　서울에서 엄마가

사랑하는 내 아들

보고픈 희범이 · 14

그간 얼마나 바쁘고 힘이 드느냐? 미국 생활이 누구나 다 그렇겠지만 여름방학 동안 고국에 왔다 가서 더 힘들지나 않았는지? 어느덧 더위와 가을이 눈 깜짝할 사이 가고 이젠 제법 초겨울을 연상하리 만큼 거리의 옷차림이 스산해 졌다. 이제 곧 겨울 준비를 해야 하니 모든 엄마들의 마음을 바쁘게 만드는구나.

작은아버지 사업과 식구들 모두 별고 없는지? '삶' 이란 그리 쉬운 것도 아니고 또 마음먹기에 따라서는 그리 어려운 것도 아닌 것이니 모든 어려움에 잘 대처해나갈 줄 믿는다. 학년이 올라갈수록 더욱 더 어려울 것이고 나이가 먹을수록 생활과 고통에서 오는 생각도 많아지겠지만 오직 감사한 것은 그 하루가 무사히 넘어갈 수 있다는데 하나님께 영광을 돌리고 감사기도를 드릴 수밖에 없는 것이다.

지난 여름방학 동안 엄마는 많은 것을 느꼈고 또 많은 것을 감사했다. 사람마다 생김새가 다르게 태어난 것처럼 그 마음과 느낌과 생각이 다른데 어찌 '삶' 이 어렵지 않겠니? 부디 엄마와 약속한 두 번의 주일을 지켜주기 바란다. 왜 이토록 너에게 강요해야 하는지 네가 하나님을 만나고 중생의 생활에 들어갔을 때야 비로소 엄마의 소원이 진정 무엇이구나! 하는 것을 알겠지.

집을 지으려면 아무리 급하고 시간이 들어도 남에게 보이지도 않는 터를 닦아 기초를 튼튼히 하는 것같이, 아무 눈에도 보이지 않는 믿음이 너의 마음속에 쌓여 있을 때만이 모든 지금의 노력과 바쁜 생활이 완성되어 아름다운 너의 참모습이 될 것이다. 네가 원하지 않는 것을 지난여름에 느꼈을 때, 엄마가 진정 원하는 선물이 무엇인가를 깨닫지 못하는 하나밖에 없는 아들인 너를 보았을 때 네 눈에는 엄마가 퍽이나 어리석어 보였고 시대에 뒤떨어지는 것 같은 느낌마저 들었을 것이다. 하지만 진정 무엇이 오늘 이 가정을 있게 했으며 무엇이 참 행복인 것을 모르는 아들을 마주할 때마다 주체할 수 없는 마음의 아픔이 오늘까지 이어지는구나.

희범아! 세계를 옳게 바르게 또한 존경을 받는 인물 그 밑바닥에는 믿음이라는 움직이지 않는 반석이 있었고 그 위에 아름다운 하나님의 말씀에 기초를 두어서 세상을 열심히 살았다는 것을 알아야한다.

"에이 참, 엄마는 이 뉴욕이란 곳이 어떤 곳인지도 모르고 꿈꾸는 소리 하세요."라고 하겠고, "도대체 시간이 없는데 어떻게 하나님을 믿어!" 하고 너는 답답해하겠지만, 또한 유행과 시대를 알지 못하는 옛날 엄마 말 같겠지만 나는 너를 대하면 이 말밖에 할 말이 없고 너에게 가장 주고 싶은 이 유산을 어떤 방법으로 주고 갈 수 있을까? 하는 것만이 소망이요, 소원이다.

이 생명 다하는 날까지 너를 위하여 눈물의 기도는 쉬지 않을 것이다.

이곳은 별고 없고 모든 식구가 자기 직분 따라 책임지고 행동하며 즐거운 하루하루를 보내고 있다.

네가 떠난 후, 복례누나가 또 아이들 데리고 며칠 묵어가고 연거푸 있는 가을 행사가 너무 바빴고 큰이모도 하늘나라 가셨고 어제는 또 할아버지 제사에 모든 식구 모여 저녁을 같이 나누었다. 오늘은 네 생일 생각하고 매번 편지 써봐야 예수 얘기뿐인 것 네가 반갑게 받아들이지도 못할 것 알면서도 해산의 고통을 느꼈던 달이기에 다시 오랜만에 펜을 들었다.

현진이와 현옥이도 주 안에서 아름답게 자라며 힘들 때 기도도 부탁하고 서로 손 붙잡고 입시생의 스트레스도 풀면서 열심히 그리고 올바르게 살려고 노력한단다.

이번에 큰이모 하늘나라 가시는데 얼마나 즐겁고 기쁘게 여행 떠나는 사람처럼 가시던지….

모두에게 이모 부탁한다고 인사하고 하늘나라 가는 그 기쁜 마음을 전하며 아름다운 천국으로 가시는 것을 볼 때 이별을 슬픔 없이 떠나보낼 수 있다는 게 아버지와 엄마는 다시 한 번 놀라웠다. 이모는 떠나시는 순간까지 정신이 맑은 상태에서 70평생 살아도 이렇게 기쁜 마음은 처음이라고 했다. 성령의 불이 충만하여 즐거운 여행길로 이별의 슬픔도 없이 가시는 게, 얼마나 믿음이 위대한 것인가를 다시 한 번 목도할 수 있어 감사했다.

우리 현진이 키는 커도 얼마나 운동 신경이 둔한지 자기는 체력장

포기해야 할 정도로 자신이 없다더니 꼭두새벽부터 언북국민학교 운동장에서 매일 새벽 연습하고 매달리기는 1초도 못하는 것이 얼마나 입술을 깨물고 죽을 힘을 다해 매달렸던지 끝나고 한참 동안 입술에 감각이 없더라는 우스운 이야기를 하더라. 그 꾸준한 노력이 특급을 따냈단다. 굼벵이도 기어갈 재주가 있다더니… 하하.

저번에 내가 몹시 몸이 좋지 않았었는데 아버지 와이셔츠까지 빨아서 챙겨주는 것을 보고 어리지만도 않구나! 하고 느꼈다. 현옥이는 가뜩이나 대학 생활 하느라 힘드는데 오늘은 또 볼링하는 날이라 걱정이라며 얼굴 보기 안타까울 정도로 노력은 하는데 이따금 엄마에게 이런저런 일이 있으니 기도해 달라고 부탁도 한단다.

제 분수를 알아서 처신해 주니 그저 감사할 뿐이다. 그리고 옷을 샀는데 마음에 들려는지? 작은 것은 희천이 주고 서로 맞는 것을 골라 입도록 해라. Polo(폴로)란 상표 옷이 소매상이 모리해 간 후라서 그런지 찾아도 별로 없어 그것만 샀으니 필요한 것이 있으면 배로 부쳐줄 것이니 편지하여라.

폴과 천학이도 잘 있겠지?

그리고 이성윤 선교사님 댁도 안녕하신지? 광수 형에게 전화로라도 어려운 일 있으면 의논하고 만나지 못하더라도 광수 어머니에게 기도 부탁하면 믿는 자는 반갑게 잘 해주실 것이다.

부디부디 너무 늦게 다니지 말고 아무쪼록 하나님이 주신 시간을 아껴서 충실히 살면 그런 하루하루가 연속될 때 너의 목표한 바는 이루어질것이다. 그러면 많은 사람이 너를 필요로 하게 될 것이니 예수님과 동행하는 삶을 살아서 어디서나 기도할 수 있는 믿음을 생활화하는 신앙인이 되기를 바란다.

할머니는 여전히 정정하시고 아니 더 젊어지셨다고 현옥이가 말할 만큼 좋으시다. 작은집들도 어제 모여 우리 집이 떠나갈 정도로 한바탕 웃고 떠들었단다. 셋째 작은엄마는 천주교 다니고 넷째 작은엄마는 순복음교회 다니는 신자가 되었으니 하나님은 엄마의 기도를 응답하신 것 같다. 별로 입으로 전도하지 않았건만….

11월 20일 현옥이 학력고사, 12월 12일 현진이 학력고사 우리 희범이 어려운 영어 공부 또 기타 공부 모두 모두 잘 치르고 건강하게 목표를 이루기를 기도하마.

아버지 건강 문제도 하나님이 책임져 주시고 미국 식구 구원받고 성공하여 다시 만날 날을 고대하면서 이만 줄인다.

1985. 10. 23. 엄마로부터

희범이에게 · 15

86년도를 넘기면서 많은 것을 생각하게 하더니만 흐르는 세월을 붙잡지 못하는 안타까운 바쁜 생활 속에서 벌써 87년도 1월 하순에 접어들었구나. 올 정월에는 일하면서도 저마다 뉴욕에서 전화가 안 온다고 아마 할머니가 미국 계셔서 안 하는가 보다고 여러 식구들이 한마디하곤 하였는데 뜻밖에 밤에 국제 전화를 받고 반갑기 그지없었다. 늘 잘 있거니 하면서 노파심인지, 꿈자리만 이상하여도 태평양 건너 미국을 향한 마음으로 끝없이 이어지는 기도를 하고 나야 마음이 좀 가라앉곤 하는구나.

네가 미국 생활에 익숙해지면서 또 더 바빠지면서 편지를 안 하니 이곳 식구는 늘 궁금한 것 뿐이란다. 하기야 자식 보낸 어미도 이렇게 펜 들기가 어렵다만 서도 편지 기다리는 마음은 비할 바 없구나. 그동안 어떻게 지냈니? 어서 여름이 왔으면…. 너도 그렇겠지. 어서 한국에 오고 싶겠지.

올해는 네가 그 어려운 고비 고비를 넘기고 미국에서 대학을 졸업

하는 '대망의 해' 이기도 하구나. 또 마음 홀가분하게 한국에 올 수 있으며 국가적으로는 세계적인 잔치가 벌어지는 준비를 해야 하는 해이기도 하지. 내년 88년 서울 올림픽만 무사히 치른다면 한국도 선진국 대열에 성큼 다가설 것도 같아, 한국의 일천만 믿음의 식구들은 주야로 모이면 나라를 위한 기도를 열심히 하고 있다. 전화는 받아도 할 얘기를 다 못 하고 그저 너 잘 있고, 나 잘 있다는 식으로 끝나고 보니 어디 급한 용무 외엔 별 할 말이 나오지를 않으니 끊고 나도 그저 늘 아쉽기만 하구나.

희천이는 올해 대학생이 되는데 녀석도 많이 자랐겠지. 작은어머니 얼마나 바쁘시며 힘이 드시는지? 또 건강하신지? 작은아버지 사업은 잘되는지? 일전에 워싱턴에 있는 고모와 유진 엄마한테서도 편지가 와서 소식 들었다. 할머닌 건강하지만 연세가 있어서 이곳 엄마와 아버지는 늘 걱정이다. 그곳에서 병환이라도 나면 한국과 달라서 힘이 들 것 같아서 말이야.

이곳은 별고 없다. 삼촌 댁도 무고하시고 달라진 것이 있다면 아이들이 자랐다는 것 외엔 모두 무사하니 그저 감사하기만 하다.

아버지는 이번 겨울방학 때 원고 쓰시고 집안 행사 쫓아다니느라 바쁘단다. 어느 때는 아버지는 잔칫집 엄마는 회갑집 한날에 시간이 겹칠 때는 그렇게 인사하러 다닌단다. 미국 사람들이 보면 할 일이 없어 그러는 것 같다만 그것이 정이고 사랑이고 또 이웃이며 또한 한국적인 미풍양속이라 생각하니 이것이 정말 사는 게 아닌가 싶다.

이번에 뉴욕에서 너무 바빠 카드도 못 부쳤다는 전화를 받고 아버지 말씀이 뭐라시는 지 아니?

"일 하려고 사는 것 같다"는 거야. 살려고 일하는 자세가 필요한데. '삶' 이 주가 되어야 하는데 일이 주가 되어 삶의 의미를 잃으면 어쩌나 싶은 모양이셔. 아버지는 집에 계신 날 종일 쉬지 않고 원고 쓰는 것 보고 현옥이 현진이가 질렸대.

오늘은 산업 시찰 떠나시고 안 계시기에 원고 쓰던 자리 내가 차지하고 이렇게 너와 대화를 하고 있다. 현옥이는 겨울방학 '아르바이트' 로 화실에 두 군데 다니는데 글쎄, 어제는 과자랑 귤이랑 사들고 왔기에 웬 거냐고 하니깐 월급 탔단다. 돈을 세어 보면서 저도 대견한 듯 저금통장 사이에 넣는 것 보면서 아버지가 우리 딸들 부자란다. 현진이도 올 겨울방학부터 화실에 나가는데 현옥이가 보니 소질이 다분하단다. 아무튼 하고 싶다니 시켜야 하고 열심히 해서 대학에 잘 들어가야 할 텐데. 엄마는 공부하는 것 도와줄 겨를도 없고 아무튼 우리 딸들 착하고 속이 넓어서 하나님이 복 주실 것 같기도 한데….

요즘 한국에는 대학 입시 때문에 온통 떠들썩하다. 이제는 반에서 15등 정도는 돼야 서울에 있는 시시한 대학이라도 들어 갈 수 있으니 난감하다. 도봉동 막내(주현)도 이번에 낙방하여 2차를 넣어야 하는데 더 어렵고 해서 걱정이다.

희범아!

고생 많았지? 앞으로도 그렇고 말이야. 엄마는 밤새껏 아버지와 긴 이야기하고 이리 뒤척 저리 뒤척 새해 첫날밤을 설치다가 나는 또 기도했다. 뭐라고 기도했겠니? 네가 상상해 보렴!

아버지 편지는 받았는지? 너도 이제 한국 나이 25세! 절정에 오른 젊음과 패기 또 무엇이든지 할 수 있다는 무한한 가능성, 이 모두가 얼마나 아름답고 좋은 것인지 모르겠구나. 다만 내가 부탁하고 싶은 것은 마음을 잘 다스릴 줄 아는 남아! 즉 내가 지금 서서 있는 자리와 위치 일생을 잘 정리 정돈하여 아름답고 보기 좋은 '삶'을 준비하여 만들어 보는 시기이기도 하지.

물질적인 풍요로움도 중요하지만 정말로 인생을 잘 살아야 한다는 책임감을 느껴. 한 번밖에 없는 그 삶이 정말로 아름다운 '삶'이 되기를 바라는 마음 간절하구나. 엄마 아빠도 그렇게 살아보려고 애를 썼고 그것은 지금도 변함이 없이 지속되지만 한 번 사는 인생, 날마다 다듬어서 세월이 지날수록 아름다워지는 작품을 만들려고 노력하지만 얼마나 될지 남은 '삶' 후회 없이 열심히 살고 있단다.

엄마는 이 땅이 좋고 이 대한민국이 사랑스럽고, 전쟁통에 일구어낸 앞으로의 세계적인 88년 올림픽 잔치가 자랑스럽고 그저 고맙지. 한국은 역시 세월이 지날수록 한국이지. 내 잔뼈가 굵고 이제는 쇠잔해 가는 시기이지만 명절 때면 힘은 들어도 그렇게 좋을 수가 없고 삼촌들 웃기는 소리와 화투치고 윷노는 소리는 청담동을 진동시키리만치 재미있고 흐뭇해.

올해는 삼촌 내외분이 다 오시는지? 아버지는 몇 달 안 남았다고 기다리신다. 네가 보내준 약을 글자도 모르면서 이리 보고 조리 보고 아들이 보내준 약이라고 금방 몸이 건강해 질 것 같은 모양이야.

서로 늙어가는 모습을 마주 보며 우습게 보이기도 하고….

희범아! 할 말이 없어도 편지하렴. 아무리 바빠도 편지하렴. 내가 우체통 뒤지다 지치지 않게.

부디부디 몸조심하고 건강에 유의하여라. 건강을 잃으면 모든 것을 다 잃어버리는 것이니 바쁠수록 더욱 마음의 여유를 가지고 생활하고 어려울수록 마음을 잘 지켜 행하기를 바란다. 끝으로 주일 잘 지켜 마음의 디딤돌을 삼도록 하여라. 안녕! 안녕!

1987. 1. 22. 태평양 건너 보고픈 아들을 생각하며 엄마가.

추신) 대학원 시험 3월에 있다는데 영어, 수학, 응용력 엄마가 기도한다.
어서 여름이 왔으면 ….

나의 사랑하는 희범이에게 · 16

세월이 빠르다더니 정말 실감이 나는 것 같구나. 눈 녹고 푸근한 봄을 그토록 기다려 봄인가 했더니 어느덧 계절의 여왕이란 5월의 싱그러운 이달도 지나가는구나. 금년 5월은 우리 모두에게 가장 인상 깊고 잊을 수 없는 달인 것 같다. 그것은 너의 그 어렵던 고비 고비의 쓰라린 험산 준령을 넘고 넘어 무사히 졸업을 할 수 있었던 달이고 또 아버지께서 그동안 하루도 결근하는 일 없이 숙명에서만 20년 근속하여 축복 속에 상을 타신 기쁜 달이기 때문인가 보다.

아무튼 노력하고 부지런하여 어그러짐이 없이 하루를 충실히 사노라면 바라는 그 꿈은 이루어질 것이고 또한 가정에 사회에 국가에 보탬이 된다는 작은 진리인 것을….

엄마는 하나님의 보살핌 속에서 오늘도 가장 작은 가장 보잘것없는 일에 열심을 다하고 있으며 날마다 날마다 하나님께 감사하며 하늘나라에 소망을 두고 생각을 아껴 하루를 보낸다.

희범아!

영광된 졸업식에 식구들이 없어 쓸쓸하지는 않았니? 작은삼촌 내외분이 가져온 사진을 안방 전화 옆에 놓고 들락날락하면서 보고 또 보고….

그저 또 하나님께 감사하고 아버지도 대견한 듯 자꾸 보고 또 보시고 이것이 나이 먹은 부모의 마음인 것을 어쩌겠니.

얼마나 오랜만에 펜을 들었는지? 그동안 할 말도 무척이나 많았는데 그것을 글로 적어 보기에는 문장력이 없고 그저 가슴이 벅차오르는 그 깊은 곳에서의 감정이 엇갈리는 표현하기 어려운 세월이 겹쳐오는구나. 네가 미국에서 어려운 공부를 마치고 당당히 졸업하고 아버지께 27년의 긴 세월을 결근 한 번 없이 무사히 오늘에 이른 것이 엄마는 벅차도록 감사했다. 더더구나 아버지는 지병이 있는 몸이고 너는 언어가 다른 곳에서 공부하였다는 장함이 나와 식구들에게 본을 보여준 거라 우리 집 부자가 자랑스럽기만 했다.

삼촌 내외분 홍콩에 가시고 잠시 조용한 시간에 너에게 큰맘 먹고 펜을 들었다. 현옥이는 교수가 작가다운 기질이 보인다고 작품보고 칭찬받았다고 하면서 적성에 맞는 미대를 안 갔으면 평생 후회할 뻔했다는구나. 현진이는 그림을 그리려니 학과 공부 뒤떨어지고 공부 좀 하려니 짧은 밤에 졸리기는 하고 요즘은 말은 안 해도 저기압이다. 아마 입시병이라는 것이 걸린 것 같다. 엄마는 매사에 부족하니깐 그저 눈물 뿌리며 식구들 위해 기도하는 것이 나를 지탱하는 길이요, 식구들 살리는 길인 것 같아 기도하며 일하고 그 작은 소망이 주님 안에서 이루어질 줄 믿고 하루하루 산다.

어서 7월이 왔으면…. 희범이 졸업장 어떻게 생겼나 보고 대학원 결정하여 석사 될 것도 꿈꾸고 이제 교양 과목이 없어 좀 나으려나? 그러나 대학원은 더 어려운 것이 많겠지. 어려움을 넘는 동안 세월은 가고 몸과 마음이 단련되는 동안 늙는 것이 정한 이치이다. 하나님을 아는 것이 지식의 근본이니 그저 하나님 의지하는 자녀 되기를 간구할 따름이다. 아무쪼록 삼촌 내외분 없는 동안 가게를 잘 이끌어 가기 바라고 삼촌 내외분께 칭찬받는 아들 되었으면 하는 마음 간절하다. 희천이에게 좋은 본을 보이고 한국을 대표하는 자신인 것을 명심하여 다른 나라 사람에게 한국을 욕 먹이지 않고 영광 나타내는 사람이 되어 주기 바란다. 가장 작고 가장 보잘것없는 일에도 최선을 다해주기 바란다.

이제 현진이 대학 가면 경제적으로 더 힘들겠지만, 오늘까지 살아왔는데, 하는 마음으로 매사에 긍정적으로 최선을 다해 임하는 자세로 아버지와 엄마는 열심히 부지런히 생활해 나갈 것이다. 부디 몸조심하여라.

희천이도 좋은 형이 있어 든든할 것이니 네가 모든 것을 잘 보살펴 주어라. 7월에 다시 만날 날을 고대하면서 이만 펜을 놓는다. 부디부디 건강하여라.

1987. 5. 29. 엄마로부터.

희범이에게 · 17

그간 별고 없는지 궁금하구나. 올해는 웬일인지 폭우가 계속 쏟아져 많은 피해를 보는 것은 물론, 장마철이 지났는데도 계속 쏟아지는 폭우에 오죽하면 하늘에 구멍이 뚫렸는가보다는 아나운서 말에 공감이 갈 정도이다.

지금도 밖에는 계속 줄기차게 우산은 받으나 마나 할 정도로 쏟아져 내린다. 작은어머님 한국에 다녀가신 후로 병이 나지 않았는지? 또 네가 많은 것을 배웠고 꽤 힘도 들었겠지. 일을 할 때에는 힘이 들어도 하고 나서의 흐뭇함과 보람이 있어 누구나 고생을 마다하지 않고 열심히 사는가 보다.

미국 식구들(뉴욕, 워싱턴, 오클라호마) 모두 안녕들 하신지? 소식 없어 궁금하구나. 모두 바빠서 그렇고, 무고하니까 무소식이겠지만.

작은아버님 마음 상하는 일 많아 엄마는 항상 가정예배 때 기도한다. 하기야 사람이 살자면 여러 가지 일에 부딪치고 또 그것을 인내로 해결하면서 아름답게 삶을 이끌어 나가는 것이 짐승과 사람의 다른 점이고 또 깊이 생각 할 수 있는 점이 인간만이 할 수 있는 특권이지.

희범아!

이제는 너도 대학 졸업한 어엿한 지성인이고 그동안 많은 것을 느끼고 많은 것을 배웠을 줄 믿는다. 올여름에 만나 보리라는 기대는 이제 뒤로 미루게 되었고 더 큰 것, 더 그리워하며 다시 만날 날을 세어 보며 기다리는 것도 아름다운 기다림이라고 본다. 다만 네가 미국 있는 동안 건강하여 대학을 졸업하고 또 원하는 대학원에 갈 수 있다는 것이 엄마는 기쁘다. 무식하여 무엇인지 일러주어도 잘 모르지만 배우고 터득하여 사회에 보탬이 되는 공부를 하겠지 하는 마음으로 그저 네가 잘되어 보탬이 되는 사람이라면 얼마나 좋을까? 하며 생각도 해본다.

이곳은 별고 없고 여름 방학이라야 긴 폭우와 홍수로 온통 떠들썩하여 보는 사람으로 하여금 아픔을 나누는 처지이다.

부산 양 선생님이 새 집 지으시고 초청하여 협우회(아버지 친구) 식구들 모아 날 잡아 기차표 예매하고 유 선생님이 힘을 써서 콘도를 빌려서 짐 싸고 떠나려고 준비하였다. 난생 처음 부산 구경 좀 하려나 설렜더니 하늘이 노하셨는지 서울이 물바다 되도록 억수비가 쏟아져 취소해 버렸단다. 그래서 또 태풍이 몰려오고 농작물은 엉망이 되어서 요즘 농산물 시세가 갑절로 뛰어 아무리 인간이 못하는 것 없다고 떠들지만, 하늘의 위대함과 그 크신 힘에는 얼마나 인간이 나약한 존재인가를 여실히 보여준 계기가 되었다. 그래서 엄마는 하도 최루탄을 쏘아 풍기니까 하나님이 노하셨나 보다고 했더니 모두 웃었다.

아버지는 과학 캠프 다녀오셔서 오늘 숙직이라 학교에 가셨고 현옥이 현진이는 희곤이 데리고 영화구경갔다. 비 오는 것도 아랑곳없이 좋아라고 갔단다. 희곤이는 중3이라 환경을 바꾸어 보려고 방학 동안 우리 집에 와있다. 성욱이도 우리 집에 와있고, 방학 동안 희곤이 공부 좀 돌봐주라고 내가 함께 데리고 있으니 요즘은 대식구다. 엄마가 건강하여 몸으로라도 베풀 수 있다는 것도 감사하고 이곳 서울 식구들은 다 무고하다.

할머니께서는 아마 온천장에 가신 것 같다. 무슨 일이든지 건강하여 잘 다니시기 때문에 감사하고 생각해 보면 모든 것이 감사하지 않은 것이 없구나. 현진이만 대학에 잘 들어가 줬으면 좋으련만. 기도하고 그를 사랑하는 것 외엔 엄마가 할 수 있는 것이 없으니….

희범아! 네 졸업 사진 문갑 위에 올려놓고 때때로 보고 싶을 때 보고 네 말이 듣고 싶을 때는 편지를 꺼내 다시 읽고 읽는다.

세월은 덧없이 흘러 언제 이렇게 너희들이 장성했는지? 현옥이도 좋은 배필 만나야 할 텐데 하는 노파심마저 드는구나. 친구는 있어도 오리지널이 없다나? 오빠가 있어야 좋은 사람 소개할 텐데 오빠가 없어 다 틀렸단다.

요즘 영어 배운다고 영어 학원에 다니는데 워낙 영어에는 흥미가 없어 진전이 있을는지….

그동안 우리 식구 열심히 살아서 남한테 짐 지우지 않고 오늘 날까지 무사히 지낸 것이 무엇보다 감사하고 네가 그 어려운 역경을 넘어 너의 분수를 잘 지켜서 잘 지내준 것이 감사하며 아버지 건강도 좀 나아지시는 것 같아 고맙다. 다만 우리가 바라는 것이 있다면 우리 식구 모두가 주위 사람과 이웃과 사회에 보탬이 되는 삶을 살았으면 하는 자그마한 소망이란다.

하늘은 스스로 돕는 자를 돕는다 하셨으니 꿈을 가지고 산다. 나는 네가 내 아들이기 이전에 한 사회에 일꾼으로 키운다는 목적이 있었다면 희범이가 섭섭해할까? 부디 열심히 살아, 대한민국 좋은 일꾼이 되어 주기 바란다.

부디 건강하여라. 더위에 직장에 다닌다니 너무 무리가 가지는 않는지? 돈은 또 보낼 터이니 너무 돈 생각지 말고 공부에 힘쓰도록 하여라. 물론 다 알아서 하겠지만.

대학원에 가거든 자세히 편지 좀 하여라. 궁금하다.

부디, 부디 건강하여라. 안녕! 안녕!

1987. 8. 7. 서울에서 엄마가.

보고픈 희범이에게 · 18

그간 별고 없는지? 며칠 전 네가 꿈에 보여 또 이가 아파 고생하는가 궁금했다. 날마다 날마다 자식 생각 해도 펜을 들기가 왜 그리 쉽지가 않은지 모르겠구나. 이곳은 다 무고하다. 10일 전에 할아버지 제사를 끝으로 가을 행사도 끝이 나고 이젠 완전히 월동 준비에 들어갈 채비에 닿았구나.

앞마당엔 낙엽이 벌써 떨어지고 아버지 아침 일은 한 가지 더 늘었구나. 네가 여름에 모기장 쳐놓고 간 것을 떼어 버릴 때가 되었고 벌써 가을은 짙어가고 주님이 주신 계절은 항상 질서 정연하게 한치도 어김없이 분명하게 나로 하여금 여러 가지를 깨닫게 해주는구나.

희범아!

내일모레면 네 생일인데 얼마나 쓸쓸할까 싶다.

엄마라고 카드 한 장, 선물 한 점, 못 부치고 이렇게 안타까이 편지를 쓰게 되었으니 말이다. 너를 미국 보내고 벌써 일곱 번째 생일을 맞으니 한편 생각하면 감사하면서도 세월의 덧없음을 새삼 느끼게 된다. 지금은 새벽 세 시 반, 부엌 식탁의 시계 소리만 조용히 들리는 고요한 아침이다. 너와 잠시 얘기 하고파 벼르다 벼르다 생일 선물도 카드도 못 부치고 이렇게 멀리서나마 기도하는 마음으로 편지를 쓴다. 스물다섯 번째 생일 축하한다.

때로는 전화를 하고 싶어도 몇 마디 할라치면 방위세 25% 전화세 등등하여 배보다 배꼽이 커서 미국 돈 100$ 정도는 들어야 되니 늘 생략~생략~ 하다가 이렇게 세월이 흘렀구나.

삼촌 내외분도 안녕하신지? 건강은 어떠신지? 네가 보내준 편지와 사진 받고 편지를 못해서 항상 마음에 부담이 되었구나. 항상 주님께 감사하고 사는 엄마는 늘 즐겁게 하루하루를 보낸다.

이제 이 겨울만 가면 네가 한국에 올 날도 가까워 오겠지. 현진이 시험이 47일 남았기에 마음으로 늘 바쁘고 해는 짧아지니 늦게 오는 막내가 안쓰럽기도 하고 현옥이는 대학에 가서도 매일 바빠. 지금도 방에는 불이 켜 있는 걸 보니 공부하는 것 같다. 아무튼 열심히 시간들을 보내니 감사하면서도 안쓰럽고 4학년이 되면 좀 나을 거라네.

아버지께서도 별일 없이 충실히 근무하시고 하여튼 우리 가족 최선을 다하는 하루하루를 하나님께서 어여삐 보시고 반드시 축복해 주시리라 믿는다.

희범아!

한국에 오면 또한 어려운 점, 흐뭇한 점, 또한 남자로서 겪어야 하는 갈등, 등등 어려운 것이 또 있겠지만 모든 것에 신앙심 가지고 긍정적으로 대처하는 마음자세를 가진다면 못할 것 없다고 생각한다.

현진이는 오빠가 한국에 와 있는 지난여름에 학교에서 대문 앞에 오면 '아! 집에 오빠가 있지.' 하고 마음이 든든해 지더라는구나. 네가 아주 오면 동생들이 얼마나 좋아할까? 물론 부모 마음은 더 하겠고….

군인 6개월 코스는 완전히 없앨 모양이고 또 다른 방법이 나오겠지만 인생은 단거리 경주가 아닌 마라톤이어서 최후의 지구력과 인내와 쉼 없는 도전만이 최선이 아니겠느냐? 더더구나 목표가 뚜렷한 정신과 육체가 병행할 때 아름다운 삶을 이어갈 수 있단다. 너에겐 젊음이라는 자본과 하나님께서 오늘날까지 건강으로 지켜주셨고 또 섭리가 있어 공부하게 하셨으며 한국을 더욱 사랑하사 올림픽도 무사히 치르고 번영의 시대를 맞이하게 되었으니 그저 모든 것에 감사한 마음뿐이다.

엄마도 건강 주셔서 하루하루를 바쁘게 살게 하시고 믿음의 생활과 함께 늘 주님과 동행하게 하시니 그저 복되고 감사할 따름이다. 제삼자가 나를 볼 때는 동정의 눈으로 볼는지 몰라도 엄마는 늘 부자 된 마음으로 감사와 영광을 하나님께 돌린단다. 그리고 주님이 부르시는 그날까지 주님이 주신 시간과 따뜻한 태양과 공기와 산천초목의 아름다움과 건강한 몸을 조화시켜 열심히 살고 있다. 오늘 이 하루를 내 나름대로 최선을 다하여 살 때에 엄마의 소원도 하나님께서 들어 주실 것을 나는 확신한다.

희범아! 군대 문제 때문에 걱정을 많이 하는 것 같은데 대한민국 남아라면 다 겪는 일이니 두려워하지 말아라. 세상에는 모든 것이 합력하여 선을 이루도록 만들어지는 게 '삶' 이거늘….

그저 나 하나만의 생각에서 내 자신이 누구를 위해, 가정을, 사회를, 국가를 위해 열심을 다할 때 나도 살고 이웃도 살고 사회에 덕이 되고 국가에 보탬이 되는 삶이 아니겠니? 한 번밖에 없는 삶을 후회 없이 살아야 한다. 부디 몸조심하고 생일을 감사히 보내어라.

있는 동안이나마 모든 사람에게 잘 해주고 많이 도와주고(마음으로) 삼촌 내외분과 희천이에게 좋은 조카였고 좋은 형이었다는 생각이 늘 가시지 않도록 하여라. 또한, 좋은 한국 사람이었다는 소리 들었으면 하는 게 엄마 바람이다.

현옥이는 교내 작품전시회라고 바쁘더니만 이즘엔 또 시험이라고 아침 6시에 밝지도 않았는데 도시락 싸들고 학교에 간다. 아버지도 이젠 나이가 들어서인지 때로는 노년을 준비하고 퇴직 후의 삶도 생각하시더라. 할머님을 비롯하여 모든 무거운 짐을 감당하는 설계도 하시고 아무튼 참으로 빠른 세월은 많은 것을 배우고 생각하게 한다. 세월의 덧없음을 때로는 아쉬워하기도 하면서 그리고 오늘날까지 식구들 건강하게 지켜주심을 감사도 하면서!

교회는 잘 나가는지? 영적으로 거듭나는 것이 엄마의 소원이고 보면 어서 하나님 말씀을 들어야지.

형제들이 모여 왁자지껄하면서 늘 반갑고 좋고 제사 때마다 어쨌든 찬송하고 기도한다. 삼촌들도 다 안녕하시고 할머님도 건강하시다. 때로는 아버지 누님이냐고 해서 웃기도 하지만 말이야. 어려운 일 있으면 기도하여라.

새로운 지혜가 떠오를 것이다. 그리고 엄마가 너를 향하여 하나님께 부탁하는 기도는 이 생명 다하는 날까지 지속될 것이고 순간순간마다 대처하는 하나님의 손길을 체험하면서 살기 바란다.

이제 반년 남짓 있으면 너를 만나겠구나. 그저 감사할 뿐이다. 그리고 돈이 필요하면 연락하여라. 넉넉히 못 보내는 마음 늘 아쉽기는 하지만 미리 연락하면 보내주마. 다시 만나는 날까지 건강하기 바라면서 이만 두서없는 난필을 놓겠다.

부디부디 안녕!

1988. 10. 29. 새벽, 서울에서 엄마가

현옥이 아버지 보세요 · 19

서울을 떠나온 지 10여 일이 넘도록 펜을 들지 못하여 죄송한 마음뿐입니다. 전화로 몇 마디 소식 전하였지만, 자세한 이야기 전할 수 없어 몇 자 드립니다. 당신의 말씀과 같이 수십 년이 흘러 아마 당신이 군대 생활할 때 편지 써 보곤 처음인 것 같으니 아마도 희범이 나이보다 더 된 것 같군요.

희범이가 내일이면 대학원 졸업하게 되니 그저 하나님께 감사할 뿐입니다. 한국에서 김포공항을 이륙할 때부터 하나님께서 준비하시고 예비하신바 모든 것이 준비된 가운데 순조롭게 이루어지고, 그 지루하다는 비행 시간도 나에게는 너무도 오랜만에 쉬는 시간이 되어주었습니다. 지루한지도 멀미나는지도 모르게 하시려고 나의 옆 좌석에 권사님을 앉혀 주시어 그분의 말씀을 듣고 대화하면서 너무도 자연스럽게 외국 여행 많이 해본 사람처럼 무사히 뉴욕에 도착할 수 있었습니다.

이곳에 와 10여 일이 지나는 동안 희범이 따라 많이도 다녔어요.

희범이 역시 관광을 마음 놓고 못 해본지라 어머니 오신 김에 정신 없이 다니는 거라고 했습니다. 이런저런 곳을 다니다 보니 느끼는 것도 많고 배울 것도 많았지만 그래도 내 조국이 제일이라는 애국심도 생기더군요. 희범이가 운전도 차분하게 잘해요. 시내 들어갈 때는 지하철, 버스 모두 갈아타면서 끌고 다녀 새로운 풍물도 많이 보았지요. 워싱턴에 가서 고모 만나고 그 유명한 동굴 구경도 하고 워싱턴 유적과 독립 기념탑, 박물관, 다리가 떨어지도록 희범이를 따라다녔습니다. 엊그제는 서방님 교포 모임과 파티에 꼭 가셔야 한다고 하여 그곳에 가서 구경도 했어요. 시집와서 처음 맞는 휴가라서 어찌나 바쁘던지?

워싱턴에서 기차 타고 오는데 서울서 부산가는 거리쯤 된다는데 3시간 반쯤 걸리더군요. 참으로 빠른 것을 느낄 수 있었습니다.

희범이 학교 기숙사에서 짐을 모두 삼촌 댁으로 옮겨 놨어요. 이제 짐을 꾸리기 시작하고. 또 금성사 인터뷰 관계는 회사에 찾아갔더니 서울에 가서 하기로 했답니다. 답답한 것은 내 혼자는 교회를 마음대로 못 간다는 단점이 있어요. 오늘은 캐나다 영사관에 가서 비자를 받아 왔어요. 민 선생님 댁에도 가서 점심까지 대접 받았구요. 친정어머니 만난 것 같이 반갑다는군요.

하루는 바쁘게 금방 가는데 집 떠나온 지는 굉장히 오래된 거 같은 느낌이 들어요. 유진이 엄마가 오클라호마에 꼭 다녀가야 한다면서 비행기 표를 사 우편으로 보냈어요. 다녀와야 할 것 같습니다.

6월 1일엔 유진네 갈 예정입니다. 당숙 내외분 댁도 서로 데려다

주지 않으면 못 다니니까 한 번 만나고 전화로만 얘기하지요.

VTR도 샀어요. 오늘 캐나다 대사관에 다녀오다가 희범이 대학(모교)에 가서 증명서 떼어 가지고 오느라고 들렀더니 생각보다 무척 크고 웅장한 건물이더군요. 스티븐슨 대학은 고풍이 풍기고요. 남들은 다리 아프다 하는데 저는 서울서 워낙 열 몇 시간씩 서 있던 훈련이 돼 있어서 그런지 그들과는 좀 다른 것 같아요. 또한, 주님께서 준비하셔 보내신 여행이라 건강도 지켜주시는 것 같습니다.

현옥이 현진이가 정말 가사 실습 실감 나게 하겠군요. 어머님 건강은 어떠시고 당신은 제대로 생활하고 끼니는 찾아 잡수고나 있는지요?

내일 희범이 졸업식에 다녀와서 대충 희범이 짐 꾸리고 유진네 갈 것입니다. 밤낮이 바뀌어서 낮에는 졸리고 밤에는 잠이 안 와야 되는데 어떻게 된 셈인지 시간만 나면 밤이건 낮이건 졸려요. 그래서 어제 저녁에는 당신이 버스에 저만 두고(졸아서) 내린 이야기를 했더니 식구들이 박장대소를 했답니다.

삼촌이 희범이 양복도 해주어서 졸업식에 입고 갈 모양입니다. 또 희범이 어려서 입던 양복(미국 가서)은 희천이한테 어찌나 꼭 맞는지? 사촌이 비슷하게 말랐음을 보여 주더군요.

워싱턴 고모는 많이 뚱뚱해졌어요. 사는 것도 전보다 걱정 없고 차 없이는 못 사는 곳이라 식구마다 차를 움직여서 차 타고 다니기는 수월했어요. 두 남매가 차를 여섯 대를 굴리니 비용은 얼마나 들지 말이에요.

어제는 희천이가 형 졸업 선물 산다고 나가더니만 '카우보이' 중절모자를 사 가지고 희범이는 그것을 쓰고 활보하여 웃었답니다. 서방님 건강은 그만하시고요. 그런대로 이곳은 무고합니다.

바쁜 미국 생활이 실감도 나구요.

부디 주님의 은총이 함께 하시여 식구들 건강하고 현옥이 현진이 노고가 많아 미안하구요. 부디부디 건강한 서울 식구 모습 지속하기를 바랍니다. 안녕히!

시간 나는 대로 또 소식 전하겠어요.

희범이는 서울 갈 무렵에나 받을 편지 뭘 쓰느냐고 합니다만 그저 쓰는 거지요. 다시 만날 때까지 안녕히 계세요 .

1989. 5. 2.
서울에 있는 식구를 그리며 뉴욕에서 희범모 드림.

사랑하는 하나님(기도문) · 20

오! 사랑의 하나님! 정말 정말 감사합니다. 당신이 계셨기에 오늘 이런 축복이 있을 수 있으며 당신의 곁에 머물러 기도할 때 당신은 저를 늘 사랑으로 위로하였습니다. 그 숱한 세월, 당신께서 늘 제 곁에 계시기를 원하였건만 그 깊은 의미와 사랑을 미처 깨닫지 못하여 몸부림치고 헤매던 지난 먼 기억들을 더듬어봅니다. 당신이 저를 붙들어 주시지 아니하셨다면 어찌 되었을까 가정할 때 그때마다 아찔한 마음과 생각으로 전율을 느끼게 합니다.

늘 계셨음을 인정하고 감사하며 당신이 제 안에, 제가 당신 안에 한 몸이 되어 생활할 때 모든 것을 감사할 수 있었고, 이해할 수 있었으며 사랑할 수 있었나이다.

오 내사랑 주님! 어찌도 주님의 나라는 그토록 아름답고 깊은 진리를 깨닫게 하는 계단이 있어 그 계단을 타고 내려갈 때마다 신비한 체험을 하게 하시는지요? 때로는 계단 내려갈 때 황홀하게 하셨으며 때로는 깜짝 놀라고 심장이 고동치는 놀라운 그 깊은 사랑에 감복하여 마구 눈물을 흘리게 하셨으며 이역만리 타국에 육신의 자녀를 맡겨 놓고 그 부탁하는 딸의 목소리를 들어 움직이사 해결하실 때는 꼭 어머니의 헌신적인 그 사랑을 체험하게 하셨습니다. 얼마나 많은 세월을 품에 안으시고 사랑하셨음이여! 오늘의 영광을 모두 당신께 돌립니다. 저는 그저 당신께서 지혜를 주시는 대로 움직였을 뿐이고 건강을 주시는 대로 뛰었을 뿐이며 사랑을 받아 심부름을 조금 했을 뿐인데 오늘 이 같은 선물을 제게 주시다니요? 과분합니다. 감사합니다. 정말로 분에 넘치는 것을 깨닫고 이제 너무나 부족한 저를 너무 사랑으로 보살펴 주셨음에 몸둘 바를 모르겠습니다.

그것은 그토록 아슬아슬하리만큼 힘이 없고 금이 몇 번씩 가버린 형태만 남은 힘없는 질그릇 속에 그 진주와 보석을 담아 타인으로 하여금 질그릇 형태를 갖춰주셨음이여! 생각할수록 눈물을 흘리지 않을 수 없고 그때마다 당신은 내 곁에서 내 눈물을 씻기시고 또 그 품에 안아주시며 나의 나라가 이런 것이란 것을 보여 주셨습니다.

당신의 오묘한 섭리로 계획하고 준비하여 주셔 또한 이끌어 주심 때문에 오늘 희범(육신의 아들)이는 7년의 고난을 무사히 마치고 대학원 졸업을 하게 되었고 동시에 이 딸에게 하나님 솜씨를 더욱 느끼도록 기회를 주셔서 이역만리 미국 땅에까지 보내주시는 큰 은혜를 베풀어 주심을 감사합니다.

그 은혜를 어찌 다 말로 표현할 수 있으며 글로 대변할 수가 있겠습니까? 이 팔이 떨어지도록 써도 써도 다 못 쓸, 아름다운 사랑의 기억들 당신은 말씀으로 양육하여 주셨습니다. 오– 당신의 그 사랑,

포근한 품을 영원토록 간직하렵니다.

십 년이면 강산도 변한다는 그 순간순간들을 당신이 제 곁에 계셔 이끌어 주심으로 하숙집 아줌마를 청산하는 기회를 주시었습니다. 그동안 저를 단련시키고 사랑하는 기도의 아들을 길러 주신 감사와 영광을 당신께 돌립니다. 함께 데리고 있는 딸, 형제도 아름답게 주님 안에서 키워주심을 말할 수 없이 감사하오며 육신의 남편과 노모님을 주님께서 인도하고 돌봐주심을 감사드립니다.

저같이 미련한 것을 택하사 아름다운 가정을 이룰 수 있도록 인도하시고 가르쳐 주시며 때로는 깨닫지 못하는 우둔함에 매까지 드시면서 키워주신 당신, 당신이야말로 위대하시며 선하시며 자애로우시며 정말 정말 사랑의 당신을 깨닫게 하셔 저로 하여 굴복해 하셨음이여, 이 사랑을 몸으로 풍기고 입으로 시인하여 전하게 하시며 더 더욱 값진 삶을 영위할 수 있도록 지혜를 주심이여.

영원히 변치 않는 당신의 사랑을 깨달았사오니 이제 영광만 나타나게 하옵소서!

천지만물 어디를 돌아보아도 당신 계시지 않은 곳이 없사오며 풀 한 포기 꽃잎 하나에도 그토록 존재하시며 바람 불어 흔들리는 나뭇가지에도 계셨음이여!

오- 내 사랑 당신! 어찌 그리도 아름답고 그리도 찬란한 숨결을 택하신 영혼 속에 음미케 하시나이까?

이제 육신의 아들이 제 몫을 다하게 하소서! 하나님 나라를 위하여 일하게 하옵소서! 당신께 부탁하옵기는 그저 그저 당신만 따르도록 이끌어 주옵소서. 아직 미약한 존재며 위험한 존재며 실족할까 두려운 어린아이로소이다. 오늘 주님의 뜻이 계셔 육신의 자식을 갖게 하셨으니 이제는 그 나라와 의를 구하는 아들이 되어 당신을 찬양하는 일꾼이 되게 하심이 평생 소원이니 이 기도 들어주실 줄 믿사옵니다.

어떡하다 저를 택하여 주셔서 당신과 늘 대화하게 하시는지? 그저 감격하고 감사할 뿐입니다.

주님께 오늘의 영광을 돌립니다. 받아주옵소서! 예수님의 이름으로 기도합니다. 아멘- 아멘.

(희범이 미국 7년 마무리를 하는 대학원 졸업식장에서 그 감격함을 고백한 어미의 기도).

1989. 5. 미국에서

조카 결혼식에 참석하고
동서에게 · 21

북적대던 식구들을 떠나보내고 병이나 나지 않았는지? 신혼여행에서 돌아오는 아들 내외 맞이하는 모습 상상하면서 대견한 생각에 흐뭇한 미소를 짓곤 했지. 젊어서와는 달리 쉽게 피로가 풀리지 않고 몸은 마음과는 달리 무겁기 일쑤이지. 더구나 자네는 큰 수술을 한 몸이라 각별히 살펴야 하는데 너무 무리한 것 같아 내 나름대로 많이 기도했어.

생판 낯선 미국 땅에서 그만큼 기반 잡아 사는 모습은 보는 사람으로 하여금 마음 든든하고 보기 좋은 삶을 살아서 감사했어. 자네의 노력이 많았음을 같은 여자이기에 이해할 수 있었고 이제 며느리를 맞이했으니 50대의 샌드위치 삶이 시작된 것인지 아니면 바톤을 넘겨주어 편한 삶이 시작될 것인지는 살아봐야 알겠지. 하지만 이제 여유롭게 한국에 와서 시간을 보내도 좋은 때가 오지 않을까 기대도 해보는데…. 얼떨결에 긴 여행을 하고 돌아오니 변한 것은 아무것도 없는데 왜 그리 마음 정돈이 안 되던지. 자네의 따뜻한 보살핌과 황홀

한 결혼식 구경 속에 시간 가는 줄 모르고 잘 쉬다가 돌아오니 연말에 손대접 못한 친구분들과 직장의 선생님들이 몰려와서 한바탕 북적대고 나니 그때서야 해가 바뀌었음을 실감할 수 있었지. 자네가 보내준 X-Mas 카드를 TV 위에 올려놓고 순간순간 생각나면 살며시 펼쳐 고요한 밤 거룩한 밤 노래를 듣곤 하지. 아무튼 이제 서방님과 함께 며느리 재미 많이 보게나. 행복과 불행은 삶의 태도 속에서 창조되는 것이고 보면 우리도 샌드위치 시어머니 위치를 좀 탈피 하면서 살아야 될 것 같은 기분이야. 호호

"자식은 나이 들수록 멀리하고, 내외지간은 늙을수록 가깝게 하라"는 말은 의미 있는 말인 것 같아. 왜 만났을 때 이야기 못 하고 헤어지고 나니 이토록 아쉬운 것이 많은지? 끝없이 잡담을 하고픈 심정이나 글로는 표현이 안 되고, 또 언제 만나 이야기할 시간이 주어질지는 몰라도….

이곳 형제들 가정 가정 모두 별고 없고 서현이 본고사 보는 엇그제는 나 또한 기도하느라 하루를 보내고 이제 발표만 남은 상태여서 덩달아 조급해지는군. 올해는 하는 사업이 더욱 번창하고 건강한 한 해가 되시게. 새 며느리에게 반가운 소식이 속히 있어줬으면 하는 바람이고, 무엇 하나라도 더 주고 싶어하는 동서 마음과 따뜻한 보살핌이 눈시울 뜨겁도록 감사해서 그 모습 오래도록 마음에 간직하고 싶어지는 걸 보면 정이란 것이 무엇인지 알 것도 같아. 끝으로 새 가정에 큰 축복이 임하기를 기도하면서 이만 펜을 놓겠네.

1994. 1. 14.　서울에서 희천이 큰엄마로부터

큰딸에게 · 22

현옥아!

처음 실시하는 지자체 선거로 세상은 온통 뜨거운 열기로 가득하고 급변하는 사회 물결 속에 미처 적응할 겨를도 없이 스쳐 가는 새로운 문화는 내 자신의 부족함과 몸이 생각을 따라 주지 못하는 안타까운 마음도 들더구나.

그동안 부모를 떠나 살면서 마음고생도 있었을 것이고 친정에 와서 어쩌다 푸념을 해보고 싶을 때도 있었으련만, 티 없이 웃는 너의 모습에서 옛날 엄마 모습 찾고는 마음속으로 웃곤 했지. 누구나 그랬듯이 하고픈 일들을 해보지 못하고 마음 한켠에 접어두고 살아야 했던 그 어려운 시절이 있었기에 때로는 소녀처럼 눈물이 그렁그렁 맺힐 때도 있었다면 아마도 이해가 되지 않겠지. 먼 거리에 있는 것도 아니건만 너와 내가 서로 시간이 엇갈려 바쁘게 지내다 보니 마음 밑에 깔린 서로의 목마름은 해갈이 안 되어도 표정 하나로 목소리 속에서 마음을 더듬는 어미와 딸이 되었구나.

시간을 쪼개어 의미 있는 삶을 살고자 노력해 보지만 때때로 나이를 의식하게 되더구나.

전에도 말했듯이 아름다운 가정이란 무지개 같은 꿈만으로 이뤄지는 것이 아니라 평생을 두고 모난 부분을 갈고 닦아서 둘이 공동으로 만드는 작품일진데 쉽게 포기하는 젊은이들이 너무 많은 것 같아 다시 몇 마디 일러둔다.

한 그루의 나무를 옮겨심기 위해서는 잎과 가지를 잘라 옮겨 심어야 사는 것처럼 사람도 결혼하여 호적을 옮길 때는 친정에서 자란 모난 성품을 모두 잘라 버리고 기본적 본래의 모습만 시집에 옮겨져서 새로운 토양에 뿌리를 박고 몸살(마음고생)을 견디노라면 남편은 너를 받쳐주는 버팀목이 되어 지주 노릇을 해주지만 모난 성품 그대로 뽐내려 들면 잘리지 않은 모습으로 말미암아 작은 바람에 견디지 못하고 넘어지는 우를 범하겠지.

받쳐주는 버팀목과 함께 쓰러져 흉한 모습으로 살면서도 누구 때문에 이 꼴이 되었는지? 깨닫지 못한 채 파경의 삶을 사는 이들을 일컬어 호적을 파 갔다는 말이 생겼는가 싶다.

이제 너는 새로운 토양의 양분을 먹고 살았은즉 나무는 그 나무로되 모습은 전연 다른 튼실한 새 가지로 자라서 버팀목(남편)과 열매(자식)를 감싸는 칭찬받는 정자로 성장해주기 바란다.

가정의 원천은 마음 밭에서 일궈내는 샘물이며 행복은 고통과 아픔의 거름 속에서 일궈내는 진주 같아서 꿈만 먹고 사는 안일한 그늘 속에는 행복이 걸려들지 않음을 명심하여라. 여자는 때때로 외로움과 그리움, 꼭 집어 표현 못 하는 아픔들이 그림자같이 스쳐 가지만 넓은 가슴으로 끌어안고 인내하기 바란다. 난사람보다는 된 사람으로 키운다고 키웠어도 결혼식장에서 떠나보내던 그날은 살얼음 밟는 기분이었다. 네가 떠난 허전한 자리를 붉은 눈으로 쓸어안고 목으로 넘어가는 뜨거운 덩어리를 가슴으로 받들면서 "자네만 믿네, 잘 좀 보살펴 주게" 외할머니가 네 아버지에게 당부한 똑같은 말을 하면서 기도하며 마음 달래던 일이 엊그제 같은데 벌써 삼 년이 넘은 세월이 지나 또 다른 충고를 하는구나.

삶이란 것이 별미와 같아서 아녀자의 심사 따라 달게도 되고 쓰게도 만드는 것이고 보면 남의 속 썩이자면 내속부터 상해야 하는 사실을 깨달아 내가 살고, 남편이 사는 지혜를 터득하여 순리대로 살아 줬으면 하는 바람이다. 릴레이 선수가 다음 선수에게 바톤을 넘겨주고 뒤에서 열심히 응원하는 것처럼 엄마도 네 앞길을 위해 열심히 기도할 것이다.

엊그제 네가 잠시 다녀가면서 엄마가 해주는 밥 열흘만 먹었으면 살이 찔 것 같다던 그 말이 안쓰럽게 자꾸 귓가에 맴도는구나. 사회와 가정에서 최선을 다하는 너에게 능력 있는 디자이너의 길과 주님이 주시는 뛰어난 지혜를 구하여 성실한 네 남편과 귀엽게 자라는 동균이 그리고 주위에 모든 분들께 감사하며 살아가거라. 그렇게 사는 너의 모습을 기대하며 이만 줄인다. 부디 건강하여라.

1994. 3. 친정 엄마

추신) 남이 베풀 수 없는 것을 베푸는 것이 가족이다.

정년을 맞은 당신께 · 23

달력을 한 장 넘기면서 '이 달만 지나면 그만이구나!' 생각하면서 바쁜 나날을 보내던 중 당신이 건네주는 급여 명세서를 받아 든 내 손이 가슴속 깊은 곳에서 잔잔한 파장을 일으키며 바르르 떨리는 것을 느꼈습니다.

당신이 한 분야에서 평생을 다한 의미도 있겠지만 나 또한 긴 세월 동안 길들여 보이지 않는 삶의 허전함과 또한 감사함이 순간 피부로 느껴지더군요. 오랜 세월 동안 모아두었던 월급봉투를 정리하면서 지난 삼십팔 년간 잠재웠던 삶들이 희로애락으로 모두 그 속에 담겨져 있어 나를 감동 시켰습니다. 또한, 쌓여진 봉투의 부피 속에서 당신이 직장에서 겪은 애환과 가정의 애틋한 감정들이 영화 속의 필름처럼 나를 추억 속으로 빠져들게 했습니다. 노인은 원래부터 노인으로 있었고, 젊은 우리는 평생 젊은 그대로 있을 것 같았던 그 시절의 숱한 이야기를 어찌 글로 표현하며, 어찌 말로 다 할 수 있겠는지요? 어느 날 월급봉투가 급여명세서로 바뀌면서 장판 위에 월급을 펴놓고 쌀값, 연탄값, 당신의 교통비, 아이들 학비를 나누던 그 재미를 잃어버린 허전함에 당신이 몇 달 더 현금 봉투를 건네주던 생각이 났습니다.

웬만한 지출은 몸으로 때우면서 살던 버릇이 지금까지 습관이 되었건만 이제 와서 흔적들을 되씹어보는 감정 또한, 새롭게 느껴집니다. 보너스는 고사하고 월급도 제대로 지급 안 되던 시절, 가불 신청으로 생활을 이어간 빛바랜 봉투에서 표현할 수 없는 그때의 아픈 기억들이 가슴을 누르기도 했습니다.

여러 남매의 맏이라는 무거운 짐을 진 채 고만고만한 삼 남매를 키우면서 당신이 지병으로 휘청거릴 때 저는 매일 1,800칼로리의 식단을 짜는 반영양사가 되어 십수 년을 견뎌왔습니다. 그땐 까마득하던 정년이 훌쩍 흘러 버린 세월과 함께 앞에 다가왔으니 참으로 세월이 빠르다는 느낌이 듭니다. 이제까지 열심히 살아준 당신에게 그저 고맙고 감사하다는 말밖에 할 말이 없습니다.

지난 제 생일에 당신이 한 말씀을 기억해 봅니다. "내가 문학적 소질이 있으면 당신의 회갑과 나의 정년을 맞으며 회고록도 쓰고, 당신이 수고한 경험담을 이 세상에 내놓고 싶은 심정"이라던 말씀 속에 빠른 세월을 통감한다는 의미도 함께 있었음을 인정합니다.

경제가 나아지면서 편한 것을 즐기라는 이웃들의 권유도 뒤로한 채 주말이면 일구던 삭막했던 터전도 강산이 변하는 동안 이제는 옥토로 변하여 가고, 그 푸른 생명을 가꾸는 과정에서 바르게 사는 법과 건강을 유지하는 비결도 배웠습니다. 이제 삼 남매 각기 가정을 꾸리고 맡은 분야에서 최선을 다하며 사회에 한몫을 담당해 사는 것을 보노라면 그저 감사할 따름입니다. 허점 많고 부족한 저를 변함없이 이끌어 주셨고, 오늘에 이르도록 건강을 유지하며 살아준 당신과 함께 손자들의 재롱을 낙으로 삼으렵니다.

살아온 날보다 살 날이 많지 않은 남은 여생을 이웃과 사회를 돌아보며, 우리를 기다리는 푸른 생명도 열심히 가꾸면서 천국 가는 소망을 가슴에 품고 건강하게 살 수 있기를 기원해 봅니다.

1999年. 8月　당신의 아내 숙(淑) 드림.

주님께 드립니다 · 24

결혼 50주년에 자녀들 통하여 이런 좋은 자리를 마련해 주심을 감사드립니다. 그 어려웠던 1961년 초, 시조부모님과 시부모님 그리고 여덟 남매 그 외에 고종 시동생과 육촌, 이모할머님 댁 시동생, 이렇게 대식구의 시댁 생활은 저에게 무척이나 고된 삶이었던 것으로 기억 됩니다. 먼동이 트기 전 희미한 백열전구 밑에서 여덟 개의 네모난 도시락을 싸면서 그때 느낀 점이라면 한 약국집 약 짓던 모습을 그려 보곤 했습니다.

항상 나의 삶보다 시댁 보살피는 일을 우선으로 여기다 보니 언제부터인가, 투명한 벽 속에 갇혀 사는 듯이 답답함과 동시에 무엇인지도 모르는 공허로움과 허전함으로 굴곡 많은 삶의 길을 오랫동안 걸어야 했습니다. 스스로 인내하며 달래는 마음으로 눈물의 골짜기를 더듬어 가면서 육체적으로 어려운 것은 뒤로 하더라도 경제적으로 허덕이는 한 켠에 주님이 찾아오시어 쓴물이 단물로 변하는 체험을 주셨습니다.

초등학교 5학년이던 막내 시동생이 군대를 마치고 대학을 졸업하고 가정을 이룰 때까지 어렵고 지루한 삶을 살아야 했습니다.

그러는 동안 우리 삼 남매는 훌쩍 자라 있었고, 부모로서 자식의 앞길을 펴주고 싶은 마음은 바쁘기만 한데 연로하신 부모님 병원 출입과 간병으로 또 다른 힘든 과정을 넘어야 했습니다.

언어도 통하지 않는 이국 땅에 아들을 교육 시키고자 보내놓고 살얼음 위를 걷듯, 마음 졸이고 애타는 마음은 속절없이 부르짖는 기도가 되어 우리 가족이 의지하는 힘이었습니다. 바쁜 삶을 살아가면서 그 안타까운 믿음의 기도는 우리 부부의 심령 속을 달래는 삶의 무기였고 또한 주님의 사랑이었습니다.

"여호와를 경외하는 것이 지혜의 근본이요 거룩하신 자를 아는 것이 명철이라(잠9:10)"는 말씀을 품고 사는 가운데 뜬 구름 바람결에 흘러가듯 세월은 흘러 이국땅에서 힘들게 공부한 아들은 무사히 학업을 마치고 부모의 기쁨이 되어 돌아온 이 모든 것이, 주님의 도우심이라 믿고 감사했습니다. 그동안 가사 일을 도와가며 공부한 두 딸도 아름답게 자라주어 질긴 끈 같은 삶이 큰 보람으로 돌아왔습니다. 삼 남매가 가정을 이루어 내 곁을 떠날 때야, 비로소 친정어머니의 '길이 아니면 가지를 말고 말이 아니면 타 내지 말라' 시던 생각에 하염없는 눈물이 볼을 적셔왔습니다.

헤아릴 수 없는 주님의 사랑과 기도의 응답이 절묘하게 이루어졌음을 깨닫고 이것이 내 삶의 길이었고 진리이고 사랑이었음을 고백하면서 숱한 질곡의 세월이 축복의 씨앗인 것을 알고 또 감사를 드렸습니다.

우리 부부 노후의 삶과 남편의 지병을 치료하고자 고향 땅 돌짝밭에서 경험 없는 농부의 삶이 시작되었습니다. 숱하게 돌을 골라내는 힘든 싸움은 강산이 두 번이나 변하는 세월 속에 나무처럼 무디어진 손마디는 서로를 부둥켜안은 채 기도하는 손이 되었습니다. 잘 하였도다 칭찬받는 기운데 아브라함의 축복을 덤으로 주셨으니 감사할 뿐입니다. 여기 모인 자손들을 바라보는 우리 노부부의 마음은 한없이 고맙고 흐뭇하여 정말로 "눈물로 씨를 뿌리는 자는 기쁨으로 거두어들인다" 는 말씀에 머리 숙여 봅니다. 스물세 살의 철없고 허물많은 이 딸을 말세 전에 예정하사 그토록 겁 없이 살아온 삶 속에 동행하여 주셨음에 너무도 감사하여 때로 벅찬 찬송을 드립니다.

어제 일인 양 생생하기 그지없건만 반세기를 함께 있도록 건강을 주셔 황혼이 짙은 내리막에 당도한 우리 노부부는 이제 마주봄이 언어이고 사랑입니다. 주름 깊었던 지난 삶을 보듬어 가며 사노라면 마음 다하지 못했던 이웃과 기다리는 그들의 손길도 잡아주면서 서로를 보듬어 기쁜 마음으로 살아갈 것입니다.

또한, 천국 가도록 소원하는 바람이 있다면 여기 있는 모든 자녀들 길이요 진리이며 생명되신 말씀을 깨닫고 영원히 함께 하고픈 간절함입니다.

주님 부르시는 그날을 계수하며 기다립니다.

※사랑에는 노여움과 불만을 녹이는 강력한 힘이 있다.

2011. 2. 27. -결혼 50년을 맞으면서-
(박형식 안수 집사 유정숙 권사)

2
아버지편지

내 엄마여서 참 고맙습니다.

희범에게 · 1

미국으로 떠나보내고 궁금하던 차에 어제 너의 편지를 반가이 잘 받았다. 그간 삼촌 내외분과 희천이도 안녕한지? 낯선 환경에서 여러모로 서먹서먹하겠지만 굳은 의지를 갖고 열심히 노력하여라.

유학을 가서 누구나 겪는 고충이요 그 정도가 다르겠지만 부족하면 부족한 만큼 노력하면 되는 것이다.

나폴레옹이 알프스 산을 정복할 때 병사들에게 "불가능이란 존재할 수 없다"라는 말을 하였다. 노력하면 불가능은 존재할 수 없을 것으로 나도 생각한다. 물론 고충은 이루 말할 수 없지만 소년 고생은 금을 주어도 살 수 없다는 말이 있듯이 반드시 고생 끝에는 낙이 있을 것이다.

반 년에 안 되면 1년을 Language course를 받고 정규 과정으로 들어가면 되고 꾸준한 노력을 하면 되는 것이다.

모든 것을 기탄없이 삼촌 내외분과 의논하여 시행하고 희천이 하고는 가급적이면 서로 영어로 대화하여 쉽게 회화를 익히도록 하여라.

9월 1일 영어 시험을 치르고 학교에 등교한다고 하는데 너무 부담감을 갖지 말고 임하여라. 그리고 너 자신의 건강에 유의하여라. 공부도 건강하여야 되는 것이기 때문에 더욱 건강에 힘써야 한다.

학교에 나가게 되면 친구를 잘 사귀어야 한다. 학교 거리는 멀지 않은지? 버스 통학이 가능한지? 궁금하구나. 이곳은 할머니를 비롯하여 삼촌 댁 모두 무고하고 우리 식구 모두가 오직 너의 건강과 성공을 바라며 열심히 노력하고 있다. 부디 이곳 걱정은 하지 말고 항상 몸 건강히 꾸준한 노력을 하여 소정의 과정을 이수하도록 하여라.

너무 마음의 부담감을 갖지 말고 힘써 주기 바란다. 그리고 명지대학교 1학기 성적표가 우송되어 와서 동봉하여 보내오니 참고하고 만일 그 학교에서 학점 관계로 성적 증명이 필요하면 연락하여라. 보내주겠다. 너는 다른 학생보다 늦지 않았기 때문에 1년 재수하는 셈 치고 공부하면 된다. 그리고 편지할 때는 주소에 청담동 13-34(76-11)이라고 쓰는 것이 편리 할 것 같다.

그럼 자세한 말은 다음 기회로 미루고 이만 펜을 놓겠다.

1982년 8월 20일 아버지 씀

희범이에게 · 2

어느덧 네가 미국에 유학을 떠난 지도 2개월이 지났구나. 그간 삼촌 내외 그리고 희천이 모두 건강하고 너도 건강히 학교에 잘 다니고 있는지 궁금하구나. 이곳은 할머니를 비롯하여 모두 안녕하시다.

이번 추석에도 전 가족이 독지리 성묘를 갔다 왔다. 현옥이는 시험 중이라 집에서 공부를 하고 집을 지켰지. 작년에 네가 못 가고 집에 있던 경우와 같았다. 그리고 겨울 준비를 하느라고 분주하여 너에게 편지도 못하였다.

현옥이 방을 뜯어서 고쳤는데 돈을 절약하려고 직접 하였으나 오히려 고생만 하고 돈은 돈대로 들게 되었다. 학교에 통학 거리가 멀어서 고생이 많고 또 용돈(교통비)을 벌어 쓰느라고 힘들겠지만 일하면서 공부하는 고학(苦學)은 젊었을 때만이 할 수 있는 일이니 굳은 의지를 갖고 힘차게 노력하여야 한다. 물론 금전의 여유가 있으면 그런 고생을 하지 않아도 되겠지만, 아버지 형편이 그렇지 못해 가슴 아플 뿐이다.

미국 식구와 너, 이곳 식구들이 삼위일체 되면 무난히 뚫고 나가리라고 본다. 어제는 할머니 생신이라 식구가 모두 모였고 또 10월 9일은 노인 학교에서 운동회를 하신다더라. 그리고 작은어머니가 할머니께 보내주신 돈은 잘 받았다. 그리고 너의 성적 증명서는 내가 직접 용인 가서 떼어서 2통을 동봉하여 보내니 잘 된 것인지 모르겠다.

부디 몸 건강히 조심하고 꾸준한 노력을 하여 금의환향을 하도록 하여라.

속이 불편하면 네가 가지고 간 약(정로환)을 복용하고 네 몸은 너 자신이 돌봐야 한다.

그럼 다음 기회에 또 편지하고 이만 펜을 놓겠다.

1982. 10. 7. 아버지가 씀

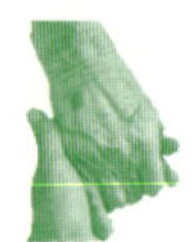

희범이에게 · 3

이제는 제법 겨울 날씨답게 영하 10도 이하를 육박하고 있는 매우 쌀쌀한 날씨이다. 그곳도 신문에서 보면 영하의 날씨를 나타내고 있는데 학교에 다니느라고 얼마나 힘들겠니? 작은아버지 내외분도 또 희천이 모두 안녕하겠지. 이곳은 할머니를 비롯하여 대소가 다 무고하다.

요사이는 대학 합격자 발표를 하여 집집마다 수험생이 있는 가정에서는 희비쌍곡선을 그리고 있다. 너의 친구 종훈이는 경희대 건축과에 합격하였고 성호는 해양대학에 지원하여 또 실패한 것 같은데 걱정이다. 올해는 학력평가 시험이 쉬워서 고득점자가 많아 학교 지원이 작년보다 까다롭다. 울산에 계신 조 선생 따님은 연세대학 간호학과에 합격하였지. 이곳 한국에도 전자계산 계통의 학과가 인기가 있어 경쟁률이 심하다. 그간 대학 강의는 어느 정도 이해되는지? 실망하지 말거라. 거듭 노력하면 가능한 것이다. 만일 제대로 학점이 나오지 않으면 또 신청하여 공부하면 되니깐 너무 낙심하지 말고 용기를 갖고 임하여라. 그리고 날씨가 추우니깐 옷도 두껍게 입고 너의 몸 네가 보살펴 건강을 유지하여야 공부도 되는 것이다.

현옥이는 미술 학원에서 열심히 공부하고 있지. 2년 후가 또 걱정이다. 요사이는 여학생이 미대 지원이 많아 힘들 것 같다. 오직 너희 삼 남매가 열심히 공부하여 인격을 갖춘 훌륭한 사람만 되면 아버지는 무엇이 걱정이겠니.

강의를 잘 알아듣지 못하여도 미리 책을 예습하여 가서 남보다 더 노력하면 된다. 너도 처음 1년이 고비이다.

엄마는 매주 교회 가서 너의 건강과 신청한 10학점 무난히 따게 해 달라고 기도하고 있지. 너도 매주 주일 낮은 교회 나가겠지? 시간이 아쉽겠지만 일주일에 한번 나가 기도를 드리는 것도, 수만 리 타국에서 위안이 될 것으로 생각한다. 좋은 친구 잘 사귀도록 해라. 세상은 험악한 것이다. 유학생이 친구 잘못 사귀어 낙오되는 경우도 많다고 하더라. 그리고 보내준 스케이트는 잘 받아 타보았는지? 공부하는데 필요한 책이 있으면 편지하여라. 사서 보내 줄 테니.

1983년은 희망에 찬 발전하는 해로, 굳은 마음을 갖고 힘껏 도전하여 보아라. 물론 일하면서 언어도 제대로 통하지 않는 형편에 대학 공부를 한다는 것이 무리인 줄 안다. 그러나 고생 끝에 낙이 있는 것이다. 부디 몸조심하고 삼촌 내외분 말씀 잘 듣고 희천이와 서로 의지하며 끊임없는 노력을 하도록!

그럼 자세한 말은 다음 기회로 미루고 이만 펜을 놓겠다.

1983. 1. 24. 아버지가 씀

희범이에게 · 4

어제 너의 목소리를 듣고 반갑고 아쉬웠다. 전화는 걸기 전에 할 말이 많고 물어볼 말도 많았는데 막상 전화 수화기를 드니 할 말을 잊어버리는 것 같다.

한국 영사관에 가서 재학 증명서를 첨부하여 국외 여행 체재 기간 연장 허가 원서를 제출하였는지 궁금하구나. 너는 병역 미필이기 때문에 매년 5월에 연장 허가 원서를 제출해야 그것이 외무부를 경유하여 이곳 병무청에서 허가되는 것이고, 허가된 것을 송달받아야 된다.

너의 편지에 학점 따느라고 고생이 여간 아닌 모양이구나. 초년 고생은 금은을 주고도 못 산단다. 좋은 성적으로 무난히 학점을 따고 또 수학은 96.5로 TOP을 하였다니 이곳 아버지와 어머니는 춤을 출 정도로 기뻤단다.

이제는 방학이라 좀 시간의 여유가 있겠지만 그래도 꾸준히 공부하여라. 노력하면 그 어려운 언어장벽이 무너질 것이다.

한 달 전에 2층에 경희대학교 교수 한 분이 하숙을 들어오셨는데 한국에서 사울사대 영문과를 졸업하고 보스톤의 대학원을 3년 동안 공부하신 분이다. 영어 전공을 하고 대학원을 공부하여도 1년은 정신이 없었다고 말씀하시더라. 너는 어리고 박력있게 노력하기 때문에 쉽게 익숙해질 것이라고 말씀하시며 너의 말을 하니 참 장한 학생이라고 칭찬하시더라. 그곳에서 대학을 마치고 대학원을 마치면 우리 한국에서는 인정해 준다고, 고생이 되어도 열심히 노력하면 보람이 있을 것이라고 말씀하더라. 부디 너무 조급히 생각하지 말고 건강 유의하면서 몸조심하고 모든 것을 삼촌 내외분과 의논하며 희천이 하고는 친형제와 같이 보살펴주고 서로 의지하며 지내라. 그리고 전화로 등록금은 여유가 있다고 하였는데 아버지가 좀 준비한 돈이 있으니 이번 가을 학기 등록금은 이곳에서 송금할 테니 수업료 고지서를 보내라. 너도 통장에 돈이 여유가 있어야 힘이 생긴다.

엄마는 너의 편지를 받으면 몇 번이고 읽고 또 읽고 외우다시피 한단다. 오직 너의 건강과 성공을 하느님께 빌 뿐이다. 그리고 필요한 것이 있으면 걱정하지 말고 편지하여라. 우편이나 인편에 보내 줄 테니.

부디 몸 건강히 노력하기 바라며 이만 펜을 놓겠다.

1983. 6. 9. 서울에서 아버지가

희범이에게 · 5

찌는 듯한 더위에 여름 학기 공부하랴 또 가게 나가 일하랴 얼마나 노고가 많겠니? 그간 삼촌 내외분 안녕하시고 희천이도 몸 건강히 잘 있겠지.

이곳도 장마가 지나고 이제는 30도 이상을 넘는 여름철 무더위가 극성이다. 며칠 전에 현옥이 현진이가 할머니 뵙고 하룻밤 자고 왔지.

모두 안녕하시단다. 할머니는 노인대학에서 2박 3일로 여행가시고 현진이도 난생 처음 학교에서 대성리에 있는 여학생 수영장에 3박 4일로 오늘 아침 출발하였다.

지난 7월 27일에 약(소화제)을 소포로 보냈는데 받았는지 궁금하구나. 그리고 8월 6~7일 경에 학교에서 같이 근무하는 후배 선생이 연수차 미국을 방문하는데 뉴욕에서 2일 정도 묵는다고 하여 전화번호를 가르쳐 주었는데 만나 보았는지? 어머니는 겨울 옷을 너에게 전해 줄 것을 부탁한다고 하였는데 단체 연수이기 때문에 곤란하여 부탁을 하지 않았다. 필요한 것이 있으면 편지하여라. 인편이 있을 때 보내 줄 테니. 그리고 민원숙 선생 약혼자가 서울대학 경제학 대학원을 마치고 뉴욕대학 박사 과정을 이수하기 위하여 지난 7월에 뉴욕에 갔다. 아마 금년 겨울 방학에 결혼하여 내년이나 후년이면 민 선생도 뉴욕에 갈 것 같다고, 며칠 전 집에 와서 저녁 먹고 갔다.

희범이 열심히 공부하여 학점을 우수한 성적으로 땄다고 하니깐 몹시 흡족해하시더라. 이곳에서 대학원을 나와도 미국에서 학위를 따야 사람 구실을 하는 모양이다. 모두가 생존경쟁이지.

현옥이는 이번 여름방학 동안 쉬지 않고 화실에 나가 그림을 그린단다. 그런데 미술을 하는 학생이 너무 많아서 대학에 입학할는지 걱정이다.

희범아!

내일이면 네가 미국 유학을 떠난 지 만 1년이다. 그 1년이 너에게는 얼마나 시련을 겪었던 시간이었겠니? 일생에서 결코 잊혀지지 않는 1년이겠지. 하지만 노력의 대가를 얻었으며 공부할 수 있다는 자신감을 가질 수 있었던 1년일 것이다. 그 1년과 같이 앞으로도 꾸준히 노력을 거듭한다면 언어장벽도 뚫고 학위도 무난히 얻으리라고 아버지는 믿는다.

지난 주일에 조용기 목사께서 설교하시는데 “사람은 계획을 세우고 또 할 수 있다고 용기를 가지고 시행하면 모든 일이 이루어진다” 라는 말을 들었다.

‘할 수 있다.’ 라는 용기를 잃지 말고 몸 건강히 꾸준한 인내를 갖고 저 성공의 고지를 향하여 매진하는 것이다.

민 선생이 희범이 졸업식에는 참석할 것 같다고 하여 네 졸업식에는 아버지, 어머니도 미국 구경할 겸 참석하러 가자고 하며 웃었다. 너 자신은 지금 졸업이라는 것이 저 먼 곳으로 생각될지 모르나 지성이면 감천이라고 노력하면 하늘도 안다는 말과 같이 모두가 노력하면 이루어지리라고 믿는다. 어머니는 오직 너희 삼 남매만을 믿고 오늘도 금요예배에 나갔다. 부디 몸조심하고 건강하기 바라며 다음 기회에 소식 전하겠다.

1983. 8. 5. 서울에서 아버지가 씀

희범이에게 · 6

어느덧 이 해가 다 가는구나. 해는 짧고 날씨는 추운데 먼 곳에서 학교 다니느라고 얼마나 고생이 되니?

이곳에 대학생들은 벌써 방학을 하여 자유롭게 시간을 보내고 있다. 그러나 너는 정신없이 공부하느라고 시간 가는 줄을 모른다는 것이 그만큼 앞서 가는 것이다. 옛말에 초년 고생은 금은을 주고라도 산다는 말이 있듯이 어려서 고생은 장차 행복을 가져오는 전주곡이다.

현옥, 현진이는 오늘 방학을 하고 내일부터는 도서관에 나가서 공부 한다고 한다. 현옥이가 약해서 걱정이다. 내년에 고3인데 잘 지탱할는지?

네 편지에 이번 봄 학기는 저녁 수강도 있고 심리학 교양 과목도 신청하여 한 학기라도 기숙사 생활을 하였으면 하는데, 네 자신이 공부하기 위하여 시간을 절약하기 위해서라면 고려해봄 직하다. 네가 집 사정도 잘 알고 하는데 그렇게 공부하려는데 무리가 가도 공부하기 위함이라면 작은아버지와 의논하여 한 학기를 기숙사에서 공부하는 것이 어떨까 생각한다.

물론 집 사정이나 네 엄마가 고생하고 있다는 것을 충분히 알고 있겠지만 사람은 어른 밑에서 떠나면 자유로워지기 때문에 탈선하기가 쉽다. 이제는 너의 나이가 20세가 넘었고 엄한 삼촌 밑에서 미국생활 1년을 넘겼으니까 모든 것을 파악하고 있겠지. 그래도 이 아버지는 항상 살얼음판 위에 세워 놓은 어린아이같이 네 걱정이 된다.

부디 험난한 뉴욕에서 절대 밤에 다니지 말고 나쁜 친구 사귀지 말며 오직 건강히 학업에 열중하기 바란다. 나무 잘 타는 원숭이가 나무에서 떨어진다는 말이 있듯이 익숙해지면 몸조심을 안 하는 경우가 많다. 험악한 사회에서 굳건히 학업에 노력해 주는 것이 미국의 삼촌 내외 보답이요 또 고생하는 어머니에게 보답일 것이다.

그리고 봄 학기 등록금 고지서를 우편으로 보내주기 바란다. 그럼 자세한 말은 다음 기회에 전하기로 하고 이만 펜을 놓겠다.

1983년 12월 22일 서울에서 아버지 씀

희범이에게 · 7

긴 겨울이 지나고 봄이 왔지만, 날씨는 아직 쌀쌀하구나. 이성윤 선교사 편에 자세히 소식 듣고 또 녹음 테이프도 전해 주어서 네 목소리를 몇 번이고 듣고 또 듣고 했다. 어제는 또 바쁘게 쓴 편지를 받았지. 어려운 공부하느라고 얼마나 고생이 많으니? 초년 고생은 금과 은을 주고도 산다는 말과 같이 우리 희범이도 나이가 어리기 때문에 장래를 위하여 고생하는 것이다.

이곳은 신학기가 시작되어 모두가 바쁘게 생활하고 있다.

할머니를 비롯하여 모두 안녕하시고 어머니도 오직 너희 삼 남매를 위하여 기도하며 살고 있지.

금년은 우리 집안에서 공부하며 노력하는 해다.

희범이 많은 학점을 우수한 성적으로 따고 현옥이 열심히 공부하여 미술 대학에 입학해야 되고 현진이 2학년 되어 더욱 열심히 해야 되고 아버지도 너희들 못지않게 직장에 충실하고 건강하여 공부해야 되는 해지.

2월 2일 뉴욕 외환은행으로 6,000$를 송금하였는데 받았는지 궁금하다. 공부하는데 등록금 신경 쓰지 않게 예금해 놓게 보냈다. 삼촌과 의논하여 쓰도록 하여라. 그리고 편지에 동봉한 영수증은 이 선교사가 잘못 듣고 전한 것이다. 등록금 고지서(즉 등록금 청구서)를 보내 달라고 했는데 영수증으로 잘못된 것이다.

희천이가 뉴욕에서 좋은 고등학교에 입학하게 됐다는데 참 기쁜 일이다. 삼촌 내외분께 축하드린다고 말씀드리고 동봉한 편지를 희천이에게 읽어주어라.

그리고 그 새로운 심리학 시험을 잘 보았다니 얼마나 대견하니? 노력하면 모두가 가능한 것이다. 이제는 기숙사 생활이 익숙해진 것 같은데 부디 건강에 유의하고 식사하는데 소홀함이 없도록 해라. 끼니를 건너뛴다든지 간단히 먹는다든지 하는 일 없이 건강에 유의하여라. 또 친구 잘 사귀도록 하여라. 험악한 사회이다.

이제는 한국에서도 영어 못하면 출세하기 힘든 사회이다.

이달 중순께 대학원 졸업한 학생 군 복무 6개월 코스 시험에서 영어가 가장 중요한 비중을 차지하는 것 같아. 취직 입사 시험도 영어 시험의 비중이 가장 크다. 또 직장에서도 영어 회화 공부하는데 열을 뿜고 있다. 넷째 삼촌도 요사이 영어 공부 하는 모양이다.

이런 것을 보면 우리 희범이는 어려서 일찍 고생은 되지만 미국 유학 잘 보낸 것 같다. 공부하는데 한국말로 된, 필요한 책이 있으면 연락하여라. 인편이나 아니면 직접 우송해 주겠다.

작은어머니께서 건강하시다니 참 다행이다. 너를 맡겨놓고 신경 쓰게 하여 건강이 좋지 않으면 어쩌나 걱정이었는데….

이 선교사께서 내주 미국에 가시기 전에 한 번 집에 오신다고 하였다. 참 고마우신 분이다. 말씀 잘 듣도록 하여라. 선교사께서도 네가 참 명랑하고 신통하여 계획성 있게 열심히 공부하고 있다며 걱정하지 말라고 하시더라. 그 분이 볼 때도 네가 무척 달라졌고 기숙사 생활에 익숙해졌으며 철이 다 든 것 같이 생각하시니 모두가 감사할 뿐이다.

세월은 유수와 같다는 말이 있지만 네가 유학 간 지도 2년이 되어 온다. 남들은 벌써 그렇게 되느냐고 하지만 너, 나, 집식구들은 무척 오랜 시간이 흐른 것 같이 느끼는 것이다.

여름방학에 네가 잘 알아서 하겠지만, 너무 무리하게 꼭 돈을 벌어야 한다는 의무감에서 생활하지는 말거라. 삼촌과 모든 것을 기탄없이 의논하여 행하도록 하는 것이 좋다. 또 이 선교사님이라도 의논하여라. 이제는 나이도 스무 살이 넘었기 때문에 알아서 잘 해결하겠지만 혼자 걱정할 필요는 없는 것이다. 부디 몸 건강하고 명랑하게 학업에 열중하도록 두 손 모아 빌 뿐이다.

그럼 자세한 말은 다음 기회에 전하기로 하고 이만 펜을 놓겠다.

1984. 3. 10. 서울에서 아버지가 씀

희범이에게 · 8

이제는 무더운 더위와 긴 장마철이 다가왔구나. 너의 편지를 반가이 받고도 답장을 쓴다는 것이 차일피일하다가 늦었다.

이곳은 할머니를 비롯하여 모두 안녕하시고 현옥이는 몇 달 남지 않은 대학 입시 공부에 시달리고 있지. 현진이는 덩치만 자라고 속은 어려서 걱정이다. 이번 여름방학 때는 바짝 다그쳐야 되겠다.

어제는 교회에 너의 어머니와 같이 갔다가 이 선교사님이 미국으로 들어가셨다고 하여 가시는 것도 못 뵈어 무척 섭섭하였지.

요사이 방학이라 몸은 고달파도 마음은 긴장이 풀렸겠구나. 긴 여름 방학을 헛되이 보내지 않기를 바란다. 이곳 서울 식구도 방학을 뜻있게 보낼 예정이다. 이제는 한국의 대학도 여름방학을 길게 하여 여름 학기를 만드니 학생들의 자율적 공부를 권장하는 것 같은데 처음이라 그렇게 효과가 있는 것 같지 않다. 아마도 영어특강 또 유학 준비의 토플 강의를 하는 것 같은데 그것은 극소수에 해당한다. 그리고 한국에도 컴퓨터 붐이 일어났지. 우리 학교도 여름방학에 20대를 퍼스널로 설치하여 학생들에게 지도할 예정이다. 이제는 영어, 컴퓨터, 운전 등은 필수가 되어 어느 직장에서나 그것을 하지 못하면 사람 구실을 못할 것 같다.

아무쪼록 건강하게 삼촌 내외 말씀 잘 듣고 시간을 아껴 그 언어장벽을 뚫어야 한다. 대학은 무엇보다 꾸준한 노력이 가장 지름길이다.

어제 뉴스에 들으니 그곳도 비가 많이 와서 홍수가 졌다고 하는데 피해는 없는지 궁금하구나. 희천이는 긴 방학 동안 어떻게 지내고 있는지, 우리말을 하여야 할 텐데 걱정이구나. 세상은 고르지 못하구나. 희범이는 영어 걱정, 희천이는 우리글 걱정이니….

내년에 한국에서 교육하는 교포 학생 교육에 꼭 참석하도록 하는 것이 좋을 것 같다.

건강은 어떤지? 끝으로 더운 하절기에 건강에 유의하고 선천적으로 못하는 영어 공부 후천적으로 뚫고 나가길 바란다. 약은 써도 먹어야 병이 낫는다는 말과 같이 고생을 하고 난 후에 낙이 돌아오는 것이다.

삼촌께 자주 편지 못 드려 미안하다고 말씀드리고 미국의 식구 모두 건강하기를 두 손 모아 빌면서 이만 펜 놓겠다.

1984. 7. 9. 서울에서 아버지 씀

희범이에게 · 9

금년은 유난히도 무더운 여름이었다. 며칠 전에 편지를 받고 답장을 쓸려고 하던 차에 오늘 무척 반갑고 대견한 편지를 받았다. 마치 운동선수가 올림픽 경기에서 금메달을 땄다는 소식과 다름없구나. 너무나 기특하고 대견하여 옆에 있으면 업어주고 싶은 심정이다. 그 외국 유학생에게 잘 주지 않는다는 장학금을 받을 수 있게 되었다니 노력하고 애쓴 보람이라고 생각한다. 돈 1,000$가 큰돈이라고 하면 크겠지만 돈보다 그 장학금을 받을 수 있게 좋은 성적을 받았다는 것을 칭찬하고 싶다. 더욱 용기를 내어 자신감을 갖고 더 노력하여라. 나는 너의 노력의 결실이고 어려운 언어의 장벽에서 끊임없이 인내와 노력으로 학업에 열중하였기 때문이라고 생각한다.

또 모두가 하나님께 감사하며 또 매일같이 기도하여 주시는 너의 어머니 정성과 또 미국에서 물심양면으로 후원해 주시는 삼촌 내외분의 덕이 큰 것이다.

삼촌 내외분도 얼마나 기쁘고 흐뭇하시겠니? 참 기특하다. 고생

끝에는 반드시 낙이 있는 것이다.

올여름은 우리나라 운동선수들이 23회 LA 올림픽에서 유례없는 금메달 6개, 은메달 6개, 동메달 7개로 종합순위 10위를 기록하였다. 그 감격스러운 순간을 인공위성에 의하여 더운 여름 밤중에 중계하였기 때문에 무더위를 식혀줬다. 그 선수들도 너 또래의 나이에 한창 패기가 있는 청년들이다. 너도 젊은 패기에 그 어려운 역경을 무릅쓰고 도전하고 있는 것이다. 아무쪼록 건강히 몸조심하고 학업에 열중하기를 바랄 뿐이다.

이곳은 할머니를 비롯하여 모두 안녕하시고 대소가 모두 무고하다.

현옥이 대입이 걱정이지. 실기는 상위에 속하니 학력고사 성적이 잘 나와야 대학에 입학할 텐데. 미술 지망생이 너무 많아서 걱정이다.

금년 가을 학기는 기숙사에서 공부하지 않고 집에서 다니는 것 같은데 시간의 여유가 없고 장시간 전철에서 체력이 소모되어 지장도 있겠지만 그 나름대로 잘 계획하여 효과있게 생활하면 된다. 더욱이 희천이가 고등학교에 장거리 통학을 하니 처음이고 해서 네가 많이 돕고 서로 의지하여 종형제 의좋게 지내도록 하여라.

해가 짧으니 가급적 밤늦게 다니지 않도록 하여라. 물론 너 자신이 잘 알아서 하겠지만, 부모는 항상 걱정이다.

그럼 자세한 말은 다음 기회에 전하기로 하고 이만 펜을 놓는다.

부디 몸 건강히 학업에 열중하기를 두 손 모아 빌며 이만~~

1984. 8. 22. 서울에서 아버지 씀

희범이에게 · 10

근 두 달 동안 소식 없던 차에 오늘 보내준 편지 잘 받았다. 그간 공부하랴, 일하랴, 눈코 뜰 사이 없이 바쁘게 지내고 있겠지. 사람은 바쁘게 생활하여야 잡념이 없는 것이다. 아버지도 요사이 고입 원서 접수 관계로 바쁘고 내달 23일은 대입 학력 고사 시험장이므로 1,600명 학생이 40개 교실에 나눠서 시험을 보기 때문에 주관하느라 정신없다. 그간 삼촌 내외분도 안녕하시고 희천이도 몸 건강히 학교에 잘 다니고 있겠지?

환절기이고 날씨가 추워지는 관계로 삼촌 사업도 잘되리라 생각한다. 어제 증산동 상재 결혼식이어서 9시 예배 보러 너의 어머니와 같이 일찍 나갔다. 또 현옥이는 홍대 미술대회 참석하였고 현진이도 교회 간 사이에 2층 하숙생만 있는데 삼촌 전화가 와 받지 못하여 무척 궁금하고 마음이 좋지 않았다. 삼촌께 자세히 말씀드려라. 할머니는 안양에 좀 넓은 아파트로 이사하셨는데 아직 전화가 나오지 않았고 셋째 삼촌은 구청 뒤 해청아파트로 이사하였고 넷째 삼촌은 지하실에서 위층으로 지난 토요일 이사하였다. 할머니께서는 몸 건강히 노인학교에 나가고 계시다.

날씨도 추워 오고 또 해도 짧은데 늦게 학교에서 온다니 걱정이구나. 뉴욕은 무척 살벌하고 항상 위험성이 따르고 있다는데 마치 살얼음판에 세워놓은 어린아이처럼 느껴진다. 부디 몸조심하고 건강에 유의하여라. 너무 돈 버는데 집착하지 말거라. 몸도 생각하여야 한다.

지난달 삼촌 편지에도 내년 여름방학에는 희천이와 같이 한국에 보낼 예정이라고 하더라. 2년이 지나면 고국 생각이 무척 난다고 하더라. 그리고 아버지도 여름방학이 되면 미국 유학생이 오는 것을 보면 네 생각에 마음이 좋지 않다. 열심히 공부하고 건강히 가을 학기 또 봄 학기 마치고 희천이와 같이 한 번 다녀가거라. 이달 31일이 너의 만 21년을 맞는 생일인데 어머니가 조그마한 선물을 소포로 부쳤는데 받았는지 궁금하구나. 부디 몸 건강히 꾸준히 도전하여라. 그 어려운 영어도 잘 해결되리라 믿는다.

너의 어머니와 아버지는 항상 너희 삼 남매 위해 기도할 따름이다. 부디 친구 잘 사귀고 익숙할수록 신중을 기하여야 한다.

자세한 말은 다음 기회에 미루고 이만 펜을 놓겠다. 다음번 편지 보낼 때는 재학 증명서 1통을 동봉하여 보내주기 바란다.

1984. 10. 22. 서울에서 아버지 씀

희범이에게 · 11

어느덧 여름 가을이 지나고 이제는 쌀쌀한 겨울 날씨로구나. 그간 공부하며 일하느라고 얼마나 고생이 많으니? 더욱이 날씨도 추운데 밤늦게 학교에서 하교할 때 몸조심하여라. 어제는 대입 학력고사를 치르고 또 현옥이 학력고사이기 때문에 신경을 써서 그런지 심신이 피곤하여 집에 일찍 퇴근하였단다. 김장 준비를 하느라고 네 어머니가 바쁘게 지내고 있어 일손을 거드는 데 우체부가 도장 가지고 나오라고 하여 보니 기다리던 너의 편지가 와 반가이 받아보았다. 그간 다 무고하고 열심히 공부하며 가장 기쁘게 생각한 것은 Honour program으로 honour class에서 공부한다는 것이다. 얼마나 대견하고 영광스러우냐? 2층에 계신 선생님 말씀이 외국 사람에게는 잘 주지도 않고 힘드는 것이라고 하시며 축하 파티를 하여야 한다고 자세히 설명해 주셨지.

'하면 된다.' 는 굳은 각오로 노력하면 좋은 결과가 나오는 것이다. 역사 시험을 잘못 보았다고 하는데 실망하지 말고 다음 학기말고사를 잘 보면 된다. 우리말로 공부하여 시험쳐도 어려운데 더욱이 영어로 배운 것을 한다는 게 얼마나 힘들겠니?

며칠 전, 11월 23일에 학력고사 보기 전에 동락이가 왔다 갔고 또 성욱이도 현옥이 시험 잘 보라고 우리 집에 다녀갔다. 모두가 고마운 일이다. 셋째 삼촌이 가까이 살고 있기 때문에 시험 날은 차로 태워다 주었고 네 어머니는 하루 종일 교회 가서 기도한 것 같다. 앞으로 실기 50%가 가장 중요하게 좌우되는 것이다. (내신성적 30%, 학력고사 20%) 이번 시험은 작년에 비하여 좀 어려운 편인 것 같다.

오직 너의 부모는 너희 삼 남매 열심히 공부하고 훌륭한 사람 되기를 기도할 따름이다. 며칠 전 전화로 삼촌한테 들었고 또 너의 편지에 동봉한 사진도 보았지만 삼촌께서 생일 파티를 주선해 주셨다니 얼마나 고마우냐. 삼촌 내외분의 은공을 알아야 한다.

날씨도 추워지고 해도 짧아 밤늦게 다니는데 부디 조심하여라. 그리고 모든 것이 익숙하면 사고가 나는 것이다. 긴장돼 있으면 안전한 것이기 때문이다.

할머니는 건강히 노인학교에 다니고 계시고 먼저 주 토요일에 할머니 친정 큰집 조카가 결혼하여 할머니 모시고 삼촌들과 같이 갔다 왔다. 삼촌께 편지 자주 못하여 미안하다고 말씀드리고 서울 걱정 하지 말라고 말씀드려라.

그럼 미국 식구 모두 건강하고 우리 희범이 몸 건강하고 열심히 공부 잘하길 바라며 자세한 것은 다음 기회에 전하겠다.

1984. 11. 28. 서울에서 아버지가 씀

희범이에게 · 12

어느덧 85년도 다 저물어 가는구나. 어제 네가 보내준 혈압계와 약을 강희성 씨 편에 잘 받았다. 연말이라고 삼촌 가게도 바쁘고 또 여러모로 분주하겠지. 방학을 하여 다소 여유는 있겠지만 신학기 준비도 있고 또 대학원 진학 관계도 생각하고 준비하여야 될 줄 생각한다.

지난 25일에는 서울에 있는 삼촌 식구 모두 포일리 할머니 댁에 모여서 저녁 식사를 하였지.

삼촌에게 그곳도 어려운데 할머니에게 많은 돈을 (300$) 보내주셔서 잘 쓰신다고 말씀드리고 할머니는 아주 건강하시니 걱정하지 말라고 말씀드려라.

이곳 한국은 이번 대학 졸업생이 취직이 잘 되지 않아 큰 걱정이다. 경제적 불황에, 있는 사람도 나올 정도이기 때문에 쉬운 일은 아니다. 물론 우수한 학생은 입학할 때부터 대기업에서 유치하기는 하지만 보편적으로 힘든 상태이다.

86년 신학기가 시작하면 서둘러서 재학 증명을 가지고 체재 연기원을 내고 연락하여라. 이곳에서 또 수속을 밟는다. 잊지 말고 꼭 하도록 하여라. 그리고 류 선생님 어머니 편에 보낸 짐은 잘 받았는지?

현진이 시험이 끝나고 이제는 고등학교 준비 영어, 수학 공부를 하고 있고 현옥이는 미술 학원에 막바지 정리를 하고 밤 10시경이나 집에 온다. 좋은 결과가 나와야 할 텐데 걱정이다.

2층의 김 선생님은 결혼하여 아파트로 지난 12월 15일 이사하여 어머니가 요사이는 한결 심신이 여유 있어 다행이다. 아무쪼록 너희 삼 남매 빨리 대학 나오고 또 대학원 졸업하여 사회인으로 한 몫을 하여야 할 텐데 걱정이로구나. 부디 몸조심하고 건강에 유의하고 모든 것을 신중히 하여라.

익숙하면 실족하기 쉽기 때문이다. 그리고 친구 잘 사귀고 너무 저녁 늦게 다니지 말도록 하여라.

희천이에게 큰아버지가 새해 복 많이 받으라고 전하여라.

그럼 86년 새해는 주님 안에서 복 많이 받고 건강하길 바라며~~~

1985. 12. 27. 서울에서 아버지가

희범이에게 · 13

어제는 서울에 있는 4형제 집, 집안이 모여서 차례를 올리고 87년 새해 첫날을 맞이하여 아이들은 세배하고 집이 떠나가듯 즐거운 하루를 보냈다. 미국 식구들은 모두 건강하시고 무고하겠지? 금년은 우리 희범이에게는 희망찬 새해라고 생각된다. 그 어려운 언어장벽을 뚫고 4년 과정을 졸업하는 해이고 또 대학원에 진학하는 해이다. 또 희천이도 이제 대학에 입학하겠구나. 현옥이는 방학이라도 두 군데 미술 학원에 학생들 지도하느라고 바쁜 생활을 하고 있지. 현진이도 올 겨울방학부터 미술 학원에 나가 열심히 그리고 있다. 현진이만 대학에 입학되면 한시름 놓을 것 같다.

네가 잘 알아서 하겠지만 대학원은 신중을 기하여 정하고 등록금 관계는 미리 연락하여 주기 바란다. 그리고 여권 연장도 대학원 결정되면 수속을 밟아야 한다. 이곳 한국은 대학 입학도 너무나 힘들뿐 아니라 졸업 후에 취직도 너무 경쟁이 극심한 상태이다. 부디 몸조심하고 건강에 유의하고 생활에 익숙하면 부주의하기 쉬우니 항상 조심성 있고 침착한 생활을 하여야 한다.

너의 어머니는 항상 너희 삼 남매를 위하여 헌신하며 하느님께 기도 하고 있지. 너의 어머니의 기도가 수만 리 타국에 있는 희범이에게도 크게 미칠 것으로 믿는다. 희범이가 어느 곳에 있든 우리 식구들의 끊임없는 기도가 있다는 것을 잊지 말아야 한다. 또 한국 사람이라는 긍지를 가져야 한다.

얼마나 바쁘겠니? 공부하랴, 일하랴, 네가 바쁘게 생활하는 것 눈에 보이는 같다.

이곳 한국에 있는 식구들도 모두가 분주하게 생활하며, 너도 시간을 최대한 아껴서 생활하면 하나님이 복을 주실 것이고 앞날의 성공도 다가올 것이다. 우리는 그 바쁜 생활 가운데서도 매주 화요일 밤에는 가족예배를 드린다. 이 생활에 감사를 드리며 내일을 위해서이다.

네가 보내준 약 잘 받았다. 동우 형과 의논하여 건강을 위하여 먹을 것이다. 끝으로 할머니를 비롯하여 미국 식구들 건강하고 모두 뜻하는 바를 금년에 성취할 수 있도록 두 손 모아 축원하며 이만 펜을 놓겠다.

1987. 1. 2. 서울에서 아버지가 씀

희범이에게 · 14

추웠던 겨울도 이제는 다 지나가고 새싹이 돋아나오는 봄이 되었구나. 얼마나 바쁘게 생활하니? 대학원 입학준비 공부하랴 직장에 나가 일하랴 보지 않아도 바쁘게 생활하는 것이 눈에 선하다.

이곳도 식구가 모두 바쁘게 생활하는구나. 너에게 편지를 받고서 바로 편지를 쓴다는 것이 차일피일하다 보니 이제 펜을 들었다. 신학기라 왜 그렇게 분주한지 모르겠구나.

너의 어머니는 2층 식구 뒷바라지하고 또 집안 살림에 눈코 뜰 새 없고 현옥이도 개강하여 신입생 환영, 또 친구들과의 모임, 미술 학원, 정신없이 바쁜 것 같구나. 현진이도 2학년이 되어서 이제는 걱정이 되는지 밤늦게 미술 학원에서 돌아와 공부하고 새벽에 보충 수업 때문에 7시면 등교한다.

얼굴이 홀쭉한 것 보면 저렇게 하여야 대학에 가나하고 걱정이 되는구나. 그곳에 작은아버지 내외분도 안녕하시고 희천이도 건강히 학교에 잘 나가고 있겠지. 또 할머니께서도 건강히 잘 계시겠지?

4월 15일경에 대학원 시험이라고 했는데 얼마 남지 않았구나. 이곳 식구들도 모여 가족예배 볼 때마다 간곡한 기도로 부탁한다. 부디 최선을 다하여 네가 희망하는 대학원에 입학할 수 있게 되었으면 좋겠구나. 그리고 5월에는 드디어 대학 졸업이라는 게 감개무량하구나.

너를 수만리 타국에 보내고 그 어려운 대학 과정을 따라 갈까하며 마치 살얼음판에 세워 놓은 어린아이같이 걱정하던 생각이 문득 드는구나.

남들은 벌써 졸업이냐고 하지만 너의 어머니와 나는 무척 긴 해라고 느껴진다. 방학 때만 같아도 너의 어머니와 같이 졸업을 축하하러 가고 싶지만 학교 관계, 또 너의 어머니는 집 살림 모두가 여의치 않는구나. 삼촌 내외분마저 한국에 그때 나오는 것 같으니 졸업식 땐 무척 허전하겠구나. 대학원이 결정되면 등록금 관계 등을 자세히 적어 편지하여라. 여권 연장도 또 신청하여야 한다.

그리고 삼촌께서 잔소리 하시는 것이 오직 너를 위하여 하시는 것이고 또 외국에서 그렇게 너를 위하여 충고해 주시는 분이 있다는 것이 얼마나 행복한 것인지 너는 지금은 잘 느끼지 못할 것이다. 그것은 다만 혼자 떨어져 유학 간 학생들을 생각하면 이곳 아버지도 마음이 든든하다. 삼촌, 작은어머니의 은혜를 생각하고 또 믿음직하고 믿는 조카가 되어야 한다.

희곤이도 이제는 3학년이 되어서 공부를 하려고 저 자신이 큰아버지께 공부하러 토요일과 일요일에 왔다간다. 목이 패이고 훌쩍 자란 것을 보면 든든하고 뿌듯한 마음이 든다.

금년은 세 집에 입시생이 있는 것이다. 희곤이는 고등학교, 희천이는 대학교, 그리고 또 너는 대학원, 아버지는 그 늠름한 녀석들이 고등학생, 대학생, 대학원생이 된다는 생각을 하면 얼마나 기쁜지 모르겠구나.

부디 열심히 공부하여 우리 집안에 기둥들이 되어야 한다. 너 자신은 이제는 성년인데 왜 그렇게 걱정이냐고 생각할지 모르지만 부모는 자식이 늙어도 어린아이같이 느껴진단다.

부디 밤늦게 다니지 말고 믿는 아들이 되기 바란다. 너의 어머니의 간곡한 기도가 미국까지 미칠 것으로 믿는다.

네 어머니도 이제는 나이가 50이 되어서인지 좀 과로를 하면 앓는 소리를 하는 것을 보면 아버지 마음은 아프다. 초년에는 시집살이로 고생, 또 중년에는 자식들 기르느라고 고생, 노년에는 호강시켜야 할 텐데 하고 주름잡힌 얼굴을 보며 마음속으로 다짐해 보기도 한다. 그럼 자세한 말은 다음에 하기로 하고 이만 펜을 놓는다.

부디 몸 건강하고 매사에 침착하고 주의하기 바라며.

1987. 3. 7. 서울에서 아버지 씀.

희범이에게 · 15

어제 전화를 받고 여기저기 알아봤더니 신용이 있어서인지 뜻한 바와 같이 되었구나. 아버지는 늘 그랬듯이 모든 일을 최선을 다해 남은 인생을 살 것이다. 모두가 다 너의 어머니 헌신적인 노력과 기도 덕분인 것 같다. 이번 일이 뜻과 같이 순조롭게 되는 것을 보면 너의 대학원 진학도 뜻한 대로 될 것 같다.

신학기 초라 눈코 뜰 새 없이 바쁘구나. 학교에서 편지 쓸려고 했는데 시간이 없어 우체국에 서서 몇 자 적는다. 부디 건강하게 최선을 다하여 노력해 주기 바란다. 그리고 삼촌 내외분께서 귀국하면 우리 집에서 머무시라고 말씀 드려라. 2층 방을 비워 놓을 것이다. 그리고 또 대학원 결정 되고 대학 졸업식 하게 되면 한 번 나왔다가거라.

은행 잔고 증명 떼서 동봉하니 받는 즉시 편지하여라. 부디 몸조심하고 시험 잘 보기를 서울 식구들과 기도하겠다.

1987. 3. 24. 서울에서 아버지 씀

희범이에게 · 16

어제 반가운 너의 전화 받고 기쁘고 감사하였다. 근 7년 동안의 수만리 타국에서 객지 생활의 결실이 금년 5월이면 맺어지는구나. 귀국하여 나라 위하여 또는 사회와 가정을 위하여 일할 수 있는 기회가 오게 된다는 것이 가슴 벅차게 감사할 따름이다. 89년 새해를 맞이하여 첫 기쁨은 현진이 대학 입학이다. 1차 실패로 온 식구가 실의에 잠겨 있다가 그 어려운 경쟁을 물리치고 합격하였다는 것이 너무나 대견하다. 이제는 우리 희범이 석사 학위 받고 귀국하여 직장을 갖게 해주시길 기도할 뿐이다.

동봉한 이력서는 아버지가 대략 작성하였으니 참고하고 큰 기업체의 연구소 근무하면 장래성이 있을 뿐만 아니라 시간적 여유와 또 다른 파트로 옮길 수 있는 것 같다. 그리고 럭키 금성의 연구소는 안양에 있기 때문에 집에서 출퇴근이 가능하다. 가급적이면 미국에서 면접하고 결정한 뒤 귀국하는 것이 좋을 것 같구나.

어제 성욱이가 세배 와서 하는 말이 연구소가 앞으로 유리할 것 같다고 말하더라. 젊은 층의 인식이 옳으리라고 생각된다.

그리고 여권 연장 관계도 잊지 말고 대사관에 가서 신청하고 바쁘겠지만 진로 문제가 중요하니 그곳에서 최대한으로 노력하여라. 지난 가을에 삼성의 인사위원회 가서 알아보니 현지에서 스카웃하는 경우도 있다고 하며 공채는 11월에 있다고 한다. 그리고 귀국하여 한번 보자고 하더라. 인간은 자기가 배운 것을 최대한으로 활용하여 응용하여야 된다. 자기 나름대로 최선을 다하여 노력하면 성공하리라고 믿는다.

기숙사 비와 귀국하는 데 필요한 경비는 송금해 주겠다. 부디 건강에 유의하고 식사 제때 하고 항상 주의하여 생활하여 주기 바란다.

그럼 자세한 말은 다음 기회로 미루고 이만 펜을 놓겠다.

1989. 2. 8. 서울에서 아버지가 씀

희범이에게 · 17

어느덧 네가 미국 생활 한 지도 7년을 지나 대학원을 마치게 되는구나. 취직 문제로 너무 초조하게 생각하지 말고 몸 건강히 유종의 미를 거두고 귀국하도록 하여라.

7년여 동안 수만리 타국에서 공부하며 일하느라고 고생이 많았겠다. 너를 뒷바라지 하는 데 너무 고생이 많았던 엄마를, 너의 졸업식에 참석하도록 보내려고 계획하니 내 마음이 흐뭇하구나.

오늘 병무청에 들러 승인 문제를 자세히 알아보았는데 여권 연장과는 아무 관계없고 병역 특례는 다른 과에서 취급하고 일단 회사에 입사 후에 수속을 받게 된다.

회사에서 면접 후 결정되면 8월까지 과학기술처를 거쳐 병무청에서 승인을 받게 된다. 아마도 서류 심사에서 결정되면 면접 후에 입사 결정이 되는 것이니 귀국 후에 이루어질 것 같다. 그리고 정원이 삼성도 없고 아마도 금성반도체 구미공단만이 자리가 있는 것 같다. 여기서도 여러모로 알아보고 있으니 너무 걱정하지 말거라. 모든 것이 하늘의 뜻이고 주님의 돌보심이라고 믿는다.

내일은 현진이 야외 스케치로 단양에 가고 다음 주에는 현옥이 졸업 여행으로 제주도에 간다. 입시에 시달렸던 현진이가 요사이는 신이 나게 학교에 다니고 있다.

할머니께서는 이곳에 오셔서 처음 현옥이가 뫼시고 서강에 다녀오셨다. 다만 네 어머니에게 미안할 뿐이다. 자식 뒷바라지에 할머니 뫼시게 되어 부담이 클 것이다.

너 귀국하여 식구가 오순도순 행복하게 살기를 고대하고 있다. 취직 문제로 너무 근심하지 말거라. 잘 될 것으로 믿는다. 병역 특례가 여의치 않으면 기술장교로 복무 마치고 떳떳하게 직장을 구하면 된다.

작은아버지 건강은 어떤지, 또 사업은 어떤지 궁금하구나. 희천이도 학업에 열중하고 있겠지.

7년 동안 그 어려운 언어 장벽을 뚫고 대학을 거쳐 대학원을 졸업하게 된다는 것이 얼마나 자랑스럽고 대견하고 믿음직스러운지 모르겠구나.

졸업을 축하한다! 그간의 고생을 거울 삼아 사회에 진출하면 안 될 것 하나도 없다고 생각 된다. 용기와 포부를 가지고 노력하면 된다.

끝으로 건강히 귀국하기를 바란다. 자세한 말은 다음 기회에 전하기로 하고 이만 펜을 놓겠다.

1989. 4. 11. 서울에서 아버지 씀

사랑하는 아내에게 · 18

당신에게 편지를 26년 만에 쓰는구려!

7년여 동안 희범이 미국 보내고 갖은 고생을 시켜 미안하고 희범이 미국 보낼 때보다 당신을 희범이 졸업식에 참석하기 위하여 보내는 마음은 더 흐뭇하오. 부디 건강하게 모자 즐거운 관광하고 회포를 풀며, 이곳 걱정하지 말고 즐거운 여행이 되기 바라오.

인생은 만족을 한다는 것이 어려운 일이오. 자기 위치에서 나보다 못한 사람을 생각하며 만족하면 되고 우리 가정이 다른 사람이 보면 얼마나 행복한 가정으로 생각하고 또 아직껏 자식들도 다른 집보다 낫게 기르고 있지 않소. 자식 뒷바라지에 봉두난발하여 생활하고 자식들 공부시키고 나면 좀 한가할까 하였더니, 어머님 다시 모시게 되어 너무 미안하오. 서로 돕고 이해하고 사랑하며 주님의 은총 받고 살면 행복한 가정이 되리라 믿소. 다만 건강만 지켜주시고 주님 잘 믿는 가정이 되길 기도할 뿐이오.

부디 건강하게 며칠 되지 않지만 희범이와 같이 관광하고 무사히 귀국하기를 바랄 뿐이고 여행경비가 부족하면 태식이에게 차용하여 쓰고 송금하여 주도록 하면 되니 여유 있게 편하게 여행하고 귀국하도록 하오. 이곳은 걱정하지 말고 현옥 현진이 가정 실습도 하고 어머니도 주인 의식을 갖고 여기만이 나의 살 곳이라는 관념을 갖게 하는 기회가 될 것으로 생각하오.

여행 기간 날씨가 좋아서 편하게 즐겁게 다녀오기 바라오. 현옥이 출가 시키고 희범이 이곳에서 자리 잡고 성가하여 제 살림 꾸릴 수 있으면 며느리에게 살림 맡기고 우리 내외 하느님 창조하신 이 세상을 마음껏 구경하며 여행합시다.

부디 몸 건강히 여행하고 좋은 구경 많이 하고 즐겁게 귀국하기를 두 손 모아 기도드리며 6월 2일 희범이와 같이 귀국하여 만납시다. 그동안 건강하기 바라면서.

1989. 5. 13. 서울에서 남편 씀.

사랑하는 당신에게 · 19

세월은 흐르는 물과 같이 빠르게 지난다고 하지만 어느덧 당신이 우리 집안에 들어온 지 38년이 되고 회갑이 되는구려. 꽃다운 나이 23살에 시집와서 8남매 맏며느리로 집안 모든 일 뒷바라지 하느라고 고생이 많았소.

오늘 당신의 회갑을 맞으며 지난 사십 년 생활을 돌이켜보면 심신이 고달프고 괴로운 일이 많았지. 이제 황혼길에 들어서면서 깨달음도 많았고, 후회스러운 일도 많았지. 모든 것을 이해하고 너그럽게 생각하여 주오.

그러나 자식 삼 남매 남부럽지 않게 성장시키고 손주 다섯 탈없이 건강하고 똑똑하게 주님 안에서 아름답게 자라는 것을 보면 대견하고 흐뭇하지요.

당신의 노고에 답하기 위하여, 내 마음 같아서는 회갑 잔치 성대히 하고 싶지만 이 사회가 그런 형편이 아니기 때문에 자식들이 정성껏 조촐하게 아들, 며느리, 사위, 딸이 마련하였으니 감사하게 받아주오.

양가 형제 모여서 축하해 주니 기쁘게 생각하여 주오. 더욱이 먼 미국에 살고 있는 희천아범까지 와서 참석하였으니 얼마나 기쁘고 고맙게 느껴지겠소.

금년은 나의 교직 생활 사십 년을 마감하는 해에 당신의 회갑을 맞으니 더욱 뜻이 있구려.

모든 지난 일이 주마등과 같이 스쳐가는구려. 넉넉지 못한 생활에 지병이 있는 남편 뒷바라지 잘한 덕분에 명예롭게 정년을 맞게 되니 감사하오. 이제 남은 세월을 뜻있고 보람 있게 당신과 더불어 여생을 보내려고 마음먹고 있으나 건강이 허락 할는지 모르겠소.

내가 문학적 소질이 있으면 당신의 회갑과 나의 정년을 맞으며 생애에 대한 회고록도 쓰고 당신의 현모양처로서 경험담을 이 세상에 진정 내놓고 싶은 마음이오.

부디 건강하고 행복하게 남은 여생을 지냅시다.

지난 모든 것을 주님께 감사드리며 당신의 회갑을 진심으로 축하하오.

1999. 3. 14. 당신의 남편 씀

3 아들 편지

부모님께 · 1

그동안 별일없이 가족들 모두 건강하신지 궁금하군요. 저는 이곳에서 한국과 다른 환경에 적응하느라 항상 얼떨떨해 있는 것 같습니다.

학교는 9월 1일 English Test 받고나서 Language school에서 공부해 잘해야 내년 3월 학기에 등록할 수 있을 것 같습니다.

여기서 가장 많이 느끼는 것은 한국과 비교할 수 없을 만큼 물가가 비싸다는 거예요. 한국에서 5,000원이면 사는 청바지가 여기서는 40$정도 해요. 한국에서 700원이 여기서는 100원 정도 밖에 안돼요. 그리고 무얼 하든지 돈이 필요해요.

Pace에서 영어 test하는데도 20$ 들었어요. 단 10분간 영어 testing인데도 한국돈 15,000원이라니 그냥 무섭기만 하군요. 다행히 희천이가 방학 중이라 많은 도움이 돼요. 그래도 역시 말이 통하질 않아서 걱정이에요. 아마 미국 사람이 욕을 해도 무슨 말인지 모를 거예요. 어쩌다 한국에서 배운 말로 희천이한테 이야기하면 통 알아듣지 못해요. 아주 영어를 모른다면 a, b, c부터 다시 할 텐데 그것도 아니고….

7일에는 Manhattan 한국 음식점에 갔었어요. 김치 한 접시에 2$ 하더군요. 세상에서 제일 비싼 김치 같아요. 그리고 어제는 Pace Vn에서 회화 test 했는데 몇 마디 하다가 입만 다물고 앉아있었어요.

돌아오는 길엔 제 자신이 그렇게 한심해 보일 수가 없었어요.

여기서 한 가지 좋은 것은 너무 바쁘고 긴장해서 그런지 배아픈 것마저 잊어버렸나 봐요. 며칠 안에 자동차 필기 시험 봐야 해요. 문제는 한국어로 되어 있는데 공부는 영어로 해야 하기 때문에 100페이지 정도 되는 책을 번역해서 공부해야 하니 하루 종일 해야 7~8페이지 정도 하니 앞으로 어떻게 공부해야 할지 정말 한심할 뿐이에요.

그럼 현진이 현옥이 건강히 공부 잘하고 부모님 건강하세요.

가족의 건강과 행복을 빌며
1982. 8. 10. 미국에서 아들 올림

부모님께 · 2

그동안 가족들 모두 건강히 안녕하신지요?

보내주신 편지 잘 받았어요.

가족들 곁을 떠나 이곳에 온 지 벌써 3주가 되어가는군요. 처음에는 노트 하나 사는데도 꼭 희천이가 같이 가 주었는데 지금은 어려운 일 말고는 전부 혼자 할 수 있어서 한결 편해요. 현옥이 현진이는 모두 개학해서 학교 다니겠군요. 무척 보고 싶어요. 2층에 다른 사람이 들어왔다니 어머니 무척 힘드시겠고요.

여러 가지 궁금하고 보고 싶고 하지만, 다른 일하며 잊어버려요.

얼마 전에 삼촌께서 침대와 책상을 사주셨어요. 너무너무 잘해주셔서 오히려 죄송스러울 정도에요. 친구들한테서 많은 편지가 왔어요. 모두가 공부 열심히 하라고 그러는데, 답장 전부 못해줘서 미안할 때도 있어요.

내일 모레는 희천이 생일이에요. 형이라고 선물도 못해주고 해서 오늘 조그만 Card 한 장 샀어요. 희천이가 좋아할지….

그리고 학교는 교통이 그렇게 좋은 편은 아니지만 그래도 다닐만 한 곳이에요. 이곳은 전철역이 없어서 버스타고 전철역까지 그리고 거기서 전철을 한 번 갈아타야 갈수 있어요.

여기 와서 지금까지 그래도 제딴에는 꾸준히 책도 보고 단어도 외우고 TV도 보고 했는데 요즘은 뒤숭숭하고 공부도 잘 안 돼요. 이제 9월부터 학교 다니게 되면 나아지겠죠.

4년이란 세월 어떻게 생각하면 긴 시간이지만 눈 딱 감고 조금만 고생하면 금방 지나가겠죠. 동락이가 가끔 편지해줘서 좋아요. 지금은 그 녀석도 이젠 공부해야 되고, 언제 놀러 오면 희범이 대하듯 해주세요.

명지대학교 성적표 잘 받았어요. 학점이 엉망이더군요. 이제 와서 생각해야 아무 소용없을 거 같아서 잊어버리기로 했어요.

성적표는 제가 영타로 쳐서 작은어머니께 드렸어요. 그런데 성적표가 복사판이라, 하여간 다음 주일에 공증하고 편지 드릴게요.

현옥이 현진이 공부 열심히 하라고 하세요. 그리고 어머니 힘든 일 많이 하지 마시고 아버지 운동 열심히 하셔서 건강 유지하시고요. 가족의 건강과 행복을 빌며….

1982. 8. 27. 아들 희범 올림

부모님께 · 3

그동안 모두 안녕하셨는지요?

저는 몸 건강히 잘 있습니다. 김포공항을 떠나서 이곳에 온 지도 벌써 한 달이 되어 가는군요. 그제는 학교에서 English test 받았습니다.

하도 정신없어서 잘 보았는지 또 그렇지 않은지 제 자신도 잘 모르겠더군요. 그리고 오늘부터 삼촌 가게에서 일하게 되었어요. 제가 보기에는 요즘은 한가한 때라 일손이 남아도는데도 학교 갈 때까지만 이라도 한 번 해보라고요.

학교는 20일부터 시작될 것 같아요. 학교 다니게 되면 우선 교통비가 무척 많이 들것 같아요. 그래서 학교 다닐 때는 토요일만 와서 일주일 교통비라도 벌어서 쓰라고 하셔서 그러기로 했어요.

처음 하는 일이라 서투르고 모르는 것 많지만 이제 조금씩 조금씩 배워서 삼촌께 걱정 끼쳐드리지 말아야겠지요.

학교 다닐 때는 삼촌 가게에서 교통비라도 벌고 다른 날은 열심히 공부하려고요. 차차 이곳 생활에 익숙해지면 방학 때는 다른 사람 밑에서도 일해 볼까 합니다. 그래야 고생이 뭔지 알 수 있겠지요.

이제 학교 갈 날도 며칠 안 남았고 앞으로는 이곳 소식 자주 드리지 못할 것 같아요. 그렇더라도 걱정하지 마시고 어머니 아버지 열심히 기도해 주세요.

현옥이 현진이 이젠 개학해서 학교 다니겠군요. 오빠 몸 건강히 잘 있다고 전해주세요. 그리고 어제 작은어머니께서 사진 찾아 오셔서 같이 보내요. 아무쪼록 아버지 어머니 몸 건강하시고 제 걱정 너무 많이 하지마세요 .

희범이는 자신 있으니깐요.

1982. 9. 2. 뉴욕에서 아들 올림

부모님께 · 4

벌써 9월도 다 지나가고 아침 저녁으로는 제법 서늘함을 느끼게 되는군요.

여름에 와서 이렇게 계절이 바뀌는 걸 보니 그래도 제가 미국에 온 지 꽤 되었나 봅니다. 학교는 28일부터 시작돼요. 그동안 몇 번 학교에 가서 이것저것 알아보고, 그것도 왕복 4시간 정도 걸리니 쉬운 일이 아니군요. 그래서 차 안에서는 단어를 외워요. 처음에는 차타고 지하철 타는 게 그렇게 무서울 수가 없었는데 지금은 그래도 어느 정도는 알고 또 이 사람 저 사람한테 물어보고 해서 길 잃어버릴 걱정은 안 해요. 여기 지하철은 서울과 달라서 서울의 버스만큼이나 많거든요. 그리고 먼저 보내주신 성적표는 번역을 해서 공증을 하려 했지만 그 사람들이 한글을 알 수 없다고 해서 영문으로 보내주셔야겠어요. 그리고 여기서 모든 서류는 원본 아니면 그 서류의 구실을 못해요. 힘드시겠지만 명지대학 마크가 있는 영문으로 해야 대학에서 취급할 수 있대요. 그러니까 성적 증명을 영문으로 떼서 명지대학 봉투에 넣은 채로 보내 주셔야 되겠어요. 만일을 위해서 몇 통 더 해줄 수 있으시면 더욱 좋구요.

그것도 입학이라고 학용품사랴, 교통비하랴, 이것저것 들어가는 게 꽤 돼요. 워낙 물가가 비싸서 한국 돈으로 계산해서 생각하면 기가 막혀요. 그동안 삼촌 가게에서 200$정도 받았어요.

이제 책 사고 몇 가지 더 준비해서 학교 가는 날만 남았어요.

학교는 Manhattan 가운데 있어요. 건물은 한국의 제법 큰 빌딩만 한데 운동장은 하나 없어요. International student 그러니까 외국학생 모임이 있는데 이 학교 외국학생은 자동적으로 가입이 돼서 그동안 몇몇 학생들 만나 봤는데 전부 다 영어 잘하고, 저만 못하는 거 같아요. 물론 개중에 저 같은 사람도 몇 있지만요. 그제는 학교에서 강의실 찾는데만 오전 내내 걸어 다녔어요. 건물이 하나가 아니라 여기저기 여러 개가 있어서요. 한국 사람도 몇 있는데 한국말을 할 줄 몰라서 그냥 외국 사람이나 다름없어요. 그래도 한국 사람이라고 반갑다고 인사하고 만나서 모르는 거 물어보기도 하지만 서로 자기 할 일 바빠서 만나도 한번 씩 웃고 지나가요.

학교 밖에 나가면 여기저기 마약 중독자 같은 사람도 있고 황소만한 덩치의 흑인들도 지나가요. 지하철 타면 소리치고 떠들고 다니는 사람, 갖가지 위험이 있지만 상관하지 않고 모르는 체 지나가면 웬만해선 건드리지 않아요. 여기는 모두 잘 있어요.

그럼 부모님! 현옥이 현진이 모두 건강하고 또 행복하길 빌겠어요.

1982. 9. 21. 희범 올림

오빠가 여동생에게

현옥이에게 · 5

내가 미국으로 떠나오던 날, 공항에서 그만 눈물보를 터트리던 너를 뒤로 하고 문을 들어서던 때가 어제 같은데 벌써 겨울이구나. 고생이라면 고생이고 달리 생각하면 그렇게 힘들지도 않은 일이지만 문득문득 그냥 집으로 달려가고 싶은 생각도 들곤 한단다.

이곳은 작은아버님, 어머님 그리고 희천이 모두 무고 하단다.

워낙 작은 실력으로 커다란 문제에 돌입한지라 아무리 해도 해도 끝이 없을 것만 같구나. 그래서 두려움마저 들곤하지.

하숙생 돌보시랴 집안 살림 하시랴 어머니께서 고생 많으시겠구나.

아버지 건강은 좀 어떠신지? 요즘 같아선 식구들 생각할 틈도 없지만 그래도 일요일엔 교회에 나가 식구들 위해 기도한단다. 하루 일과를 마치고 집에 오면 학교에서 하는 영어에 신경 쓰느라 긴장하고 있다가 갑자기 긴장이 흩어져서 손발이 저려올 때도 있다. 하지만 그래도 또 책상에 앉지 않으면 안 되는 나 자신이 어떨 땐 무척이나 야속하기도 하단다. 현진이도 학교 열심히 다니고 있겠지. 오빠도 없으니 현옥이가 언니노릇 톡톡히 해야겠구나. 이제 내년이면 현진이는 중학생이 되고 현옥이도 몇 년 있으면 대학생이 되겠구나. 그때까지 만이라도 이곳 생활 학교생활 모두 익숙해졌으면 좋으련만….

언어라는 것이 처음엔 단 몇 달이면 될 것 같다가도 또 얼마만큼 하고나면 더 어려워지고 전화받고, 버스타고, 기차타고, 생활하는 데는 별 지장 없지만 정작 중요한 것은 학교에서 교수들 하는 말이 무슨 말인지 통 알 수가 없으니 답답할 때가 많다.

그렇다고 많은 시간 버려가면서 Hearing 때문에 TV만 볼 수도 없는 문제고….

현옥이도 오빠처럼 이렇게 영어 때문에 힘들이지 말고 미리미리 영어 공부 열심히 해야지. 영어는 언제 어디를 가더라도 필요한 거야. 그럼 동생 잘 보살피고 힘드신 어머니 도와드리고 아버지 말씀 잘 듣고 공부 잘하고 또 건강하고 안녕.

1982. 11. 14. 미국에서 오빠가

부모님께 · 6

부모님께!

생생히 들리는 국제 통화 수화기를 내려놓고도 아직도 부모님 말씀이 귓전을 울리는군요. 삼촌께선 요즘 사업 때문에 무척 바쁘셔서 신년 Card도 못 보낸다고….

이곳 미국 네 식구, 모두 바뻬 바뻬 맡은 바 직분 다하며 건강합니다. 슬펐던 일 기뻤던 일 많은 일을 치른 1982년도 이젠 며칠 안 남은 거 같군요. 여름에 와서 벌써 한 해를 넘긴다는 생각을 하니 정말 시간이 빨리 지나간다는 것을 느끼게 되는군요.

11월엔 학점 신청을 끝내고 과연 할 수 있을까? 하는 생각마저 들더군요. 다른 미국 학생들은 15학점씩 신청하지만 저는 10학점만 신청하기로 했지요. 그리고 신청 과목은 전과할 것을 생각해서 컴퓨터도 신청 했어요. 그리고 English도 듣고….

저희 학교에는 Forem Student English 과정이 4Class가 있어서 앞으로도 몇 학기는 더 영어 학과를 들어야 될 것 같아요.

사실 Forem English class 는 제가 혼자 공부하는 것보다도 도움이 되질 않지만 꼭 수강해야 하는 것이기 때문에….

사립학교는 역시 공립학교보다 외국인 학생에게 있어서 만큼 불리한 점이 있는 것 같아요.

그래도 Pace는 요즘 급성장하는 학교로 New York Time 에도 기사화 된 적도 있고 경영학과는 Top10 안에 있는 곳이에요. 우리 학교엔 한국인이 거의 없어요.(5명) 그래서 학교 행정에 관해서 아는 데도 많은 시간을 소비해야만 했지요.

먼저 보내주신 옷은 잘 받았어요. 희천이 녀석이 큰엄마가 보내준 거라고 무척 좋아하더군요. 그럼 부디 건강하시고 제 걱정일랑 하지 마세요. 안녕!

1982. 12. 16. 희범 올림

오빠가 여동생에게

현옥이에게 · 7

오빠라고 편지도 제대로 못해줘서 무척 미안하구나. 그래, 낮에 학교에서 공부하고 또 학교 끝나고 화실에서 그림 공부 하느라 고생이 많겠지? 현옥이는 워낙 소질이 있으니 잘 해낼 수 있을 거야. 그리고 현옥이는 꼭 좋은 대학 입학해서 오빠처럼 외화 낭비 하는 그런 사람이 되지 않길 믿고 있지.

지금 네 생각에는 아직도 멀었는데 뭐가 걱정이냐고 생각할지도 몰라. 하지만 이 오빠 생각에 현옥이나 내가 생각하는 것 보다 시간은 훨씬 더 빨리 지나가 버리지. 시간은 지금 이 순간도 흐르고 있으니깐.

오빠 고등학교 다닐 때 어머니께서 늘 하시던 말씀이지. 남자에게나 여자에게나 누구든지 고교 생활보다 즐거운 건 없다고 하더라. 이 오빠도 고등학교 친구가 제일 좋고 또 좋지도 않은 오빠 학교가, 세상에서 제일 좋은 것 같았으니깐. 그리고 재미있는 일도 참 많았지.

현옥이도 이제 고등학생이니까 남자친구도 사귈 수 있고 친구들

하고 야외로 놀러갈 수도 있고…. 누가 뭐래도 이 오빠는 어머니 아버지보다는 개방적이니까. 사실은 내가 못해봤으니 동생들이라도 철창에 갇힌 새 같은 그런 사람이 되는 거 바라지 않기 때문인지도 모르지.

현옥아, 그런데 한 가지 중요한 게 있어. 모든 행동 속에 자신을 거울에 비춰봐. 만일 현옥이 친구가 이렇게 하면 현옥이는 어떻게 생각할까? 그리고 그것이 옳지 않다고 생각되면 하지 않는 거야. 말하기는 무척 쉬운 것 같아도 이것처럼 행동하기 어려운 것도 없지. 이것을 실천한 선인들의 이름은 모두 두툼한 국정교과서 역사책에 있으니까.

오빠는 가끔 공부하다 볼펜을 벽에 던져 버리고 싶은 충동을 느낄 때가 있지. 사실 오빠는 그렇게 공부를 좋아하지 않거든. 그리고 아직 공부를 재미있어서 하는 사람은 못 보았으니깐. 아마 현옥이도 그런 생각이 들 때가 있을 거야. 그럴 땐 볼펜을 던져 버려! 그리고 자신과 주위를 살핀 다음, 다시 줍는 거야. 화는 그때그때 풀어야 좋은 거야.

현옥이는 가장 가까운 곳에 부모님이 계시니 세상 못할 게 없지. 내가 왜 고등학교 2학년 때 이런 생각 못하고 맨날 동락이 오빠하고 탁구만 치러 다녔는지….

4월 4일이 현옥이 생일이지? 그런데 어떡하지? 오빠가 Card도 하나 보내지 못했으니.

사실 잊어버렸었어. 여기는 편하게 1월, 2월 하지 않고 January

February…. 이렇게 하니 현옥이 생일 생각하려면 한참 손가락 셈끝 해야 하거든. 그렇다고 내 생일 잊어버리면 안 돼! 알았지? 그리고 내가 오직 현옥이한테 바라는 건 부디 열심히 해서 관악산 그쪽에 있는 학교나 아니면 성욱이 오빠 다니는 학교나 또 그것도 싫으면 아버지 후배도 괜찮겠지….

공부는 자신이 해야 되는 것이고 또 금은보화와 달라서 한 번 간직해 놓으면 대통령도 뺏어가지 못하니까 솔직히 말해서 해로운 거 같지는 않다. 그치?

어느 날 갑자기 개나리가 활짝 핀 걸 보고 이제 현옥이도 얼마 안 남았구나 하는 생각에 다 잘하고 있을지 알면서도 혹시나 오빠를 닮지나 않았나 하는 노파심에서 해본 소리니깐 그리 골똘히 생각할 것까지는 없고 그냥 꾸준히 하는 거야. 알았지? 약속!

그럼 건강해라. 뭐니뭐니해도 건강이 최고니까. 현진이 하고 싸우지 말고, 현진이가 한 대 때리면 그냥 한 대 맞는 거야. 이 오빠가 그랬듯이….

Happy Birthday to My lovely sister (아휴 낯 뜨거워~~~)

안녕!

1983. 4월에　오빠가

부모님께 · 8

칠월도 벌써 넘어선 지 닷새가 지나가는군요. 그동안 집안 어른들 모두 안녕하시고 가족들 몸 건강히 잘 있는지요?

이곳은 삼촌을 비롯하여 모두 안녕하십니다. 얼마 전, 삼촌께서 100$주셔서 받았습니다. 여름 학기라 그런지 시간이 조금 남는 것 같아 part time Job이라도 할까하고 찾아보았지만 part time 학생을 원하는 가게가 흔치 않군요. 그리고 학교에 알아보았지만 유학생이라서 고용할 수 없다고 하고 그래서 삼촌 가게에서 다른 고용인들 여름 휴가 갈 때 그 자리 맡아서 하면서 영어 공부나 할까 해요. 그래도 다른 학생들은 일하면서 공부하는 학생들도 많은데…. 제게는 할 만한 기회도 주어지질 않는군요.

이번 여름 학기에 벌써 두 번 시험 치르고 이제 며칠 안으로 또 한 번 시험이 있을 것 같아요. 두 번째 시험 결과가 잘 나왔으니까 어떤 시험도 그렇게 힘들지 않게 넘길 수 있을 것 같군요.

현옥이 현진이 학교는 잘 다니는지 건강한지 궁금하군요. 요즘은 너무 더워서 지하실에 내려와서 자요. 시원하고 또 방처럼 꾸며져 있어서 이번 여름에는 거기서 지내야겠어요.

7월 2일에는, 월요일에 4th of July라고 해서 한국의 광복절 같은 국경일이라 2박 3일로 Maine이라는 미국의 알레스카 다음으로 북쪽에 있는 곳에 다녀왔어요. 사진 몇 장 찍었는데 다음 편지에 보내드릴게요. 그리고 작은어머니께서 소화가 잘 안 되나봐요. 그래서 그동안 제가 한국에서 가져온 령신당이라는 소화제를 잡수시면 낫고 해서 조금 나으셨는데 이제 그것도 없어요.

저는 미국 와서 속병도 없어지고 신경을 써서 그런지 긴장해 있어서 그런지 그동안 소화제 한 번 먹지 않았어요. 여유가 있으시면 죽산 형님께 여쭈어서 조금 보내주세요. 제가 가지고 올 때도 형님께서 주신 약이니까 아실거에요. 작은어머님이 가게에서 하루 종일 바느질하고 또 집에 와서 밥하고 또 희천이 시중들고 속도 안 좋으신데 어떤 때는 무척 안쓰럽기까지 해요. 그렇다고 옛날처럼 많이 아프시지는 않으니깐 걱정하지 마세요.

밤이 무척 깊었군요. 내일은 학교 갔다가 가게에서 일하는 학생 하나가 캠핑을 떠나서 제가 하기로 했어요. 이제는 하루 종일 가게에서 일해도 저녁 때는 끄떡도 안 해요. 아마 한국에서는 한 시간 아니, 30분도 못 할거예요.

그럼 이만 잠자리에 들어야겠어요. 부디 건강하세요.

1983. 7. 5. 아들 희범 올림

ps) 얼마 전에 삼촌께서 뉴욕 드라이크리닝협회 회장에 당선되셨어요.

부모님께 · 9

찌는 듯한 더위가 계속되는군요. 그동안 집안 어른들 그리고 현진이 모두 잘 있는지요? 서울은 지금쯤 장마가 와있겠죠.

지난 주일에야 비로소 여름 학기1을 마치고 내일 월요일부터는 여름 학기2에 들어가요. 비록 6주간의 짧은 시간이었지만 그동안 네 번의 시험을 치러야만 했어요. 그래도 주님께서 같이하셔서 교수가 특별히 저를 미워하지 않는 한 A가 나올 것 같아요. 다만 한 가지 무서운 것은 그동안 그리고 앞으로 또 6주간 가을 학기 준비를 못해서 어떻게 가을 학기에 공부할 수 있을까 걱정이군요. 먼저 2주일 동안 삼촌 가게에서 일하는 사람이 안 나와서 가게에 갔었어요. 비록 주에 30시간 정도지만 학교에 갔다 가게로 갔다 하니 시간에 무척 쫓기더군요.

삼촌께서는 가족들과 나들이 가셨어요. 저는 교회 가느라 못가고요. 말씀은 안 하시지만 제가 교회 가는 것을 그렇게 좋아하는 눈치 같지는 않아요. 요즘은 매주 나들이 가시는데 그때마다 안 따라가고 교회 간다고 하기가 무척 힘들어요.

희천이도 요즘은 방학이라 집에 있어요. 녀석이 가리는 거 많고 못 하는 일 많아서, 가끔은 무척 답답할 때도 있어요. 친동생 같으면 큰 소리로 꾸짖어 보고 싶지만 아직 어리니깐 차차 성격도 나아지고 이것저것 가리는 것 없이 먹기도 하겠지요.

작은 일 그리고 가까이서 바쁜 일 속에서도 이것저것 일러주시는 분은 작은어머니세요. 삼촌이 가게에서 기분 나쁜 일 있으면 작은어머니께서 더 힘들고 또 희천이 살피느라 힘드시고….

미국이라는 사회가 얼마나 좋은지는 몰라도 세상에 가장 살기 좋은 곳은 자신이 태어나 자란 고향인 거 같아요. 어떤 사람은 2세 교육을 위해 이곳에 온다고 하지만 제 생각에는 대학 입시가 있어도 대한민국 교육 제도가 더 좋은 것 같고 또 어떤 사람은 생활을 위해서 이민선에 큰 희망을 갖고 몸을 싣지만 이곳 교포 대부분이 하루 종일 일과에 시달리다 집에 와서는 피곤해 쓰러져 자고 또 다음날 일터로 나가고 마치 기계처럼 사는 느낌이에요.

물론 삼촌이나 좀 나은 가정은 그러한 생활을 이미 지나쳐 와 좀 여유있는 생활을 하는 가정도 있겠지만 그래도 힘들고 서로를 신임하지 못하는 사회에 사는 기분이에요. 제가 다른 말만 한 것 같군요.

매 주일 이 구역장님께서 구역예배도 보자고 하고 또 야외예배도 가자고 하시는데 시간도 없고 삼촌께서 안 좋아 하실 것 같아서 못 가요. 매주 그러시는데 한 번도 가지 못하는 것 또한 죄송할 때가 있군요.

매일 아침에 일찍 일어나서 영어 공부 좀 하려고 하지만 게을러서 그런지 그렇게 쉽지 않군요. 요즘은 입도 많이 트이고 하지만 단어도 모르는 게 많고 문법도 많이 모르고 또 영작문도 서투르고 하루 아침에 이루어지는 건 아니겠지만 생각보다 힘들군요.

우리 학교에는 한국 학생이 32살에 세 살 난 딸이 있는 대학교 2학년 학생부터 대학원까지 열 명 정도 있어요. 그리고 모두 공부를 무척 열심히 해요. 일본 학생들도 열 명 정도 있는데, 녀석들 학교에서는 모르는 것이 있으면 물어보기도 하면서도 한일 식민지 의식 같은 게 있어서 한국 학생 알기를 우습게 알아요. 제가 생각하기에는 그래도 한국 유학생들이 제일 잘 해내고 있는 것 같아요.

그럼 다음에 시간 있을 때 또 편지 드릴게요.

부디 건강하세요. 안녕

1983. 7. 17. 아들 희범 올림

부모님께 · 10

7월도 벌써 지나가고 팔월을 맞는군요. 이번 토요일은 제가 미국 온 지 꼭 1년이 되는 날이에요. 정말 일 년이란 시간이 눈 깜짝할 새에 지나가버린 기분이에요. 그동안 힘든 일도 많았지만 그래도 많은 것을 배운 것 같아 다행이군요. 보내주신 약과 사진 잘 받았습니다.

현진이가 무척 많이 자랐더군요. 사진을 보고 눈을 꼭 감으면 저는 언제나 금방 집으로 갈수 있어요. 2층에 가꿔놓은 화초도 볼 수 있고 주렁주렁 크게 열린 박도 볼 수 있고….

보내주신 보약은 아침 저녁으로 먹고 있어요. 하지만 다음에는 그런 거 보내지 마세요. 보약 안 먹어도 건강히 공부할 수 있으니까요.

저번 목요일에는 2학기 들어 처음 시험을 치렀어요. 그런데 어려운 문제는 모두 잘 풀었는데 쉬운 부분에 많이 틀렸어요. 그래도 class 12명 중에는 가장 높은 점수니깐 걱정마세요. Summer I 은 며칠 전 게시판에 제 학생 번호와 함께 A라고 써 있더군요. 이제 이번 Summer II 만 잘 넘기면 1학년 과정은 모두 A로 마치는 거예요.

그동안 영어 때문에 교양 과목을 듣지 못해서 전공 부전공만 택해서 성적이 좋았지만 점점 어려워질것 같아요. 전공이나 부전공 특히 Programming 같은 것은 전문 용어만 알면 대체로 이해가 되는 과목이었지만 앞으로 교양 과목은 꼴찌만 안 하면 좋겠어요. 미국 역사도 두 과목이나 해야 되는데 미국 역사에 대해서는 하나도 모르고….

요즘은 시립대학으로 옮길까 해요. 그저 생각 중이지만 아무래도 제 입장에서는 옮기는 게 유리한 점이 많은 것 같아요. 물론 지금 이 학교에서 졸업을 하면 이웃에서 직장도 쉽게 얻을 수 있고 또 대우도 좋지만 너무 등록금이 비싸고 또 저 같은 경우에는 이곳에 영원히 있을 사람도 아니라서요.

시립대학은 1년에 2,000불 정도면 가능한데 비해 지금 PACE는 시립대학보다 세 배 가량 비싸고 또 한국에서 PACE는 몰라도 City University는 알고 있고요.

아무래도 저 같은 경우에는 대학에서 싼 등록금 내고 공부하고 대학원은 좀 좋은데서 공부할까해요. 아직은 모르겠지만 그냥 생각 중이에요. 그리고 만약 제가 학교를 옮기게 되면 학점도 몇 학점정도는 인정해 주지 않는 학점도 있겠고 물론 PACE에서 이수한 학점은 인정해 주겠지만 명지대에서 한 성적은 조금 제외되는 학점이 있을 것 같아요.

학과 성적도 그렇지만 아무래도 외국에서 받은 학점이라 무척 의심도 많고 이것저것 트집잡아서 안 해 주려고 해요. 학교를 옮긴다고 해도 다음 봄 학기부터니깐 아직은 그냥 생각 중이고 가을 학기 해보면서 결정해야 겠어요.

오늘 아침에는 영사관에서 여권이 86년 10월까지 연기됐다고 여권가지고 오라는 연락이 와서 내일은 학교 갔다가 영사관에 가야겠어요.

이번 Summer Ⅱ 에서는 학교에서 무척 재미있는 일이 많이 생겨요. 바로 제 옆에 앉은 학생이 무척 재밌는 학생이에요. 그리고 친절하고요. 직장 다니다가 대학 졸업자가 아니라고 연봉도 안 올려주고, 승진도 안 시켜주고 해서 다시 공부한대요. 그리고 아직도 결혼 못했고 자기는 한국 여자가 제일 좋다나요….

밤이 무척 깊었군요. 내일을 위해 그만 자야겠어요.

그럼 건강하세요. 안녕

83. 8. 2. 아들 희범 올림

가족들에게 · 11

마당에 복숭아가 빨갛게 익은 걸 보니 이제는 무더운 여름 한철도 지나간 느낌이군요. 그동안 집안 어른들 그리고 식구들 모두 안녕하신지요? 얼마 전에 일어난 KAL기 사건 때문에 아직도 뉴욕타임스를 비롯해서 모든 신문사들이 1면 첫 기사로 실을 만큼 이곳은 동포들을 비롯해서 모두 경악을 금치 못하고 있습니다.

6일에 현옥이 연필 사서 부쳤는데 잘 받았는지 궁금하군요. 많이 많이 사서 보내주고 싶었지만 그렇게 쉽지 않아서 아쉬웠습니다.

이번 가을 학기에는 교양필수 과목도 몇 개 신청해서 조금 힘들겠지만 무리는 아닐 것 같습니다. 128학점 중에 32학점, 그러니깐 1/4은 마친 셈이에요.

정말 요즘은 시간이 무척 빨리 간다는 걸 실감할 수 있고 또 앞으로도 그러겠지요. 희천이는 13일 개학이고 저는 Summer 마치고 이제 19일부터 가을 학기 시작돼요. 또 바빠지겠지요.

그리고 학비 송금 문제는 삼촌께서도 잘 모르시고 먼저 홍 선생님께서 송금하실 때 뉴욕 외환은행으로 송금했다고 말씀하시더군요.

작은 살림에 큰돈 마련하시느라 식구들 모두 고생이 많겠지요. 저도 보답하는 마음으로 힘 닿는 한 열심히 하려고요.

내일은 토요일이라 가게에 나가고 모레 일요일에는 교회 갔다가 같이 공부하는 외국인 학생 이사하는 데 도와주기로 했어요. 아무 연고도 없는 학생들은 저보다 장점도 있지만 불편한 문제가 훨씬 많은 것 같습니다.

올 가을에는 작년보다 앞마당 대추나무에 보다 많은 결실이 있겠군요.

먼저 보내주신 가족사진 친구 녀석들 사진 옆에 붙여놓고 쳐다볼 때면 잠시 동안이지만 서울 집에 가있는 기분이 들어 집이 현실처럼 멀리 있는 것 같지 않아 좋아요.

그럼 부모님 부디 건강하시고 현옥이 현진이 공부 열심히 하기만 빌겠습니다. 안녕.

1983. 9. 9. 뉴욕에서 희범 올림

부모님께 · 12

어제부터 계속 차갑게 비가 내리는군요. 추운 날씨에 집안 어른들 모두 안녕하신지요? 그리고 현진이 현옥이 모두 잘 있는지요. 이곳도 모두 모두 안녕하십니다.

지난주에 있던 시험도 이제는 모두 끝내고 내년 1월 5일까지는 그래도 조금은 여유를 가질 수 있어 좋답니다. 지난번 시험 중에 독일어 시험을 잘 못 봐서 실망 많이 했고 또 반성도 했어요. 사실 제가 할 수 있는데까지는 한 거 같은데….

제 작은 지식으로는 너무 무리를 한 것 같군요. 지난 학기 그리고 여름 학기에는 Q.P.A 4.0만들었지만 이번 학기에는 3.8정도 나올 것 같아요. 0.2는 물론 독일어 때문이고 이제는 다시 독일어 안 해도 되니깐 한편으로는 마음 편하고 그래요. 사실 Q.P.A 3.8이면 전 과목 A이고 한 과목정도 B+이나 B 학점 받아야 하는 점수니까 희범이 공부 잘하고 있는 것 같아요.

다음 학기에는 심리학 과목이 두 개가 있어요. 어렵긴 하지만 어떨 땐 할 수 있다는 신념도 생기고 그래요. 아직 진짜 어려운 과목을 안 해서 그런지 시험 때, 한 두 개만 틀려도 잠을 못 잘 정도로 속상하곤 합니다.

내일은 Computer class, evening class 아저씨들하고 배구 시합하기로 했어요. 한 시간 수업하고 저녁 때 하기로 했는데 아저씨들이 우리반 학생들을 이기려고 그동안 회사일 끝내고 연습 많이 했다며 사기가 대단해요.

참! 그리고 학교 기숙사 방을 하나 얻었는데 고려 중이에요. 원래는 1년 기다려야 얻을 수 있는데 외국인 학생이라 어떻게 혜택을 받아서 얻게 됐어요.

어렵게 구한 방이지만 막상 얻고 보니 이런 생각 저런 생각 의논할 사람도 없고 아직 시간이 있으니깐 결론이 나겠지요.

미국 학생들은 19살이면 자기가 자기 밥 걱정 하는데 20살이나 돼서 그런 걱정 하고 있으니 역시 한국은 부모들이 너무 자녀들을 과잉보호 속에서 키웠구나 하는 생각도 들어요.

다음 학기에는 PSY1, PSY2, Computer AL2, Art, English, Math 해서 모두 6과목 17학점 신청했어요. 그리고 이번 봄 학기만 마치면 3학년이 돼요. 다른 학생들도 15~17학점 정도 신청하는데 좀 어려운 과목도 있지만 기숙사에 있게 되면 시간도 많이 절약할 수 있을 거 같고 해서 욕심껏 신청했어요. 먼저 학기처럼 12학점만 신청하고 여름 학기 신청하고 하다보면 졸업 기간도 길어지고 조금 신청한다 해도 정신없는 건 마찬가지고 해서 조금씩 조금씩 늘려가기로 했어요.

이번 가을 학기에는 대학원에 한국 유학생 아저씨들이 많이 왔어요. 그런데 그 아저씨들 한결같은 말씀이 영어는 어려서 배우는 게 최고라고 저보고 어려서 이곳에 온 것이 무척 부럽대요.

그리고 경상도에서 온 아저씨가 한 분 계시는데, 그분은 영어와 경상도 사투리를 섞어 해서 이곳 교포 학생들이 보면 매일 그 아저씨 경상도 사투리 흉내 내서 웃기도 하고 그래요.

이곳 유학생활이 한국의 대학생활처럼 낭만이 넘치는 생활은 아니지만 바쁜 생활 속에 갖는 가끔의 안식과 웃음에서 바쁜 대학생활의 작은 여유를 가져보기도 한답니다.

이곳 대학은 직장과 학교를 이어주는 다리 같은 구실을 해요. 여름 방학동안 part time 혹은 full time으로 회사에서 경험을 쌓고 졸업과 동시에 직장에서 일을 하게 되지요. 그래서 점심시간에 앉아서 학생들과 얘기하다보면 3~4학년 학생들은 벌써 상당한 경력과 어떤 특정 분야에 대한 지식이 그런 독창적인 의견을 내놓기도 하지요.

그래서 한국과는 달리 이곳에서는 자신의 어떤 특별한 의견을 무척 많은 점수에 반영하는 거 같아요. 물론 적은 수이지만 간간이 대학원으로 진학하는 학생도 있지요. 워낙 등록금이 비싸서 집안이 아주 부자가 아닌 이상은, 그리고 설사 집안이 부자라도 자신이 등록금을 해결해야만 하기 때문에 거의 모든 수의 학생들이 대학 졸업 후 취직하는 것 같아요.

그리고 이곳에서 아시아에서는 일본 다음으로 한국을 경제 대국으로 치고 있대요. 물론 일본은 한국에서 생각했던 그런 일본보다 생각할 수 없을 만큼 큰 나라이고 한국도 선박, 섬유, 전자공학 그리고 의학 등등은 미국에서도 많은 사람들이 듣고 실제로 느끼고 있는 것 같아요.

내일은 수업이 한 시간 짜리 하나밖에 없어서 모레 들을 독일어 공부해야 돼요. 어려서부터 워낙 어학을 싫어했지만 공부도 공부지만 태어나서 아마 한 과목 가지고 이렇게 시간을 많이 투자한 적은 이번이 처음인 거 같아요. 몇몇 학생들은 부모가 독일인이나 German Speaking Country에서 온 학생들이기 때문에 독일어 선생하고 독일어로 대화할 정도니깐 저 같은 학생은 수업 시간에는 언제나 벙어리가 돼요. 게다가 이곳 어학 시간은 한국처럼 주입식이 아니라 테이블에 둘러앉아서 시간 처음부터 끝까지 말을 해야 되니까 저에게 정말 정말 힘들어요. 그래도 잘은 못하지만 희범이 노력 많이 한다고 독일어 선생님이 좋아하세요.

봄 학기에는 아마 기숙사에 있게 될 거 같은데, 지금까지 음식이라고는 라면 끓이는 거 밖에 모르니깐 어떻게 해야 할지 잘 모르겠군요. 아마 그때도 닥치면 잘 할 수 있을 거예요. 이번 여름에는 어떻게 일을 해서 기숙사 등록금이라도 벌어야 할 텐데 여름 동안만 쓸 사람이 있을지 모르겠군요.

그건 다음에 생각하기로 하고 지금은 지금에 충실해야겠지요. 그럼 새해 모두 모두 건강하시고 평안하시길 빌겠습니다. 안녕!

1983. 12. 13. 아들 희범 올림

오빠가 여동생들에게

현옥이 현진이에게 · 13

겨울도 이젠 막바지에 이르고 분주히 움직이며 학업에 열중하는 캠퍼스의 학생들을 보며 자신을 가끔씩은 반성하게 되는구나. 어제 아침 가족들과 전화로 통화하고 한편으로는 허전함과 기쁨을 감출 수 없었다. 삼촌께서는 여느 때와 같이 건강하시고 작은어머니 희천이 모두 안녕하시다.

어제는 눈이 내리고 바람이 불더니 오늘은 따스한 햇빛과 함께 봄을 맞으려하는 시민들의 발걸음을 보게 되는구나. 지금쯤 우리 현진이 현옥이는 단잠에 빠져있겠지.

누구나 말하듯이 정말 시간은 빨라서, 벌써 내가 이곳에 온 지 일 년하고 육 개월이 지났구나. 그동안 희천이도 많이 자라서 목소리도 굵직해지고 신발도 나하고 같은 치수를 신을 정도로 이제는 어른이 다 된 것 같다.

매년 봄 파랗게 푸르러가는 잔디를 보며 시간의 속도를 실감하게 되는구나. 현옥이도 이제는 3학년, 이제 얼마 남지 않은 학력고사를 위해 하루하루 자신감과 무엇인가 이룩해 놓은 기쁨을 가지고 생활하고 있겠지. 현진이는 중학교 2학년, 방과 후 친구들과 먹는 떡볶이가 제일 맛있겠지?

오빠는 요즘 시험 때마다 하는 일 없이 바쁘기만 하고 우리 현옥이 현진이에게 편지 해야지, 해야지 하면서도 바쁘다는 좋은 핑계로 편지도 못하고….

사실은 그렇게 현옥이 현진이한테 편지도 못할 정도로 바쁘지도 않은데.

이렇게 좋은 봄날을 맞게 되면 언제나 앞마당에서 비질하시는 아버지, 그리고 부엌에서 들려오는 어머니의 도맛소리가 들리는 것만 같다. 집에서는 반찬 투정도 많이 했지만 그래도 우리 어머니께서 만들어 주시는 음식이 제일이거든. 화실에서 미술 공부 하랴, 학과 공부 따라 가랴, 힘들지?

멀리 있는 오빠지만 별로 도움도 못줘서 미안하구나. 무엇이든지 필요하면 구할 수 있는데까지는 이 오빠가 보내줄 수 있으니 편지했으면 좋겠다.

이제 얼마 안 남은 시험에 너무 무리하지 말고 최선을 다한다는 마음자세로 한쪽으로 너무 치우치지 않게 꾸준히 시험 당일까지 열심히 분투해줬으면 하는 마음 간절하구나.

시험 합격이 인생의 전부가 아니라 일부분을 위해 노력한다는 여유있고 노력하는 자세만이 조급하고 불안한 생활에서 벗어날 수 있는 최선의 방법인 거 같다.

4월 5일이 현옥이 생일이라는데 생일 카드 같은 거는 생략하기로 하고(심했나?) 다음에 현옥이 편지할 때 필요한 거(너무 큰거 말고) 있으면 보내주기로 하지. OK?

현진이는 이제 중학교 생활도 어느 정도 몸에 배었을 테지? 아마 이제는 숙녀 티가 날거야. 현진이는 이 오빠처럼 덤벙대서 가사 시간에 좋은 점수 못 받을 거야, 아마 그치? 그래도 꾸준히 말없이 실천하는 우리 현진이를 볼 때마다 이 오빠는 언제나 마음 든든하지.

그럼 부디 몸 건강하고 부모님께서 나로 하여금 신경 쓰시지 않게 말씀 잘 드리고 어려우신 부모님 많이 도와드렸으면 좋겠다. 다음 편지하는 날까지 안녕!

1984. 4. 1. 오빠가

부모님께 · 14

그동안 할머님 그리고 집안 어른들 모두 안녕하신지요? 이곳도 삼촌, 작은어머니 희천이 모두 잘 지냅니다.

눈도 많았고 몹시 추웠던 겨울도 학교 앞 공원에 개나리, 목련꽃이 핀 걸 보니 모두 지난 것 같습니다.

지금쯤 집 앞 화단에도 목련꽃이 한창이겠군요. 이젠 이번 학기도 3주일만 지나면 기말고사가 시작됩니다. 예상대로 심리학 과목이 조금 다른 과목보다는 성적이 떨어지지만 대체로 잘 나올 것 같습니다.

현옥이가 고3 공부하느라 무척 고생이 많겠군요. 사실 공부라는 게 제일 하기 싫으면서도 해야만 하는 거라, 다른 일보다 힘들겠지요? 그래도 사회에 나가 생활하면 일하는 것보다는 공부하는 것이 재미는 없지만 훨씬 쉬운 것 같아요. 이제는 어느 정도 생활에 익숙해졌고 영어 하나 빼고는 모두 따라 갈수 있을 것 같아요.

이번 학기에는 한국 유학생이 몇 명 입학했는데 처음 제가 이곳에 왔을 때처럼 모든 게 낯설고 익숙치 못해 고생이 많은 것 같아요. 어느 땐 그런 걸 알면서도 도와주지 못해 미안할 때도 있지만 오히려 도와주는 것보다는 자신이 알아서 물어보며 배우는 것이 나은 일 일지도 모르지요.

제가 처음 이곳에 왔을 때는 한국 학생이 없어서 무섭고 어쩔 줄 몰라 하루 종일 학교 아래위로 오르내리며 이것저것 알아보느라 쩔쩔 매었는데 그래도 지금 학생들은 저보다 그렇게 무섭고 쓸쓸한 것은 아닌 것 같아요. 이곳에서 대학원까지 해야 약 15명 정도 한국 학생이 있었는데 지금은 한 20명은 되는 것 같아요.

이번 여름방학에는 한 과목 정도 신청하고 얼마 전에 학교 Computer LAB에 Working 신청서 제출했는데 만약에 접수되면 경험도 쌓을 겸 보수는 얼마 안 되지만 학교에서 일하고 싶어요. 그리고 이번 여름에 영어 과목이라도 하나 더 신청해서 빨리 영어 과목 마치려고 해요. 아직도 5과목은 더 들어야 하기 때문에 잘못해서 영어수강을 게을리하면 제 시간에 졸업도 못하게 될 것 같아서 여름에 일하는 것도 좋지만 조금 적게 벌더라도 경험도 쌓고 학과에도 지장 없이 미리미리 하고 싶어요. 아직은 이력서가 접수 된 것도 아니니 달리 신경쓰시지 마세요.

그럼 모두 건강하시고 이번 기말고사 마치고 결과 나오면 상세히 편지 드리겠습니다. 안녕!

1984. 5. 1. 희범 올림

부모님께 · 15

오래 전에 써놓았던 편지를 오늘에서야 겨우 부치고 나니 그동안 너무 소식 전해드리지 못한 거 같아 펜을 듭니다. 칠월 초에 화씨 100도를 오르내리던 더위를 잊을 만큼 요즘은 한여름 같지 않게 선선한 날씨가 계속 되고 있군요. 그동안 부모님 안녕하신지요. 그리고 현옥이 현진이 모두 잘 지내는지요?

지난 몇 주 동안은 하루에 12시간씩 일을 했지만 지난주부터는 다시 가게에 새로운 종업원이 와서 오후 12시에 가서 7시에 집을 향합니다. 처음에는 매일 매일 계속되는 일과에 피곤함도 느꼈지만 지금은 일이 몸에 배인 탓인지 하루 일과를 마치고도 전혀 피로를 느끼지 못할 정도로 내일에 대한 힘이 솟는 것만 같습니다. 지금 이곳은 LA에서 벌어지고 있는 올림픽 분위기가 한창입니다. 오늘은 한국 선수와 미국 선수와의 권투 중계를 보고 비록 신체적 열세로 지기는 했지만 투지로 밀고 나가는 한국 선수에게 열심히 성원을 보내며 가슴 뜨거움을 느낄 수 있었습니다.

그리고 216명이라는 많은 수의 선수를 보낼 수 있는 대한민국의 국력에 다시 한 번 뿌듯함을 느낄 수 있었습니다. 이제 이틀만 지나면 팔월, 제가 이곳에 온지도 두 해가 지나가는군요. 이곳에서 많은 경험도 했고 많은 지식도 쌓았지만 지난 두 해를 생각할 때 제일 가슴 아픈 일은 이곳은 마음 터놓고 이야기할 만한 친구를 찾지 못한 것 같습니다. 바로 앞의 이익을 보고 웃다가는 금방 자신에 조금이라도 해가 되는 일에는 등을 돌리는, 메마르고 너무나 이기주의적이지요. 따뜻한 인간성을 찾을 수 없는 이 사회에 조금은 섭섭함도 느낍니다. 자기 여자친구와의 유흥비를 위해 직장에서 주급을 타오는 아버지를 살해하는 물질 만능, 그리고 철저한 개인주의 사회에 같이 묻혀 생활하다보면 나도 조금씩 조금씩 그렇게 변해버리는 게 아닌가 하고 가끔씩 그런 생각이 들곤 합니다.

이젠 방학도 중반을 지나고 있고 이제 얼마 남지 않은 방학을 지난 시간보다 얼마나 시간을 요긴하게 쓰냐 하는 생각도 해봐야겠고 가을 학기 준비도 해야지요.

며칠 전에 희천이가, 제가 처음 이곳에 와서 잠꼬대 할 때는 한국말로 잠꼬대를 했었고 다음 얼마 후에는 한국말하고 영어하고 섞어서 했고 이제는 영어로 잠꼬대를 해서 우습다고 하였습니다. 다음에 또 잠꼬대 할 때는 자는 동안 이것저것 비밀 질문을 할 거라고 놀려대서 웃었습니다. 저는 그 소릴 듣고 이제는 입이 터졌구나 하는 확신도 했고 기차 안에서 혼자서 중얼거리던 일, 그리고 TV와 Radio

에서 나오는 소리를 몇 번씩이나 되풀이 하던 일, 모두 생각하며 웃을 수 있었습니다. 아직도 언어에 서투름이 많지만 지금은 자신의 사고를 영어로 생각하고 직접 미국인들과 그냥 지나가는 형식적인 대화보다는 조금 더 깊은 대화도 조금씩 조금씩 서툴지 않게 사고와 입이 동시에 움직일 수 있게 된 것 같습니다. 집에서도 물론 영어로 모두 대화하는 것은 아니지만 한국말 수를 줄이고 영어로 사고할 수 있도록 노력하고 있습니다.

영어 문제는 이제 그만 얘기하고 현옥이 대학 입시도 이제 몇 달 남지 않았군요. 시험이라는 것이 일생을 좌우하는 문제는 아니지만 그동안 12년의 결과를 하루에 발휘한다는 게 중요한 만큼 신중히 마지막 5분까지 꾸준히 해줬으면 하는 마음 간절하군요.

이곳 고등학교 때는 한국의 대학생들처럼 시간도 많고 자신이 하고 싶은 운동 취미생활 무엇이든지 할 수 있지만 대학생활에는 많은 시간과 금전과 노력을 동반하는 것이 한국과 확연히 다르지요. 한국과는 불합리한 점도 많지만 고등학교 때 대학생활 위한 체력단련을 해서, 직접 대학생활에는 그 체력을 바칠만큼 디딤돌 역할을 하기에 많은 장점을 지니고 있는 것 같아요.

밤이 너무 깊었군요. 그럼 부디 가족들 모두 건강하시고 이곳 제 걱정일랑 하지 마세요. 요즘은 여름이라 오후에는 앉아서 잠시 신문을 읽을 수 있을 만큼 한가한 때도 있어서 가게 일이 오히려 집에 있는 것 보다는 운동도 되고 좋은 것 같아요. 안녕

1984. 7. 30. 희범 올림

부모님께 · 16

무더위에 모두 안녕하신지요?

이곳도 모두들 안녕하십니다. 지난번에 써놓은 편지를 부치기도 전에 오늘은 오랜만에 부모님께 기쁜 소식 전할 수 있어 편지 드립니다. 저녁때 일 마치고 현진이와 아버님 그리고 4월 달에 쓰신 어머니 편지와 함께 학교에서 온 커다란 우편물이 있어 펴보았더니 얼마 전에 신청한 장학금 허락서였습니다.

외국인 학생에게는 지급되지 않는 장학금이지만 이곳저곳 알아서 신청해 본 것이 어떻게 나온 거 같습니다. 그리고 그 허가서와 함께 다른 장학재단에 신청이 가능하지만 그것은 거의 불가능하고요. 금전적으로 1,000$이 저 자신을 기쁘게 한 것보다는 초등학교 때부터 지금까지 장학금이라고는 처음 받아보는 거라 얼떨떨하군요. 그리고 처음 장학금이 어렵고 그 다음부터는 제 성적만 잘 유지하면 졸업 때까지 계속 받을 수 있다고 하니 더욱 반갑군요. 가족들 소식과 같이 받은 소식이라 몇 갑절이나 반갑고 마치 부모님과 함께 기쁨을 맞는 것 같습니다.

이제 앞으로 남은 일은 영어만 열심히 치중해서 공부하면 무난할 것 같은데 매일매일 시간이 갈수록 두려워지고 저에 대한 허점이 많이 나타나는 것 같습니다. 그럴수록 더 노력해야겠지요. 그리고 금전 문제는 이번 학기 2,680$내고 지금 은행에 3,300$정도 있고 이번 여름방학 때 가을 학기 책값 빼고 한 1,500$ 정도는 모였고 이번에 장학금 하고 해서 5,800$정도는 있으니 금전 문제는 크게 걱정하지 마세요.

그리고 가을부터는 희천이도 맨해튼으로 학교를 다니게 되니 집에서 희천이하고 같이 다니기로 했어요. 물론 기숙을 하게 되면 편하고 빨리 동화해갈 수 있지만 그래도 제가 생각하기는 다 큰 거 같아도 삼촌, 작은어머님 생각하시기에는 늘 마음이 안 놓이는 것 같아요.

가게 종업원 때문에 삼촌도 작은어머님도 더운 가게에서 고생이 많으셔요. 삼촌께서는 물론 건강하시고 작은어머님께서도 건강 유지 잘하고 계세요.

요즘은 올림픽에 가끔씩 권투 중계가 있을 때마다 그리고 한국과 미국의 경기가 있을 때마다 희천이 녀석 비록 영어지만 한국 응원도 열심히 하고 또 저녁에 들어오면 저에게 한국의 그날그날의 승전보를 이야기해주고….

경기가 있을 때마다 응원하고 또 안타까워하는 희천이를 볼 때마다 가슴 뿌듯함을 느낍니다. 어떤 땐 지난번과 같이 한국 선수가 심판의 불공평한 판정으로 미국 선수에게 졌을 때는 녀석이 오히려 저보다 더 화가 나서 들썩들썩 거리기도 합니다. 자신도 아마 이곳에서 고군분투 하는 선수들 보며 가슴속 깊이 뜨거움을 느끼는 것 같습니다.

그럼 또 내일을 위해 잠을 청해야겠군요. 안녕.

1984. 8. 9. 희범 올림

부모님께 · 17

이젠 여름방학도 거의 지나가고 세 번째 가을 학기를 맞는군요. 그동안 가족들 그리고 집안 어른들 모두 안녕하신지요?

오늘은 수요일, 방학 마지막 휴일이자 잠시나마 집에서 다가오는 가을 학기를 준비할 수 있는 시간입니다. 또 오늘은 희천이 생일이라 점심에 희천이 친구 녀석들이 온다고 하는데 뒤뜰에서 햄버거를 만들어 먹기로 했어요.

하루하루가 지남에 따라 학교에서 일하는 것도 무척 익숙해지고 그곳에서 같이 일하는 학생들도 모두 친절해서 가을 학기에도 학과 신청하고 사이사이에 일할 생각이에요.

오늘은 날씨가 좋아서 책상도 정리하고 또 가을 학기 책도 좀 챙겨 놓고 바닷가로 자전거를 타러 갈거에요. 오랜만에 쐬는 바닷바람이 상쾌하겠지요.

밖이 시끄러운 걸 보니 희천이 친구 녀석들이 온 것 같군요. 녀석들 하도 커서 전부 아저씨들 같아요. 희천이도 많이 커서 키는 저보다 조금 작지만 신발은 저보다 큰 것을 신어요. 이제 신학기부터는 맨해튼까지 통학을 해야 하는데 녀석이 워낙 약해서 걱정이에요.

이번 가을 학기에는 컴퓨터 두 과목하고 Math, History, English 신청 했어요. 지난 학기 같이 힘들지는 않겠지만 LAB에서 일하고 토요일은 삼촌 가게에서 일하게 되니 바쁠 거 같아요. 그래야 시간도 빨리 가고 제가 자신을 밀면 밀수록 더 긴장하게 되고 시간을 쪼개서 쓰게 될 거 같아서 조금 벅차게 할 예정이에요. 벅차다고 해봐야 다른 학생들 하는 만큼도 못하지만 제게는 힘들게 느껴지는 것 같아요.

이번 LA 올림픽이 끝나고 다음 개최국인 한국에 대한 권위감이라 할까 하여간 이곳 사람들이 생각하는 한국에 대한 위상이 많이 달라진 거 같아요. 마지막 날 한국시립 무용단의 부채춤 공연을 본 사람마다 아름답다고들 그랬어요. 그리고 88 서울올림픽 때는 한번 가봐야겠다는 학생들도 있구요. 이것은 경제적으로나 문화적으로 모든 방면에서 한국의 발전함이겠지요.

내일부터 다음 주 수요일까지 일해야 돼요.

그럼 부디 건강하시고 현옥이 좋은 성과 있길 빌겠습니다.

1984. 8. 29. 뉴욕에서 희범 올림

가족들에게 · 18

겨울도 이제는 앙상한 가로수 가지와 함께 벌써 중반을 달리고 있습니다. 그동안 모두 안녕하신지요? 이곳도 모두 안녕하십니다. 이젠 가을 학기도 한 달 정도 남기고 있으니 시간의 빠른 흐름을 피부로 느낄 수 있군요.

다음 학기에는 History, Computer, English. 해서 12학점만 하기로 했습니다. 어제 역사 시험 마치고 무척 만족할 수 있는 성적이 될 거 같아 반가웠습니다. 처음 시험에 너무 실망해서 이번엔 더욱 신중을 기하고 시간도 다른 어느 과목보다 더 투자했지만 그래도 시험 전에 불안감은 어찌할 수 없었던 것 같아요. 그리고 어제는 추수감사절 전야에다가 시험을 마치고 나서의 해방감에 친구들과 village라고 뉴욕에서는 예술적으로 무척 민감하고 젊은이들이 많이 가는 곳에서 저녁도 먹고 제법 신중하게 의견도 교환했어요. 매일 수업, 일, 숙제에 쪼들려 여유가 없었지만 가끔씩은 자신을 풀어줄 수 있는 시간도 필요하다고 생각했습니다.

이 편지 읽으실 때쯤이면 현옥이도 학력고사를 마치고 실기공부하기에 바쁘겠군요. 시험이라는 게 사회에 점점 중하게 여겨지는 복잡하고, 다른 이를 누르지 못하면 자신의 고생을 초래해야 되는 제도에 불합리함도 있지만 패자가 되기보다는 어떤 경쟁에서든 승자가 되는 것만이 노력의 대가를 지불 받을 수 있다는 생각도 드는군요.

아무쪼록 성적보다도 현옥이가 노력한 만큼 성과를 거둘 수 있었으면 좋겠군요. 다음편지는 아마 크리스마스 때나 Final 마치고 보내드리겠군요.

시간이 없어서 편지 못 드리는 건 아니고 바쁘다 보니 가끔씩 편지 드리는 것도 잊을 때가 있어요.

요즘은 삼촌가게와 LAB에서 일하는 거까지 해서 130$ 정도 벌지만 아침, 점심, 저녁하고 잡비가 80-90$이 들기 때문에 많이 저금할 수는 없지만 학교에서 제 이름 쓰여 있는 pay check를 받을 때는 적은 액수지만 매우 뿌듯함이 느껴집니다. 저도 한 달에 한 40만 원 정도 버니까 조금 있으면 아버님 월급 비슷해지겠어요. 하하.

그럼 모두 건강하시고 현옥이 좋은 점수 나오기만 빌겠습니다.

안녕!

1984. 11. 22. 희범 올림

부모님께 · 19

겨울도 이제는 제법 누그러지고 가끔씩은 봄기운마저 느끼는 것 같습니다. 그동안 모두 몸 건강히 안녕하신지요? 현옥이 입학 때문에 궁금해 전화드리려고 했는데 그래도 후기대라도 됐다니 한결 마음이 놓이는군요. 지금쯤 현옥이도 어엿한 대학생이 됐겠군요. 삼년이란 시간이 이곳에서는 짧게 지나가 버렸는데 현옥이가 대학생 됐다니 이제야 삼년이 지났구나 하는 생각이 번뜩 스치고 지나갑니다. 내년, 이제 생각하니 금년이 되겠군요. 현진이도 고등학교 시험 보겠고, 오빠 닮아서 공부하기 싫어한다니 대학들어 갈 때 까지 만이라도 오빠 안 닮아도 좋으니깐 공부 좀 했으면 좋겠군요.

이번 봄 학기도 이제 두 달정도 남았고 5월부터는 Summer term이 시작됩니다. 이번 학기에 택하지 못한 과목들 여름 한 학기 듣고갈 생각 중이에요. 아마 여름 학기 마치고 갈려면 7월 20일 경쯤에 가족들 뵐 수 있을 것 같습니다. 희천이도 이번 7월초에 출발해서 2주일간 국내 시찰 마치고 7월 20일경에 같이 만나게 될 것 같습니다. 녀석도 이제는 고등학교에 다니고 혼자 자라서 가끔씩 어린애짓하는 거 빼고는 공부도 충실히 하고 키는 벌써 저만하고 내년쯤에는 저보다 클 거라고 하는데….

한국에 가서 자세히 말씀 드리겠지만 다음부터는 학교 LAB에서 일한 지 일 년이 되는 해이기 때문에 한 학기에 500$씩 따로 장학금이 나올 거 같고 또 운이 좋아서 학사장학금 나오게 되면 한 학기에 1,000$는 절약할 수 있을 거 같은데 확실한 것은 아니고 가능하다는 것이니 미리 장담은 못하겠군요. 어제 학과장 만나서 이야기하고 자기가 이야기해 보겠다고 했는데, 확실한 소식 다음에 전해 드리기로 하지요.

지난 토요일에는 삼촌 가게에서 일 마치고 친구 생일 파티에 초대 받아서 갔는데 오랜만에 실컷 떠들고 웃고 재미있게 놀았던 것 같아요.

현옥이도 이젠 대학에 다니고, 부모님 부담이 훨씬 무거워졌군요. 저 졸업하고 현옥이 졸업하고 앞으로 4년만 더 고생하시면 한결 나아지겠지요. 성욱이 녀석은 제가 바빠서 편지도 못하고 어떻게 학교는 복학해서 다니는지, 희범이 어려서 친구는 그 녀석 밖에 없는데 소식도 못 주고 미안하군요. 언제 성욱이 부모님 만나시거든 소식 좀 전해주세요.

참 그리고 언제 시간 있으시면 소화제(훼스탈) 좀 보내 주세요. 제가 아니라 삼촌께서 가끔씩 과식을 하셔서….

그럼 다음에 자세한 소식 전해드리기로 하고 부디 몸 건강하세요!

1985. 3. 12. 아들 희범 올림

오빠가 여동생에게

현옥이에게 · 20

따뜻한 봄날씨에 책가방 옆에 끼고 단정한 대학생이 된 현옥이가 무척이나 보고 싶구나. 그동안 힘들었지? 그렇다고 이제부터는 놀고 지내라는 얘기는 아니고 인생에서 공부는 대학에서 공부가 가장 중요한 거야.

대학생 되면 용돈도 많이 필요하고 친구들과 놀러도 다니고 싶고 여러모로 돈이 많이 필요한데, 어머니께서 용돈 좀 올려주셨니?

“I don’ t think so!”

살짝 졸라봐. 또 누가 아니? 옆에 숨겨 놓으신 돈 있을지….

이제 대학 생활 초년생에 2학년 3학년 언니들 옷 입는 거 하는 행동 하나씩 둘씩 닮아가고 이렇게 저렇게 봄 학기 지내고 나면 여름방학 또 가을 학기 지나면 2학년, 대학 생활은 고등학교 생활보다 빨리 지나가게 되지.

이제 조금이겠지만 학과생들도 한 명 두 명 알게 되고 그렇게 되면 자연히 미팅도 하게 되고, 어디 잘 생기고 똑똑한 놈 있으면 하나 골라 봐. 그 대신 오빠 이번 여름에 가게 되면 소개시켜주기다. ok?

현진이는 아직도 엉터리지? 이 호랑이 오빠가 집에 없어서 그래-아쮸-

그 대신 현옥이가 많이 도와줘야 되겠지? 참 그리고 학교에서 필요한 거 있으면 엄마한테 물어보지 말고 나한테 편지해. 이곳에서는 물건도 더 좋고 수입관세가 안 붙기 때문에 어떤 품목은 더 싸게 살 수가 있지.

오빠는 여름 학기 한 과목 듣고 7월 말경에 입국하게 될 거 같은데, 그때쯤이면 현옥이 현진이 모두 방학해 있겠지. 아마 이번 여름 방학 한 달 동안은 이 오빠에게 가장 기억에 남는 방학이 될 거야.

그럼 다음에 또 편지하기로 하고 안녕.

1985년 3. 12. 뉴욕에서 오빠가

부모님께 · 21

길가에 목련꽃이 지기가 무섭게 벌써 여름을 맞는군요.

편지 기다리시는 것 알면서도 편지 자주 드리지 못해 죄송합니다. 그간 현옥이 현진이 그리고 집안 어른들 모두 안녕하신지요? 이곳도 삼촌을 비롯하여 모두들 안녕하십니다.

요즘은 봄 학기도 마치고 여름 학기 때까지 일주일에 3일만 학교에 나가고 남는 시간에는 그동안 밀린 일 그리고 하고 싶었던 것 정리도 하고 친구들과 놀러도 다니고 제법 한가한 시간을 보내고 있습니다.

이번 여름에는 빠르면 7월초 늦으면 말경이면 가족들 만나 뵙게 될 것 같습니다. 시간이 지나면 지날수록 익숙해서 생활이 쉽다기보다는 점점 어렵고 쫓기는 생활의 연속인 것만 같고 인내심이 어려서부터 부족하던 저로서는 가끔씩 성질도 신경질적으로 변해가는 것만 같고….

재미있고 보람있는 일도 많지만 가끔씩 문득 문득 닥쳐오는 두렵고 자신이 한없이 작게만 보이는 생각은 비행기 표 사가지고 한국 가고 싶은 마음만 커다랗게 부풀게 합니다.

이젠 서울 간다는 생각에 이런 마음 갖게 되는 것 알지만 이런 것이 고향병이라는 건가 봐요. 하하….

바쁠 때는 이 생각 저 생각 할 시간 없지만 요즘같이 시간이 나면 사람이 약아져서 금방 이런 생각 들게 되는 것 같아요.

매년 여름, 몇 명 안 되는 한국 유학생이 한국 갈 때마다 부럽고 그렇게도 가고 싶었는데 이제 두 달만 있으면 가족들 그리고 친구들 만날 생각하니 저절로 웃음이 나오는군요.

서울도 많이 바뀌었다고 하던데요. 현옥이는 이제 제법 대학생 티가 나겠군요. 현진이도 고등학교 시험 때문에 하기 싫은 공부하느라 고생이 많겠구요. 내일은 쉬는 날이라 집에서 TV도 보고 늦잠도 자려고 해요. 오후에는 바닷가에 나가 봐야지요. 친구들한테서는 제가 답장해주지 못해서 그런지 소식이 없군요. 녀석들 당장이라도 달려가 만나보고만 싶군요. 고등학교 때 이야기도하고 한 놈씩 쥐어박아 주고 싶기도 하고….

시간이 다가오면 올수록 더욱더 보고 싶고 무슨 시간이 이렇게도 가질 않는지….

요즘 오월하고 유월은 삼촌 가게가 가장 바쁜 때인 데다가 지난번에 새로 연 가게 때문에 삼촌과 작은어머니께서는 요즘 아침 6시 30

분에 가게 가셔서 어떤 때는 저녁 7시까지 일하실 때가 많아요. 게다가 가끔씩 종업원들이 말썽부리면 다른 사람 두 배 세 배를 일해도 밀리는 일이 많아요.

저는 예전처럼 토요일만 일하는데 이젠 숙달돼서 하루 10시간 쉬지않고 뛰어도 조금도 피곤하지 않아요. 바쁠 때는 포장도하고 Press하고 손님들 영수증도 써주고 아마 부모님께서 보시면 웃으실 거예요. 가게가 커서 토요일에는 9명이 하루종일 쉬지 않고 일해도 저녁 6시가 돼야 비로소 일이 끝나요.

내년에는 제가 일 모두 배워서 작은아버님 작은어머님 여름동안 휴가 보내 드려야겠어요. 작은아버님은 그래도 이번에 2주일 동안 한국 다녀오시는데 작은 어머님께서는 두 가게 모두 돌보시느라 고생이 많으실 거 같아요.

희천이는 6월 초에 학교가 방학에 들어가니까 6월 말이나 7월 초쯤 해서 한국에 가게 될 거 같아요. 한국인인 만큼 이번 기회에 한국말이라도 배워 왔으면 좋겠는데, 삼촌께서 영어를 잘하시지만 희천이 하고 영어로 대화 할 수도 없는 일이고… 부자 간에 진지한 대화가 안 된다는 게 얼마나 불행한 일인지 자신이 먼저 깨달아야 할 텐데….

삼촌께서도 이번만은 꼭 한국말 가르친다고 하시는데 녀석이 워낙 하려고 하질 않아서요. 현옥이가 데리고 다니면서 가르쳐 줘야겠어요. 그럼 다음에 편지 드리기로 하고 부디 건강하시기만 빌겠습니다.

1985. 5. 뉴욕에서 아들 희범 올림

부모님께 · 22

3년 만에 서울에 도착한 지가 어제 같은데 벌써 이렇게 뉴욕에서 부모님께 소식 드리게 되는군요. 도착한 즉시 전화 드렸지만 안 계셔서 현진이한테 잘 도착했다고 전하기만 했습니다. 아직도 밤과 낮이 바뀌어서 조금 벅차지만 산더미 같이 밀린 학교 일 때문에 은행에서 학교로 학과장실로 학기가 시작하기도 전에 바빠질 것 같습니다.

지난번 말씀드렸던 장학금 문제는 잘되었고 학점 신청도 오늘 마쳤습니다. 학교에서 일손이 모자라서인지 내일부터라도 일 해달라고 하는데 몸은 낮에 졸립고 밤엔 잠이 오질 않아 잘 조절해서 모레부터는 일하게 될 것 같고, 학교는 9월 6일부터 개강에 들어갑니다.

이번 주 토요일 노동절 연휴에는 이곳 식구들과 워싱턴 고모님께 갈 예정입니다. 삼촌은 그곳에 사셔서 그렇게 새로운 것이 못 되겠지만 저에게는 처음 여행이라 미국의 수도이자 세계 정치의 중심인 이 도시에 가게 돼서 무척 기쁩니다. 가지고 온 돈은 어제 예금시키고 이 목사님 선교자금 2,000$ 그리고 가을 학기 등록금을 모두 내고 4,500$이 남아 있으니 다음 여름하고 가을 학기까지도 걱정 안 하셔도 되겠습니다.

희천이는 제가 생각 했던 것보다 한국말을 열심히 하고 별로 표현은 안 하시지만 삼촌께서도 무척 좋으신 것 같습니다. 현옥이 현진이 학업에 좋은 성과 있길 바라며 부모님의 건강과 함께 행복한 가정이 되길 빕니다.

1985. 8. 26. 아들 희범 올림

부모님께 · 23

그동안 모두 안녕하신지요? 이곳도 모두 건강합니다. 얼마 전에 이곳 식구들과 함께 워싱턴 고모님 뵙고 왔습니다. 일하시느라 힘은 들지만 얼굴은 무척 건강해 보여 반가웠습니다. 벌써 이곳은 학기가 시작되고 가을 학기 일과표도 모두 짜여 져서 어느 해 보다도 바쁜 학년도가 될 것 같습니다. 만나는 친구들마다 오랜만의 모국 방문이 어떠했냐고 묻고 paul과 천학이도 무척 인상깊고 재미있는 여행이 되었다고 얘기 합니다. 학교에서의 일은 어떻게 운이 좋아서 지난 학기보다 쉽고 그냥 자리에 앉아서 가끔씩 찾아오는 학생들과 이야기 하는 정도라 일하며 제 숙제나 공부할 수 있어서 학업에 큰 지장을 주지 않았습니다.

삼촌 가게도 잘되고 지난 2주간은 여름 동안 안 하던 일을 했더니 그렇게 힘들고 한 시간이 하루같이 느껴지기까지 했습니다.

그러고 보면 정말 사람이 게을러지기 시작하면 한없이 게을러지고 또 부지런하면 다른 사람이 못하는 일도 할 수 있을 것 같습니다.

어머님 영양제는 이곳에 와서 얼마 전에 사두었는데 시간나는 대로 부쳐드리겠고, 어머님 영양제 살 때 혈압계가 있어서 보아두었는데 이곳에서 보내고 세금만 많지 않다면 영양제와 같이 보내 드리겠습니다.

현옥이 학업은 잘되는지요? 가고 싶은 대학에 새로 도전해 보겠다는 용기가 대견하지 않습니까?

한 집에 수험생이 둘씩이나 있어서 어머니 아버지 힘드시지요? 올해 현옥이는 홍대 가고 현진이는 고등학교 갔으면 좋겠군요. 이번 주에는 어머님 약속대로 교회에 가려고 합니다. 지금은 일하는 시간인데 커다란 LAB에 혼자 앉아서 문득 가족들이 보고 싶어서 지갑 속에 있는 가족들 사진 보며 편지 쓰고 있는 거예요.

지금쯤 아버님께서는 학교에서 첫 수업하시겠고 현옥이는 학원에도 이제는 안 가니깐 집에 있겠고 어머님께서는 2층 전 선생님 아침식사 하시라고 벨을 세 번 누르고 계시겠지요. 참 현진이 첫 시간 마치고 도시락 까먹을 생각하고 있겠고요.

두 달간의 여행이었지만 너무 짧았고 부모님 화나게 해드려서 후회도 많은 방문이었던 것 같습니다. 이젠 제가 이곳에 있으니깐 아버님 혈압도 많이 내리셨겠죠? 너무 화내지 마세요. 그리고 어머니, 희범이 교회 안 간다고 마음 상하지 마시고요.

그럼 다음 소식 드릴 때까지 부디 건강하세요.

1985. 9. 9. 희범올림

부모님께 · 24

그동안 안녕하셨는지요? 지난번 전화 드리고 어머님 많이 아프신 것 같아 걱정되었습니다. 바쁜 집안 살림에 하숙생 2층 식구 시중까지 이제는 가능하다면 그만 하셨으면 하는 마음 간절하면서도 도움이 되지 못하는 제가 아직까지도 너무나 어리게 느껴지는군요. 이젠 중간고사도 마치고 조금은 여유 있는 생활을 하고 있습니다. 예상외로 수학 성적이 좋지 않아 저뿐만 아니라 교수도 놀랐지만, 반면에 영어는 교수가 봐주었는지 좋은 성적이 나와서 다른 어떤 과목보다도 보람있고 자신감을 느꼈습니다. 아마 지난 학기 그리고 그동안 꾸준히 노력한 결과가 이제 조금씩 나타나는 것 같습니다.

이번 생일에는 가족들과 외식하고 친구들과도 오랜만에 만나 좋은 시간 가졌습니다. 더구나 금년에는 생일 축하 카드도 11장이나 받았고 꽃다발도 받고 그러고 보면 희범이 인기가 나쁘지는 않은가 봐요.

우리 집 두 수험생들 모두 바쁘겠지요? 공부도 그림도 좋지만 건강했으면 하는 마음 간절합니다.

저도 대학원 시험 공부 시작해야 하는데 책만 사다놓고 시간 내기가 무척 힘들군요. 더구나 요즘은 제 나름대로 Graphic Package Project 구상한 게 있어서 그것에 신경 쓰느라 발등에 떨어진 불부터 끄느라 조금 시간 여유 있지만 진짜 중요한 공부를 못하고 있는 것 같습니다.

이번 학기에는 새벽잠이 많아져서 아침 강의는 가끔씩 지각도하고 달콤한 새벽잠도 좋지만 조금더 부지런해져야 할 것 같습니다.

희천이도 (공부는 열심히 안하지만) 학교 열심히 다니고 공부 잘하는 학생들과 경쟁에서 중학교 때보다 힘들어 하는 것 같지만 장거리 통학임에도 불구하고 건강하고 착하게 생활하고 있습니다.

작은어머님 아버님과는 한국말 하지만 제게는 영어로 해서 가끔씩 혼나기도 해요. 하여간 식구들 중에 아무도 영어로 대꾸 안 해 주니까 녀석도 영어보다는 국어를 많이 사용하는 것 같습니다. 이다음에 대학에서는 국어 쓰는 방법 배울 수 있는 기회 있겠지요.

민 선생님과는 제가 가끔씩 전화 연락드립니다. 하는 일 없이 바빠서 찾아뵙지도 못하고 전화 연락이라도 더 자주 드려야겠어요.

오클라호마 고모집은 그곳에 동양 식품점을 내셔서 잘 되는 것 같고 워싱턴 작은고모님도 모두 안녕하십니다. 그럼 아버님 어머니 건강하시길 빌며 이만 줄입니다.

1985. 11. 7. 아들 희범 올림

부모님께 · 25

그동안 모두 안녕하신지요? 그렇게 차갑고 거세던 겨울바람도 다소 누그러지고 요즘은 따뜻한 봄기운마저 드는군요. 얼마 전에는 감기 걸려서 이곳에 와서 처음으로 집에서 쉬었어요. 지금은 다 나았으니깐 걱정마세요.

덕분에 그 후로부터는 때 맞춰서 식사하고 보통 조심하는 게 아니에요.

현진이 졸업, 그리고 현옥이 현진이 입학이라는 걸 알면서도 선물도 하나 못해줘서 미안하군요.

지난 두 주간은 중간고사 그리고 Term Paper 작성하느라 정신없었고. 이번주에는 LAB이 바빠서 일하느라 제 일도 못하고….

바빠서 시간은 잘 지나는 것 같아 좋아요.

성적은 잘 나왔는데 Final 시험 마쳐야 알 수 있겠지요. 이번 여름학기에는 직장도 바꿔서 여러 가지 경험도 쌓아야 하고 두 과목 정도 신청해서 들을 생각인데 잘 되겠지요.

요즘 TV에서는 현대 자동차 미국 시판 때문에 하루에도 여러 번씩 현대 광고를 볼 수 있어요. 특히 신문이나 잡지에서도 가격, 품질 면에서 우수한 차라고 호평하고 있어요. 올해 수출 목표가 10만대라니 무척 자랑스럽구요.

희천이는 내년 대학시험(SAT) 때문에 시험도 보지 않고 벌써부터 들떠서 걱정이에요 조금만 노력하면 MIT도 그리 어렵지 않을 것 같은데 녀석 워낙 형을 닮아서인지 공부를 안 해서 걱정이에요. 그래도 늘 자신 있다니 두고 봐야지요.

현옥이는 원하던 홍대에서 공부하게 됐고 현진이도 공부 열심히 한다니 저만 빨리 학업 마치면 집안이 조금 편하겠는데 마음만 급하고 모든 것이 말처럼 쉽지는 않군요.

희곤이는 공부 열심히 하는지요? 지난번 서울 다니러갔을 때 무척 어른스럽고 건강해 보여 든든했는데….

날로 치열해지는 입시 경쟁 때문에 부모나 학생이나 서로 고생인거 같군요. 희천이도 희곤이처럼 건강하고 융통성이 있었으면 좋을 텐데 아직도 대화를 하자면 답답하고 가리는 음식이 많아서요. 약하지만 나이를 먹어가면서 조금씩 나아지는 것 같아 그리 걱정은 안 하지만 형으로서 욕심이 있다면 좋은 대학에 입학해서 저 대학원 다니면 같이 공부했으면 해요.

마침 희천이 대학 진학 때 저도 대학원 진학하게 돼서 좋아요. 더욱이 녀석도 Computer Science를 하고 싶다니 제가 조금은 도움이 되겠지요.

이번 학기에는 영어가 너무 어려워서 English Department에 가서 학과장에게 사정 얘기해서 무료로 저에게 영어 교수 한 명이 개인지도 해줘서 잘하면 A학점이 가능할 것 같아요. 그리고 더욱 반가운 것은 다음 학기에도 도와주기로 해서 혼자서 고민하던 일, 또 이해 안 되는 문제들도 언제든 물어볼 수 있어요. 같은 양의 공부도 옆에서 도와주는 사람이 있어서 시간도 절약되고 훨씬 이해도 빨리 되는 것 같아요.

이제는 4학년이고 그동안 LAB에서 일 년 이상 학생들과 대화하니까 학과에 웬만한 학생들은 저를 알아요. 이름도 이상하다고 말하는데 Accent도 있지만 특히 요즘 들어 사람들이 저와 많은 대화도 갖고 좋아하는 것 같아요.

얼마 전에는 학교에서 주최하는 노인들 교육 기간 동안 할머니 할아버지 Computer demonstration 했는데 어찌나 열심히 진진하게들 공부하시는지 제가 그동안 demonstration 중에 제일 좋은 class였던 것 같아요. 그리고 비록 서로가 피부색깔도 다르고 나이도 다르지만 친구처럼 이야기도 많이 하고 귀여움도 많이 받았어요.

참! 이번 달 아니면 늦어도 다음 달에는 직장을 옮기려고 해요. 한 곳에 오래 있으면 매일 같은 일만 계속해서 경험 쌓을 기회도 없을 것 같아서요.

이 다음에 귀국해서 직장 갖기 전까지는 이곳에서 직장을 옮겨가며 학교에서 배울 수 없는 새로운 기계들 그리고 지식을 배울 계획이예요.

지금은 아는 친구가 학교에 있는 Computer Center에서 일하고 있어서 이력서 제출해 놓았는데 조만간에 면접 볼 것 같아요. 이곳에 취직하면 모든 최신 IBM 큰 기종의 Computer들을 배울 수 있고 그렇게 바쁘지도 않아서 좋은데 그것도 경쟁이 치열해서….

하여간 결과 연락드릴게요. 그럼 부디 건강하세요. 안녕

1986. 3. 10. 희범 올림

부모님께 · 26

그동안 건강하셨는지요. 편지 자주 드리지 못해 죄송합니다. 지난 금요일에는 미국 독립기념일이자 자유의 여신상 100주년 기념으로 이곳에서는 사상 최대의 행사가 벌어졌습니다. 저는 TV로 구경했지만 정말 보기 드문 잔치였던 것 같습니다. 며칠 전 고모님이 전화하셔서 통화했습니다. 보내주신 물건은 UPS로 보내주신다니 얼마 안 있으면 받을 수 있을 것 같고 어머님 아버님 모두 건강하시다니 무엇보다 반갑군요.

저는 이제 여름 학기 다니고 학과가 조금 어려워서 학교에서 일하는 시간을 조금 줄였습니다. 그리고 아마 몇 주후부터는 새 학기(SummerⅡ)가 시작되고 시간이 나면 미국 회사에 part time으로 일하게 될 것 같습니다. 얼마 전 LAB에서 일할 때 회사에 다니면서 Computer를 배우는 사람이 개인 지도를 부탁해서 몇 시간 봐주었는데 그 사람이 자기 명함을 주면서 Job이 필요하면 전화하라고 했습니다. 알고 보니 이곳에서도 무척 취직하기 힘든 대기업의 중역이고 또 며칠 전에 그 사람이 전화와서 제 이력서와 자기소개서를 보내서 다음 주쯤에는 면접하게 될 거 같습니다. 만일 취직이 되도 시간이 날지 모르겠군요. 학교 다니며 이렇게 큰 회사에서 일하게 되면 졸업해서도 좋은 직장에서 일할 수 있고 이다음에 한국에서도 이곳 경험이 많은 도움이 될 것 같습니다.

그 사람 말로는 자신이 직접 면접을 하고 Part time Job이기 때문에 힘들지 않지만 제가 학생 visa로 이곳에 있기에 직업 허가를 받아야 한다는데 그것이 무척 까다로운 모양입니다. 일 때문에 시간이 모자라서 성적이 조금 떨어져도 일하고 싶군요. 작은 회사라면 그렇게 신경을 안 쓰겠지만 보수도 좋고 이곳에 금융시장에서는 제일 큰 회사라 할 수 있는 Merill Lynch에서 일한다면 정말 저에게는 또 다른 큰 발전의 바탕이 될 수 있을 것 같은데 노력해 봐야지요.

대학원 시험은 이번 11월에 볼 예정인데 지금은 눈앞에 닥친 일도 처리하기 힘든 상태라 내일 당장 급한 일을 놓아두고 겨울 시험 공부 하기는 꿈에도 생각 못하겠습니다. 매일 다음 주부터 해야지 하고는 또 한 주가 지나가고 한 주, 두 주 지나다보면 금방 한 달이 지나가고….

시간이 지날 때마다 마음만 다급해지고 아마 이번 겨울에는 기대해야겠습니다. 시험은 영어, 수학, 그리고 응용력을 보는데 영어 성적이 아무래도 다른 학생보다 조금 떨어지는 것 같습니다. 작문은 미국 학생들보다 잘할 자신 있는데 단어는 역시 이곳에서 교육 받은 학생들과 경주하기는 조금 벅찬 것 같습니다. 그리고 시험은 일정한 시간 내에 문제를 풀어야 하는 것이라 저에게는 조금 불리하지만 그동안 엉금엉금 따라왔기에 또 저도 모르는 사이에 따라갈 수 있으리라 믿습니다.

작년에 희곤이 공부하기 싫어서 고생하는 걸 봤는데 녀석 요즘은 어떻게 열심히 하는지요?

그녀석 자기 사촌형 닮아서 그런가 봐요. 하하.

편지하고 싶은 사람들은 많은데 솔직히 까맣게 잊어버리고 살 때가 더 많아요. 모든 게 바빠야 한눈도 안 팔고 시간도 빨리 가거든요.

현옥이는 여름방학 해서 무얼 하는지, 아마 현진이는 보충 수업 하고 있겠고….

언제나 편지 쓸 때는 조금씩 조금씩 보고 싶은 사람이 많아서 슬퍼져요. 더 슬퍼지기 전에 그만 써야겠어요. 하하.

그럼 어머님 아버님 건강하시고 할머님 신경 많이 쓰지 마세요.

1986. 7. 9. 아들 희범 올림

부모님께 · 27

그동안 모두 무고하신지요? 이곳은 무척이나 덥군요. 5월 21일 졸업식을 마침과 동시에 그동안 일하던 회사일과 학교일을 모두 그만두고 작은아버님 가게에서 일하며 하루하루 부모님 만나 뵐 생각으로 가득 차 있었습니다.

지난 금요일 가게 일을 하루 쉬고 영사관에 들려서 알아보았는데 여권 연장은 이곳에서만 할 수 있고, 그 기간이 두 달 정도 걸려서 이번 여름에는 아무래도 못 뵙게 될 것 같습니다. 다행히 겨울방학이 12월 19일부터 1월 20일까지 한 달간 있어서 크리스마스와 신정을 겸해 겨울에 찾아뵙는 게 좋을 것 같습니다. 그리고 개학할 때까지 열심히 일하면 3,000$은 만들 수 있을 것 같고 대학원은 Stevens Tech로 결정했습니다. 120년의 전통과 이름을 가지고 있는 공대로는 MIT가 종합대학으로 알아준다면, Stevens는 공대로 유명한 학교이며 특히 금속과 계통은 널리 알려진 명문입니다.

I-20 보셔서 아시겠지만 제가 졸업에 필요한 30학점입니다. 제가

하고 싶은 것은 Robotics 인데 이 학교가 이 방면에 널리 알려져 있고 또 미래 Computer의 주종을 이룰 것 같아 해볼까 합니다.

등록은 대략 학점당 350$인데 (350x30)=10500$ 정도 졸업까지 필요할 것 같습니다. 대학원은 Pace 학생들과 달라서 전부 똑똑해서 일을 하더라도 조금밖에(용돈과 책값) 못할 것 같고 이번에 또 미국법이 바뀌어서 유학생들에게 직장을 못 갖게 해서 그나마 어렵게 얻은 직장도 못 다니고 저도 이번 삼촌 가게 일 그만두면 학교 안에서 일자리 구해봐야 할 것 같습니다.

직장도 중요하고 돈도 중요하지만 제 생각에는 1년, 길어야 1년 반 정도 되는 대학원 생활을 대학 때처럼 그렇게 일하면 도저히 다른 학생들과 경쟁할 수 없을 것 같습니다. 그래서 이번 여름과 내년 여름에 일해서 조금 저축해서 학교다닐 때는 되도록 일하는 시간을 줄일까 합니다.

어머님 아버님 저 때문에 고생하시며 쓰실 것 잡수실 것 아끼며 보내주시는 피땀 어린 돈인 줄 알지만 그걸 알면서도 어떻게 할 수 없는 마음 한없이 죄송합니다.

박사 과정은 일단 나중에 생각할 예정이고 늦어도 1년 반이면 졸업해서 병역 마치고 다시 신중히 생각해야 할 것 같습니다. 삼촌께서는 희천이 학교에 가서 같이 학교 옆에 아파트 얻어서 둘이 공부하라고 하시는데 기숙사비 절약은 할 수 있지만 첫째 희천이 학교보다는 제가 갈 학교가 훨씬 낫고, 또 같이 살게 되면 희천이 뒷청소 하고 밥해주다 시간 다 뺏길 것 같아, 제가 그냥 Stevens에 가고 싶다고 말씀드렸습니다.

지난번 삼촌 한국 나가셨을 때 정말 작은어머님 매일 하시는 일이 얼마나 힘들다는 것을 피부로 느낄 수 있었습니다. 다행히 아프시지 않고 무사히 다녀오셔서 무척 기뻤습니다.

어머님 아버님도 형편이 나아지면 여행도 하시고, 하고 싶은 일도 하면서 사셨으면 하는 마음 간절합니다. 언제나 그런 날들이 올지….

제가 이곳에서 온 지도 벌써 5년이 되는 걸 보면, 결코 멀지는 않은 것 같습니다.

요즘은 덥고 습한 날씨로 가게일이 무척 힘들지만 날씨가 선선해지고 또 겨울에는 세탁소처럼 따뜻하게 일하기 좋은 곳이 없을거예요. 그동안 듣고 보고 하나하나 배운 일이 몸에 배어서 이제는 힘들이지 않고 잘 할 수 있어요. 만일 '드라이 크리닝' 박사가 하나 있으면 학위 받는 건 그리 힘들지 않을 텐데요, 하하

다음 주에는 삼촌께 말씀드려 며칠 쉴 겸 친구들과 Camping을 다녀올 계획이에요. 그동안 쌓인 피로도 풀고 대자연 속에 나름대로 신학기에 대한 생각도 해봐야하고요. 사실은 다른 학생들과 경쟁에 꼴찌나 안 할까 하는 두려움도 있고 워낙 학점 따기 어려워서 도중하차 하면 어떡하나 하는 생각도 들지만 또 다른 한편으로는 제가 처음 대학 다닐 때보다 훨씬 좋은 환경에서 시작한다는 위로감을 가지곤 합니다.

작년에 Camping 갔을 때는 아침에 일어나서 주립공원 강에 앉아 새벽 낚시하며 사슴과 불과 몇 발자국 거리에서 서로 쳐다보고 있었

던 적도 있고 저녁 때는 스컹크 때문에 도망도 다녔고 매일같이 계속되는 도시의 소음과 시간에 쫓기는 생활에서 1년에 한 번 가는 대자연과의 만남은 저에게는 정말 커다란 힘과 피로를 풀어주는 것 같습니다.

시간이 늦었군요. 그럼 내일을 위해 자야겠습니다. 내일은 희천이 졸업이라 두 분 모두 가게에 못 나오셔서 조금 바쁠 거 같군요.

Camping 다녀와서 또 편지 드릴게요. 안녕

1987. 6. 18. 희범 올림

부모님께 · 28

그동안 안녕하셨는지요? 지난 6월 27일부터 30일, 3박 4일간의 Camping 마지막 날 아침, 한국의 대통령 직선제와 모든 정치범들의 석방, 언론의 자유등을 중심으로 한 개헌에 관한 소식을 듣고 그동안의 불안과 걱정을 잊고 다시 일을 할 수 있었습니다.

이곳 날씨는 덥고 습하고 요즘은 하루도 날씨 좋은 날이 없습니다. 날씨가 덥고 습하게 되면 작은아버님 심신도 날씨처럼 까다로워져서 말씀이 많아지지만 그동안 다년간의 경험으로 모든 말씀 한쪽 귀로 들어와서 다른 한쪽으로 나가니까 저는 상관없는데, 애꿎은 작은어머님만 일은 일대로 하시고 또 잔소리는 잔소리대로 다 들으시니 가끔은 정말 기가 막힐 때도 있습니다. 한인회 일도 중요하지만 우선 가게 일부터 보시고 남는 시간에 나가셨으면 마음도 편하고 장사도 잘될 텐데요.

희천이는 고등학교 졸업하고 지금은 방학 중이고 나이만 먹었지 아직 어려서 대학생활에 치우치지 않고 다른 학생들과 잘 지낼지….

이제는 어른이니까 자신이 알아서 하겠지요.

저는 삼촌 내외분 서울 다녀오신 후로 계속 일하고 있고 8월 초부터는 다시 직장 알아봐야 하는데 예전처럼 사무실에서 일하는 직장은 이곳 법이 바뀌어서 더욱 힘들 것 같고 어떻게 아무 일이나 알아봐야 할 것 같습니다.

토요일은 삼촌 가게에서 일할까도 생각해 보았지만 이제는 희천이도 커서 돈 버는 공부도 할 겸 또 사람공부도 할 겸 희천이에게 맡기고 저는 저 쓰고 먹고 살 만큼만 일하고 대학원에서는 공부에 치중할까 합니다. 지금은 몇몇 회사에 이력서 제출해 놓았고 만일 이 회사에서 좋다고 해도 제가 외국인 학생이라는 걸 알게 되면 아무래도 힘들 것 같아서 많은 기대는 안하고 있습니다.

지난번 제가 학교 LAB에 있을 때 알던 사람이 이번에 computer system program 회사를 차렸는데 이번 일요일에 만나서 이야기하기로 했으니깐 제가 가지고 있는 전공을 살려서 직장 찾기는 이 일이 가장 쉬울 것 같은데 봐야 알겠지요.

대학원은 내년 가을 학기에 마치고 군대 문제가 남았는데 들리는 말에는 6개월 장교도 이제는 힘들다고 하는데 정말 산 넘어 강인지….

아직 사회에 첫발도 안 디뎠는데 이렇게 복잡하니 다시 고등학교 갔으면 좋겠어요. 하하

가게 일은 오전 중에 무지무지하게 바쁘고 오후 3시경에 작은어머님 집에 가시면 저는 가끔씩 문제 생기는 일만 손님들과 얘기하고는

저녁 7시까지는 대체로 편하게 일하고 있습니다.

남는 시간에는 이렇게 편지도 쓰고 책도 읽고, 신문도 읽고 청소도 하고 작은 고장은 기계도 고치고 또 가끔씩은 손님과도 싸우고요. 이제 싸우는 데는 이력이 나서 억지 부리는 손님들도 제게는 별말 없이 물건 찾아가요. 손님들이 많아서 조금 바빠지는군요.

그럼 부디 몸 건강하시고 아버님 몸조리 잘하세요.

1987. 9. 7. 아들 희범 올림

부모님께 · 29

그동안 안녕하셨는지요? 이곳도 모두 무고 하십니다.

제가 이곳 기숙사에 온 지도 벌써 3주가 넘어서는군요. 학교생활은 무척 바쁜 편이고 대학 때와는 달리 숙제도 많고 진도도 무척 빨라서 하루하루가 무척 짧게만 여겨집니다. 이곳에는 한국 유학생이 70명가량 되는데 모두들 열심히 하고 박사 과정에 있는 사람들은 대다수 장학금을 받고 있고 또 대학원에도 많은 사람들이 언어의 단점을 가지고 있으면서도 다른 학생들보다 잘들 하고 있는 것 같습니다.

회사는 일주일에 4일만 나가고 저녁에 강의 받고 있는데 지금은 배우는 과정이라 보수도 적고 힘들지만 다행히 회사에서도 학교에 대해서는 많이 이해해주고 많은 것을 배울 수 있어 제게는 무척 값진 시간을 보내고 있다고 생각합니다.

지금 은행에 2,500$ 정도 남아있고 생활비와 책값은 회사에서 벌어서 할 수 있는데 저축을 하더라도 많이는 못할 것 같고 시간이 갈수록 어려워지는 학교 과목들을 생각해 노력해서 안 될 경우에는 직장을 그만두던지 아니면 part time으로 일해야 하기 때문에 다음 학기에는 부모님 어려운 사정 알지만 어려우시더라도 3,000$정도 필요할 것 같습니다.

대학원 과정이 30학점(12과목)이니까 한 학기에 4과목씩 해서 이번학기에 4과목을 듣고 있는데 강의 문제로 수요일과 목요일은 일 안하고 학교 공부에만 치중하고 있습니다.

이곳에 한국 사람들은 대부분이 연대 그리고 서울대 몇 그리고 중대 모두들 똑똑하고 열심히들 하고 있고 또 미국 학생들도 대학과는 달리 서로 열심히 해서 가끔씩은 무섭기도 합니다.

이곳에서 학부를 졸업한 사람은 저밖에 없는 것 같고 학교에서 마주치는 한국 사람을 볼 때면 대학 생활에는 없었던 일이라 조금 이상한 느낌마저 듭니다. 가끔씩은 이곳 유학생 형들과 이야기 할 때면 영어 때문에 고생하는 얘기를 많이 하는데 그런 얘기가 나올 때마다 처음 제가 이곳에 와서 영어로 고생하던 때가 엊그제만 같이 느껴집니다.

답답하고 두렵던 시간들이었지만 많은 것을 배운 것 같습니다. 시간이 가고 이다음에 지금 이 시간을 뒤돌아보면 알찬 1987년이었다 하고 생각할 수 있는 시간이었으면 좋겠군요.

요즘은 군대 문제도 걱정되고 박사 과정도 어떻게 될지 확실한 방향을 못 잡겠고 정말 어떻게 될지 문제입니다. 하지만 모두 잘되리라 믿습니다.

밤이 늦었군요. 그럼 다음에 또 소식 전하기로 하고 부디 건강하세요.

현옥이 편지에서 그러더군요.

"오빠, 아마 우리 부모님처럼 자식들을 위해 희생하시는 부모님도 없을거야"

아버님 건강이 조금 나으시다니 반갑군요.

너무 무리하지 마시고 무슨 일이든지 부모님 건강부터 먼저 살피세요. 안녕!

1987. 9. 23. 아들 희범 올림

부모님께 · 30

그렇게 기다려지고 오고 싶었던 한국에서 가족들과 보낸 하루하루가 벌써 한 달을 넘어 이제 며칠 후면 다시 미국으로 가는 비행기에 오르게 되는군요.

현옥이 현진이도 벌써 장성해 있고 오빠라고 제대로 해준 것도 없는데 티없이 착하게 자라주어서 고맙네요. 다만 한 가지 부모님께서 3년전보다 많이 나이 드신 것 같아 송구스럽습니다.

큰아들로서 장성해 가정에 도움을 줄 나이인데 변변치 못해 이렇게 아직도 부모님 힘들게 한다는 생각에, 지금 저로서는 어쩔 수 없는 일이지만 답답하기도 합니다.

위로는 할머님 걱정, 아래로는 자식들 뒷바라지에 하루도 쉴 날 없는 어머님 아버님 뵐 때 정말 공평치 못한 세상이 야속하기도 합니다.

이제 내년이면 한국에서 제 삶을 살아가게 될 텐데 치열한 경쟁에서 잘 견딜 수 있을지 사실 무섭기도 합니다.

역시 학생이란 신분은 가장 생활하가기가 편한 신분이지만 평생을 학생으로 보낼 수 없는 현실, 그리고 그 학생이란 신분에서 사회인으로서 과정은 저에게는 어느 때보다도 어렵고 대처해 나가기 어려울 것 같군요.

공부를 계속하느냐, 아니면 사회에 뛰어들어 부딪쳐 보느냐, 그 전부터 고민한 일이지만 결정 못 내리고 출국하게 됩니다. 오직 제가 아는 바는 남은 1년 열심히 노력해서 내년에 귀국하여야 한다는 사실입니다.

어머님께서 말씀하신 대로 성실하게 생활한다면 길이 있겠지요. 병역 문제는 걱정 않기로 했습니다. 할 수 있는 데까지 알아보고 그래도 안 된다면 3년 복무 해야지요. 남들 다 하는 일 저라고 못할 것도 없습니다. 그러니 부모님께서도 염려마시고 같이 기다려주시면 되겠습니다.

미국에서의 제 생활은 이제 남에게 도움을 주면 주었지 도움은 받지 않을 정도로 익숙해 있고 이제 1년여 남은 기간 동안 향수병 앓을 일도 없고 식생활도 아시다시피 양식을 좋아하기 때문에 그리 걱정 안하셔도 될 것 같습니다.

부모님께서는 제게 고생 많이 했다는데 제가 볼 때는 오히려 이곳에서 없는 살림에 등록금을 보내느라 고생하시고 멀리 있는 아들 걱정하시느라 힘드셨지요. 저는 하고 싶은 일 구애 받지 않고 경험도 쌓아보았고 지난 6년간 힘들다는 생각은 한 적 없었습니다.

남들 부모님들은 의사고 박사고 정치가고 유명한 사람들이라고들

하지만 20년간 교육계에서 개근하신 내 아버님처럼 멋있고 존경스러운 아버님을 둔 사람 없고, 없는 살림에 한푼 두푼 모아 아들 유학 보내고 딸들 미대에서 공부시키는 우리 어머님같은 부모님 둔 사람 없습니다.

가정예배를 두 번 보며 화목한 우리 가정이 자랑스러웠고 나라를 사랑하고 맡은 바 직분에 충실한 우리 가족이 보기에 너무나 좋았습니다.

사회가 우리 가정을 앞으로 어떻게 대할지 모르지만 꼭 우리 부모님 늦기 전에 하고 싶은 일, 하실 수 있으면 좋겠습니다.

밤이 깊었군요. 그럼 부모님 건강하시고 내년에 뵐 때는 지금보다 더 젊어지셨으면 정말 좋겠습니다.

그럼 다시 뵈올 날을 기약하며 출국 전에 몇 자 적어놓고 갑니다.

1988. 6. 29. 아들 희범 올림

부모님께 · 31

그동안 안녕하셨는지요?

지난주 화요일에 회사 그만두고 이제 기숙사에 온 지 일주일 됩니다. 일은 학교에서 알아보고 있지만 원하는 학생들이 많이 밀려서 신학기나 돼야 알게 될 것 같습니다. 희천이도 여름 학기 수강하고 있고 이제는 운전도 제법 익혀서 차로 등하교 하고 있고 작은아버님 건강 많이 나으신 것 같으니 그리 걱정하지 않으셔도 되겠습니다.

이곳은 무척 덥고 저녁에 천둥번개와 함께 소나기가 내려서 습기는 있지만 시원하게 잘 수 있어 좋은 것 같습니다. 요즘은 저녁 6시부터 7시 까지는 학교 실내 수영장에서 수영 연습하고 체육관에 가서 운동도 하며 체력관리 하고 있습니다. 여름 학기는 진도가 빨라서 힘들지만 한 과목만 하고 있으니까 수월하게 마칠 수 있을 것 같습니다.

지난 화요일에는 가지고 있던 라디오가 고장 나서 내년에 한국에 가지고 나갈 겸해서 조그만 Sony Compact Component 샀습니다.

출력은 어떤 전축보다도 크지만 크기가 작아서 한국에 가지고 가기도 쉬울 것 같고….

이번 주말에는 이곳 식구들과 낚시하러 가는데 일기예보에 비가 온다니 가봐야 가는 것 같습니다. 제 친구 중에 bob이라고 200kg 정도 되는 친구가 있는데 제가 한 달 한국 다녀 온 동안 몸이 많이 늘었다고 나보고 살 좀 빼야겠다고 해서 웃었습니다.

여름 학기에는 학생도 적고 해서 도서실도 한산하고 어느 곳에 가도 기다리지 않고 학교 시설을 이용할 수 있어 참 좋은 것 같습니다. 제가 이곳에 오는 날은(기숙사) 희천이 차가 고장 나서 고쳐오면서 작은어머님께서 돈 주셔서 시장 봐 가지고 왔습니다.

7월 11일부터 개강이라 일주일은 집에서 다녔는데 너무 멀어서 기숙사에 들어왔습니다. 작은어머님께서 한국 다녀온 후 바로 기숙사로 가면 섭섭해 하실 것 같아 몇 주일은 집에서 다닐려고 했는데….

기숙사 생활은 어머님 아버님 생각보다 편하니까 걱정 마시고 다만 걱정이라면 우리집 마지막 수험생 현진이가 고된 일과에 지치지나 않을지….

현진이가 선물한 그림은 기숙사에 걸어 놓았는데 보는 사람마다 잘 그렸다고 해서 저도 저절로 어깨가 으쓱해질 때가 있습니다. 8월 2일에는 중간고사에요. 지금부터 시험준비 시작해야 할 것 같군요.

그럼 부모님 부디 건강하시고 다음에 소식 전해드리겠습니다.

1988. 7. 25. 아들 희범 올림.

부모님께 · 32

그동안 안녕하셨는지요? 이곳 생활은 조금 더운 것 빼고는 생활하기엔 별 지장 없고 작은아버님 어머님 그리고 희천이 모두 무고하시고 작은 할아버님 오시는 날 중간고사 때문에 바빠서 가 뵙지는 못하고 전화 드렸습니다. 학교일은 비교적 쉽고 또 일이 없을 때는 공부도 할 수 있어서 좋고 같이 일하는 사람들도 친절하고 또 학생들을 많이 상대하는 일이라 공부하는데 많은 정보도 얻을 수 있어서 제게는 맞는 일인 것 같습니다.

이곳에 와서 얼마간은 아침에 일어나서 가끔씩 아직도 서울에 있는 줄 착각하고 '아! 이제 아침 먹어야지' 하다가 텅 빈 기숙사 침대에 앉아서 조금만 더 잘 걸 하는 후회도 했었어요.

그리고 보니 벌써 한 달이 지났는데 졸업 때까지 아홉 달은 정말 빨리 지나갈 것 같아 좋습니다.

지난번 2년 반 만에 석사 마치고 귀국하시는 제 고등학교 선배 보니깐 짧은 기간이지만 정이 들었는지 무척 섭섭해지더군요. 저도 그

렇게 기다리던 귀국이지만 마음 한구석에는 조금 서운한 마음도 들 것 같아요. 하하

공부도 아직 다 끝나지 않았는데 별 걱정을 다 하지요? 요즘은 거의 매일 20~30분간 학교 수영장에서 수영하고 있는데 그렇게 못하던 수영이지만 그래도 이제는 제법 하는 터라 보는 사람들이 웃을 정도는 아니니까 많이 늘었는 것 같아요.

요즘은 방학 때라 2주 동안은(개학 때까지) Full time으로 일하고 있고 개학하면 조금만 일하려 해요. 하루 일과는 8시 15분 기상, 9시 출근(기숙사에서 직장까지 10분) 1시~2시 점심(박희범 요리사의 특별 Menu) 5시 퇴근 저녁 준비 저녁 식사 9시, 10시 News 시청 그리고 새벽 1시까지는 교과 준비 및 공부. 수업은 화요일과 목요일에 있고 요즘은 충분한 수면을 취해서 몸도 가벼운 것 같고 부모님 걱정 안 하시게 맛은 없어도 끼니는 잘 찾아 먹으니까 음식 솜씨 좋아질 때까지는 힘들어도 배불러서 좋은 것 같아요. 하하.

큰마음 먹고 이번에 요리책도 샀으니깐 한 달 안으로 요리책 Master 할 거에요. 전기밥통 그리고 주방 용품은 이번에 귀국하신 선배님께서 주셔서 먼저 있던 석기 시대 밥통은 다른 사람 주고요.

오늘은 팥죽을 끓이려고 하는데 잘 될지 모르겠어요.

그럼 부디 건강하시고 다음에 또 연락드리겠습니다.

1988. 8. 17. 희범 올림

오빠가 여동생들에게

현옥이 현진에게 · 33

보내준 편지 잘 받아 보았다. 부모님 그리고 가족들 안녕하시다니 반갑구나. 오빠는 지난달에 직장 그만두고 지난주부터 학교에서(Student Affairs office)일하고 있고 여름 학기도 이젠 내주 화요일 끝나고 8월 30일부터 시작하는 가을 학기 준비에 하루하루 바쁜 나날을 보내고 있단다. 이제 가을 학기 끝나고 내년 봄이면 귀국 준비 하느라 조금은 서운하기도 하고, 그렇게 기다리던 귀국이란 생각에 밤잠을 설치겠지.

그때쯤이면 현진이는 대학생이겠고 현옥이는 4학년 이라고 작품 준비 하느라 여전히 바쁘겠지? 요즘 이곳은 살인적인 더위와 습기 때문에 에어컨이 없는 기숙사에 학생들은 더위먹은 강아지처럼 혀가 반쯤은 나와 있지.

지금쯤은 아버님께서 심어놓은 토마토가 먹음직스럽게 달려 있겠고 포도와 대추도 가을이 다가올수록 하루하루 익어가고 있겠지? 우리 헤리도 여전히 아침마다 아버님 깨워서 산책 나가겠고, 여름에 눈

밑에 상처 났었던데 지금은 어떤지….

영동고등학교 학생들 저녁 뒷바라지 하시느라 어머니께서 무척 힘드시겠지. 아프시지나 않았으면 좋으련만.

서울 있을 때 아직도 보령 약국에서 약 지어다가 잡수시던 것 같던데 우리 아버님 아머님 연세 얼마 안 되셨는데 약으로 지탱하시니 걱정이구나.

요즘 신문과 방송에서는 학생들 조국통일 문제로 어지러운 것 같은데 큰잔치가 얼마 남지 않았는데 정부나 학생들이나 신뢰하고 존중할 수 있는 나라살림이 되었으면 좋겠구나.

현진이 공부하고 또 화실 다니느라 더운데 지치지나 않을지 걱정이구나.

내년엔 대학생 되면 오빠하고 영화 구경도 가고 아이스크림도 사먹고 재미있을 거니까, 지금 조금 힘들어도 참고 무리하지 않는 한도 내에서 노력해줄 줄 믿는다. 그리고 우리 현진이는 참을성이 많으니까 잘 참아내고 있을 거야.

현옥이는 방학에도 학교 나간다니 더위에 짜증도 나겠지? 현옥이는 오빠 갈 때까지 마음은 심청이 같고, 얼굴은 Miss korea, 기운은 삼손 같고 어머님 좋아하시게 신앙 깊은 언니감 하나 찾아봐. 못 찾으면 오랜만에 오빠한테 꿀밤 맞는거고. 하하

지난 월요일에 팥 사와서 지금 팥죽 끓이고 있는데 가서 봐야겠다. 그럼 부디 건강하고 다음에 또 편지하기로 하고 안녕.

1988 8. 17. 오빠가

부모님께 · 34

그동안 안녕하셨는지요? 편지 자주 못 드려 죄송합니다. 이곳도 모두들 무고하십니다. 이제 대학원 마지막 학기를 보내며 친구들은 다 끝났다고들 하지만 제 생각에는 이제부터 시작인 것 같습니다. 밤새 써놓았던 이력서와 자기소개서를 열두 번씩 옮겨 쓰고, 이곳저곳 고치고, 마음은 왜 이리 안절부절못하는지 대학원 입학원서 내는 것보다 열배는 힘든 것 같군요.

요즘은 월요일과 화요일 강의 듣고, 아침부터 점심때까지는 학교에서 일하고. 주말에는 작은아버님께서 또 동업으로 가게를 내셔서 도와드리며 지내고 있습니다.

요즘 작은아버님께서 피로하셔서인지 점점 화를 많이 내서 작은어머님 뵙기가 죄송할 때도 있습니다. 작은아버님께서는 박씨 집안 내력이라 하시는데 제발 저는 그 내력 닮지 않았으면 좋겠어요.

희천이는 이제 어느 정도 기숙사 생활에 익숙해진 것 같고 많이 어른스러워 진 것 같고, 잘 안 되는 한국말이지만 점점 노력하는 것 같아 대견합니다. 매년 한국에 다녀오면 빠르게 배울 것 같습니다. 이번 여름에 한국 가자고 하니까 여름에 일해서 경험 쌓아야 한다고 내년 여름에 간다고 하는군요.

요즘은 이력서 써가지고 와서 신발끈도 못 매서 풀어놓고 다니던 희천이를 생각하며 웃곤 한답니다. 또 요즘은 면도 한다고 제가 면도기 살 때면 한두 개씩 자기도 사가지고 가방에 넣기도 하고 이제는 어린 사촌이 아니라 친구가 된 것 같습니다.

힘들고 정신적으로 고된 요즘이지만 이제 앞으로 몇 달만 있으면 가족들과 함께 생활할 수 있다는 생각에 어느 때보다도 행복한 것 같습니다. 내년 1월 졸업 예정으로 적힌 재학 증명 동봉합니다. 그리고 서류는 아버님께서 주신 주소에 보내고 남은 카피인데 혹시 필요하실 것 같아 보냅니다. 그럼 부디 건강 유지하시고 우리 다섯 식구 옹기종기 모여 앉아 재미있는 얘기 할 날을 기다리며….

1989. 2. 마지막 날 아들 희범 올림

부모님께 · 35

그동안 안녕하셨는지요?

3월도 벌써 중반에 들어서고, 아직은 쌀쌀한 날씨지만 봄을 기다리는 성급한 마음에 마음은 훈훈한 봄기운이 벌써 다가온 것만 같습니다. 이번 주에는 중간고사가 있고 다음주에는 Easter 방학이라 일주일 동안은 그동안 구경 못했던 뉴욕 구경하고 사진이라도 많이 찍어 가지고 갈 생각입니다. 이제 회사일만 잘 되면 귀국 준비도 해야하고 중간고사도 시작되고 이번 학기도 벌써 중반을 넘어서 이제 한달반 정도 있으면 5월 말에는 졸업식이고 정말 너무도 빠른 세월에 놀랍기만 하군요.

얼마 전에는 시장가서 장조림 고기 사다 마늘 넣고 장조림을 만들었는데 얼마나 맛이 있던지요. 이제는 김치 담그는 것만 배우면 식당을 하나 차려도 되겠는데 요리하기 쉬운 육식만 했더니 똥배만 나오고….

먹는 얘기를 했더니 조개 넣고 끓인 두부김치 찌개가 먹고 싶은데 중간고사 끝내고 날잡아서 만들어 먹어야겠어요.

오늘은 AI 시험 보았는데 어릴 때 버릇 지금까지 또 덤벙대는 바람에 다 풀어 놓은 해답에다 안 써도 되는 수치를 잘못 적어서 분명히 감점 당할 것 같은데 속상하지만 잊어버리고 내일 시험공부 해야겠어요. 이제 마지막 학기라 그런지 공부가 어찌나 재미있는지 전에는 잠이 안 올 때 책 읽으며 금방 잠이 들었는데 요즘은 대학교 때 읽던 영어책도 읽고….

요즘은 아마 서쪽에서 해가 뜨는 모양이지요? 하하

할머님께서 이제 이사 오신다니 어머님께서 더 힘드실 텐데 걱정이군요. 워낙 만족이 없으신 분이라서요. 내일부터는 어머님 아버님 주택복권이나 당첨 됐으면 좋으련만요. 이제 한 식구가 되셨으니 편찮으시지나 않았으면 좋겠어요.

현진이가 이제 대학생이라 그런지 말하는 것도 어른스럽고 보내준 졸업사진을 보니 키도 어머니보다 한 뼘은 큰 것 같고 어찌나 예쁘던지 옆방에 있는 녀석 보여주었더니 현진이가 미국에 있는 줄 알고 어찌나 아부가 심한지, 내일은 사실대로 고백해야겠어요.

말씀하신 사진 두 장 동봉합니다.

작은어머님께서 턱에다 힘을 너무 주고 찍어서 좋은 얼굴 다 망쳤다고 하시는데 다음에는 힘 좀 빼고 찍어야겠어요. 밤이 깊었군요.

부디 건강하시고 안녕히 계세요.

1989. 3. 13. 아들 올림

오빠 생일 툭하해

축 생일

현옥

4

큰딸 편지

내 엄마여서 참 고맙습니다.

오빠에게 · 1

난 지금 음악을 들으며 삼각함수의 일반각과 호도법에 대해 공부하다 이렇게 편지를 쓰는 중이야. 호도법이 약간 어려운 것 같지만 그런데도 제법 풀리는데 기분이 몹시 좋다.

오빠가 간 지도 벌써 일주일이 지났어. 현진이는 오빠가 남겨 놓고 간 책상을 자기 책상으로 놓고는 의자에 앉아서 이것저것을 만지며 지저분한 책상 속을 들여다보며 좋아하고 있어.

어제는 몹시 덥고 힘들었어. 서울 최고 기온이 35도였으니 말이야. 책상 옮기고 마루에 있는 TV높이고~.

엄마 아빠는 급히 사회과 부도를 펴서 뉴욕을 찾아보시고 미소를 지으셨어. 우리나라와 뉴욕의 시간차가 얼마나 나냐고 하시길래, 사회 시간에 배운 실력을 발휘해서 계산해 보았더니 14시간 정도 우리나라가 빨랐어. 참 인사가 늦었네. 작은아버지 작은어머니 희천이 모두 안녕하신지~~

아마도 희천이 키가 나만 하겠지. 퍽 많이 컸을거야, 그렇지?

오빠가 떠날던 날, 아빠 엄마 현진이 나는 오빠가 탄 비행기가 높이 또 구름에 가릴 때까지 지켜보았어. 아빠는 손을 흔들며 '잘가거라' 하시며 소리치셨지. 엄마는 오빠가 먹던 수저를 싸서 장에 넣으시며 이 수저 오빠가 올 때까지 못 보겠구나 말씀하셨어. 엄마가 순복음 중앙 교회 신문을 부쳤으니 그 신문 받으면 오빠보고 편지하라고 하시는데 무척 바쁠 테니 오빠 내 답장은 안 해도 돼. 내가 할 말도 많은데 현진이가 편지지 자리 좀 남기라고 내 머리를 쥐박으니 이만 줄이겠어. 아래 부분은 현진이가 쓸 거야.

오빠!

나 현진이이야. 오늘 이씨 아저씨는 시험 보느라 집에 가셨고 김씨 아저씨는 휴가 가셔서 엄마는 희곤네 전화해서 놀러오라고 했어. 밖에 나가면 너무나 더워서 놀지도 못하고 해서 하루 종일 방구석에 틀어박혀 먹을 것만 먹고….

빨리 여름이 지나 갔으면 좋겠어. 참 오빠 그곳 생활은 어때?

오빠가 간 지 얼마 안 돼서 그런지 오빠가 초인종을 누르고 들어올 것만 같아. 하지만 차차 나아지겠지! 오빠 부디 몸조심하고 작은엄마 작은아빠 말씀 잘 듣고 공부 열심히 해. 다음에 또 편지 할게.

1982. 8. 12.
오빠를 사랑하는 동생 현진이가.

오빠에게 · 2

안녕? 오래간만이지? 오빠가 편지한 거 받아보았어. 어제 월례고사를 봤걸랑. 그래서 시간이 없어서 이렇게 편지가 늦은 거야. 시험 잘봤냐고? 수학과 영어는 그런대로 봤는데 국어는 풀을 쑤었어. 정말 나는 국어라면 치가 떨려. 오빠 이 편지지 무슨 편지진 줄 알아? 이 편지지 공짜로 얻은 거야. 저번에 동락이 오빠가 왔었어. 아! 그리고 이름은 잘 모르는데 삼성동 사는 오빠하고 같이 왔었어. 그런데 동락이 오빠가 오빠에게 보내려고 편지지 3장을 샀는데 글쎄 그만 그 편지지를 우리집에 놓고 갔지 뭐유. 엄마는 칠칠맞다고 잔소리를 한마디 하셨지.

오빠! 정말 보고 싶어. 오빠와 어려서부터 싸움을 참 열심히 했는데, 아마도 그것이 꽤 정이 들었나봐.

"야! 넌 어쩌면 이렇게 못생겼냐?" 하는 오빠의 소리도 듣고 싶다구. 아마 날 보면 깜짝 놀랄거야.

왜냐구? 오빠! 현옥이 요사이 아주 예뻐졌다구. 정말이야. 오빠 미

국 가는 날 처음이자 마지막으로 오빠 보는 앞에서 교복 입고 있었는데 지금도 눈에 선하지~

참 오빠, 나에게 편지하지 마. 나야 아무래도 오빠 동생이지만 오빠 친구들은 소식 없으면 궁금할 거 아냐? 나에게 보낼 편지 친구들에게 한 장이라도 써 보내라구.

오빠! 작은아빠 작은엄마가 책상과 침대 사주셨다지?

오빠 공부 열심히 해. 그래서 작은아빠 작은엄마 수고하시는 것을 하나라도 보답하라구. 괜히 내가 누나같은 소리만 지껄이지? 오빠도 속으로는 벌써 생각하고 있는 거 내가 다 알면서 괜히 어른 흉내 내본 거지 뭐.

지금 편지 쓰는 시간은 아마도 오빠는 강의를 듣고 있는 중 일거야. 우리 반에 일본에서 전학 온 학생이 있는데 그애는 일본에서 8년 살았대 그래서 처음 전학 오는 날은

"전 한국말 잘 못해요"라는 말을 겨우 떠듬떠듬 말했는데 이제는 하루가 다르게 언어가 성장하고 있어. 옆에서 지켜보니 정말 기특해. 오빠도 지금은 영어가 어렵겠지만 날이 갈수록 점점 쉬워질거야.

오빠 신문 보았어? 한국 신문 말이야. 요즘 세계 야구선수권 대회하는 거 알지? 지금으론 한국과 일본이 잘하고 있는데~

잠실야구장 때문에 내가 요즘 집에 올 때 힘이 든다구. 사람들이 좀 많아야지. 나도 다음 한국팀이 잠실야구장에서 경기할 때 친구들하고 응원 갈거야. 야구장 구경도 할 겸. 아마도 내가 태어나서 처음

가는 거니깐 본전을 빼고 나와야지.

오빠, 할 말이 너무너무 많아. 편지지가 조금밖에 안 남아서 희천이에게 누나가 희천이를 보고싶어 한다는 말도 전해줘.

오빠 정말 보고 싶어. 오빠 건강하고 씩씩하게 생활하는 거 잊지 마.

그리고 기도하는 것도 잊지 말고. 오빠 안녕~~

1982. 9. 9. 오빠를 사랑하는 동생 현옥이가.

오빠 보세요 · 3

오빠 그동안 잘 지냈어?

현옥이가 편지 자주 안 해서 골이나 안 났는지 모르겠군. 방학하기 전에 기말고사를 보아서 시간이 없었어. 그리고 방학하자마자 민다래끼라는 놈이 눈에 붙어서 1주일 동안 고생했어.

고노무게 얼마나 아팠는지 설날에 제대로 세배도 못했어. 하지만 지금은 다 나았어.

지금까지 말한 것은 한낱 작은 이유에 해당하지만~ 지금 이렇게 오빠에게 편지를 쓰니 너무너무 오빠에게 할 말이 많아.

가장 큰 사건은 내가 이과에서 문과로 옮겼다는 거야. 이번 달 27일부터 강남구청 옆에 있는 은정 미술 학원이라는 곳에서 미술 공부를 시작 했어. 하루하루 그림 그리는 것이 자신이 생기고 그림을 그릴 때는 허리도 아프지만 나중에 내가 그린 그림을 보면 내 자신이 그렇게 대견할 수가 없어. 그리고 3시간, 4시간이 그렇게 빨리 지나갈 수가 없어. 오빠 현옥이 열심히 해서 꼭 내가 원하는 대학에 들어

갈 거야. 그리고 나 요즘 영어 공부 해. 중학교 과정 복습하고 영어 문법, 숙어를 공부하지. 오빠 이만하면 동생 잘 두었지? 그리고 요즘은 대학에 원서 넣느라고 언니 오빠들 정신없어.

엄마 아빠 현진이 모두 건강하시고 열심히 살아가셔. 현진이는 이제 중학교에 입학하기 때문에 내가 조금씩 영어를 가르쳐줘. 열심히 하려고 하지만 워낙 문학에는 소질이 없어서 어려워 죽겠대. 자기 딴에 빨리 중학교 교과서를 펴 읽고 싶나봐.

그리고 저번 설날에 동락이 오빠하고 어떤 오빠(이름은 잘 모르고 공항에 나온 오빠)가 엄마 아빠께 세배하러 왔었어. 동락이 오빠가 82년도 노벨문학상 작품인 『백년 동안의 고독』이란 책을 선물로 주었어. 어찌나 고맙던지, 마치 친오빠와도 같은 기분이 들었어.

오빠 그곳은 지금 별로 춥지 않지? 이곳은 올해 겨울 들어서 가장 추웠어.

그래서 날씨가 따뜻해서 울상을 짓던 스케이트장 아저씨들이 요 며칠간 입가에 웃음을 지었어. 현진이도 며칠 전 친구들과 함께 스케이트장에 갔다가 넘어져서 엉덩이 아프다고 엄살도 부렸지.

엄마, 아빠는 오시는 손님마다 우리 희범이가 어쩌고 저쩌고 하시며 오빠 얘기로 꽃피운다우~

그리고 남 선생님께서 50cm 만한 잉어를 주셔서 엄마 약으로 드셔. 매일 엄마는 아빠 잡수시라고 하고 아빠는 엄마 잡수시라 하시며 논쟁을 하기도 하시지.

오빠 요즘 학교 다니느라고 무척 고생이 많지? 나 잠자리 들기 전에 하나님께 오빠 건강 지켜달라고 기도한다. 내가 기도하니까 오빠는 건강할거야.

아, 그리고 희경이가 처음으로 엄마 아빠 떨어져서 1주일동안 우리 집에 와 있었지.

가끔 엄마 보고 싶다고 울었지만 어찌나 잘 놀던지~ 작은엄마 작은아빠 오셨을 때도 별로 반가운 기색이 없더라고. 희경이가 우리들을 무척 잘 따라. 한 번쯤 희경이를 떨어져 놔 보자는 작은아버지의 작전은 성공으로 끝난 셈이지.

그리고 오빠 처음으로 간 파티는 재미있었는지? 엄마는 오빠가 보낸 편지를 마스터 했어.

오빠, 엄마가 보낸 신발 신고 따뜻한 겨울을 보내~

1983(돼지 띠의 해). 1. 13.
오빠를 사랑하는 동생 현옥

오빠에게 · 4

오빠! 고마워. 연필 받고 얼마나 좋았다구. 생각지도 못했던 선물이라 막 눈물이 날 정도로 기뻤어. 온종일 필통에서 연필 꺼내어 보고 또 담고 하도 꺼내어 봐서 연필이 곯지나 않았는지 모르겠어.

저번 주일에 영동 백화점이 개점했어. 정말 잘 꾸며 놓았더라. 친구들과 함께 가서 구경했어. 한산했던 그 거리가 사람들로 와글와글했어. 내일은 교회에서 침례 받아. 물속에 들어가는 것은 장사요 물위로 나오는 것은 주님과 함께 부활하는 것을 뜻하는 것이래.

이제 10월에 학교 축제가 시작돼. 나도 요번에는 미술부에 들어서 활동을 많이 한 것 같아. 작품도 내야 되고 이전 하는데 준비도 해야 돼.

오빠 내가 남학생들 앞에서 얼마나 말 잘하는 줄 알아? 학원에 다니면서 남학생들과 얘기할 기회가 많아서 그런지 모르지만.

오빠가 매일 현옥이 못생겼다고 하지만 미팅이 얼마나 많이 들어온다구~. 하지만 시간도 없을뿐더러 엄마한테 내쫓길까봐 안 했어. 요즘은 교복 자율화가 돼서 그런지 학교에서 규제를 안 해서 그런지 남녀 교제 하는 것을 쉽게 볼 수 있어. 좋은 징조인지 나쁜 징조인지 잘 모르겠지만~.

현진이는 학교에서 민속춤을 추는데 자기보다 작은 남학생이랑 파트너 하면 어떡하냐고 걱정이 대단해.

참 희천이 잘 있지? 사진 보니깐 키가 굉장히 큰 것 같애.

있지? 나보다 현진이가 더 덩치도 크고 키도 커서 내가 현진이에게 매일 눌려 살아.

오빠도 이제 얼마 안 있으면 학교에 가겠구나. 오빠, 피곤하지? 내가 안마해줄게.(토닥토닥) 어때, 시원하지?

오빠가 미국간 지 벌써 1년 하고도 2달 가까이 되는데 이곳이 얼마나 달라졌는지 알아? 우리집 앞에는 빈 땅을 찾아볼 수 없을 정도로 연립주택들이 들어섰어. 그중에 이름이 현진 빌라도 있지. 그래서 현진이가 얼마나 속상해 했다고. 자기이름이 막 연립주택에 붙었다구~.

오늘은 토요일이라 그런지 몹시 기분이 좋아. 이제 얼마 안 있으면 추석이야. 추석에 시골에 가기로 했어. 오빠도 함께 가자 응? 오빠 교회 열심히 다니지? 아빠도 요즘 얼마나 열심히 다니신다구.

우리 가족은 축복받은 가족이야, 그렇지? 오빠 힘들거나 속상할 때 주님을 찾아! 그러면 주님께서도 오빠를 감싸주실 거야. 꼭이다, 꼭! (약속) 엄마가 큰소리로 "현옥이 뭐하니? 밥 먹지 않고!" 하시니 얼른 부엌으로 출발. 나중에 또 만나 오빠 안녕!

1983. 9월 17일 현옥이가

오빠에게 · 5

오빠 안녕?

전화로 오빠의 멋진 목소리를 들은 지도 벌써 보름이 지났어. 지금 서울은 영하 12도를 나타내고 있지. 오늘은 화실 언니 오빠들 실기 시험이기 때문에 조금은 시간이 생겨서 이렇게 오빠에게 편지를 쓰기로 했어.

설에 민 선생님께서 집에 예쁜 한복 차림으로 오셨었어. 선생님 결혼식이 요번 달에 있어. 참! 작은아버지 작은어머니 희천이 모두 안녕하신지? 이곳 서울 식구들 모두 잘 있어. 특히 우리집의 마스코트 나일양은 말을 얼마나 잘하는지~.

현진이는 나보다 키가 아주 쪼금 커. 모두 사람들이 내가 동생같다고들 해. 아빠는 항상 오빠가 대견하다고 입버릇처럼 말씀하셔. 태현이 오빠는 성적이 잘 나오지 않아서 아마도 나와 같이 시험을 치를 예정인가 봐. 언니 오빠들 시험보는 것 보니 너무도 실감이 나고 내가 마구 떨려.

열심히 해서 꼭 대학에 들어가야 할 텐데. 아마도 현옥이는 좋은 대학에 들어갈 거야. 그렇지?

이제 이 방학만 끝나면 현옥이는 고등학교 3학년, 현진이는 중학교 2학년 희곤이는 초등학교 6학년, 서현, 미란이는 3학년, 희상이는 2학년, 희천이는 고등학생이 되겠지?

오빠 현옥이가 얼마나 개구쟁이인 줄 알아? 화실에서 선생님들께서 나보고 악당이래. 요즘 현진이도 나보고 웃겨 죽겠대.

올 크리스마스 때는 현옥이 선물 아주 많이 받았어. 인형 액자, 벽걸이, 종, 양초, 학, 방향수 어때? 이 정도면 현옥이 인기 끝내주지? 그 선물 중에 아주 쪼그마하게 120마리 학을 접어 유리상자에 넣어서 준 친구의 선물이 무척이나 고맙게 여겨졌어.

현진이는 지금 내 옆에서 한자쓰기 아주 열심히 하고 있어. 아무래도 이 연필 마이크를 현진이에게 건네줘야겠어. 오빠 교회 열심히 다니고 열심히 공부해~ 안녕!

오빠! 나 현진이~~

요즘에 미국도 꽤 춥겠지?

설날에는 집이 너무 복작복작~~ 우리 방에서는 삼촌들께서 한판 벌이셨지. 딱딱 소리를 내시면서.

안방에서는 할머니 아버지 우리들은 TV, 2층과 아래층 마루는 아이들이 독차지, 부엌은 작은엄마, 엄마 온 집안이 꽉꽉 찼었어.

12월 22일 방학해서 거의 반이 다 지나가 버렸지 뭐야.

요즘에 '에이, 개학이나 했으면 좋겠다.' 하는 생각도 들어. 남은 방학 기간을 보람 있게 지내야겠지?

오빠! 지금 언니가 막 약올려. 왜냐하면 현진이가 조금 배탈이 나 있는데 옆에서 냠냠 소리 내면서 밥을 먹고 있지 뭐야. 침 넘어 가게….

하여튼 오빠는 요즘 무척이나 바쁘지? 나 지금 오빠편지 쓴 다음에 공부 할거야. 나두 개학날 시험이걸랑.

아빠는 오빠가 옆에 있으면 업어 주고 싶으시대. 오빠 기숙사 들어가서 공부한다 그랬지? 오빠 너무너무 열심인 것 같아.

나도 이제 2학년이 되겠지? 벌써 15살이라니 참 세월도 빨리 가 버리는 것 같아.

그럼 오빠 몸 건강히 잘 있어. 오빠 화이팅! 안녕.

1984. 1. 16. 현옥 현진이가.

희범이 오빠에게 · 6

오빠! 그동안 잘 있었어? 편지를 하려고 했는데 기회가 없어서 (핑계가 될지도 모르겠지만 예쁘게 봐줘~)

어제는 추석이라 집안 식구들 모두 시골에 가서 하루를 보냈어. 교통이 복잡했던 서울 거리는 조금은 여유가 있었어. 많은 사람들이 지방에 내려갔기 때문일 거야. 참 현진이가 체력장 만점 받았어. 워낙 운동 신경이 둔한 현진이에게는 기적과도 같은 일이지.(거의 85%가 만점이지만~)

요즘 무척이나 바쁜 생활을 보내고 있어. 학원에 가서 새벽반(단과)을 듣고 학교에 갔다가 수업이 끝나면 다시 저녁 시간 1시간 30분을 학원에서 보내게 돼. 내가 좋아서 하는 일이지만 생각보다는 조금은 힘이 들어. 오빠를 생각하면 현옥이가 하는 일은 아무것도 아니지?

토요일과 일요일은 화실에서 시험을 보는데~ 매일매일 그림 공부를 하는 친구들과는 달리 현옥이는 주말만 시험 보러 화실에 가니깐 실기 면에서 걱정이 되기도 해. 하지만 이제 학력고사 50일을 남기고 학교생활과 입시 공부를 같이 하는 나에게는 그림에 투자할 시간은 없는 것 같애.

은경이(저번 화실에서 오빠가 보았던 주근깨 소녀)는 휴학계를 냈어. 친구가 부럽기도 해

오빠, 현옥이는 내년에 홍대에 못 들어가도 후회하거나 원망하지 않을 거야. 발표를 보러가서 나의 이름이 없더라도 웃으면서 학교 교문을 나설 수 있어. 내가 지금 다니는 곳도 좋은 학교니깐~ (요번 국전에 대상 받았어) 나중에 생각하면 좋은 추억이 될 거야. 1년 동안 난 두 가지 일을 했고, 정말 좋은 시간을 보낸거야~.

이곳 엄마 아빠 모두 안녕하시고 할머니 또한 건강하셔. 희천이도 잘 있고 작은아버지 작은어머니도 안녕하신지? 희천이는 기억에 남는 좋은 여행이 됐을거야. 지금은 잘 모르겠지만 나중에 좀 더 크면 모국 방문이 많은 의미를 가져다주겠지? 오빠가 한국에 왔을 때는 더위에 힘들었는데 벌써 가을이라 날씨가 서늘해.

오빠, 그럼 잘 있어. 몸 건강하고 엄마 약속(?) 잘 지켜~.

1985. 9. 30. 현옥

오빠에게 · 7

그동안 안녕하셨는지요? 이곳 서울 식구들 모두 안녕하십니다. 오라버니께서는 여름학교에 다니고 있겠군요. 고모께서 서울에 머물다 가신 지도 어언 2주가 지났습니다. 유진이와 타미가 너무나 우리에게 많은 기쁨을 주고 갔기 때문에 어제 저녁에도 가족들이 둘러앉아 고녀석들 얘기를 했답니다.

아이고, 힘들다. 오빠! 잘 있었지? 현옥이가 방학했는데도 편지 한 장 없다고 오빠 머리에 왕뿔이 났을까봐 걱정이 돼서 이렇게(아부~)

서울에는 요즘 비가 내리고 있어. 푸른 잎들로 둘러싸인 우리집에는 포도가 주렁주렁 열리고 탐스러운 토마토가 싱그럽게 열리고 물고기들은 어항이 좁다고 아우성들이고 우리 헤리도 여전히 새벽 5시만 되면 멍멍 짖어대고….

기말고사를 마친 우리 막내둥이 현진이는 시간의 여유가 생겨서 냉면 사달라고 아빠에게 어리광부리고 항상 바쁘신 엄마는 오늘도 어김없이 맛있는 식사를 준비하시고 세상에서 가장 예쁘고 착한 큰

딸 현옥이는 이렇게 우리 오빠에게 편지를 쓰고(어때, 한눈에 서울 우리집이 그려지지?)

편지지가 무식하게 커서 오빠가 읽기 불편할지도 모르겠다(현옥이 드로잉북이야)

요즘 서울 거리는 꽃들로 둘러싸여 있어. 가을에 있을 86아시안게임을 준비하기 위해서 캠페인도 하고.

학기 초에 버스 안에서 일재인지 미재인지 하는 오빠를 만났는데 우리 학교 대학원에 시험 보려고 하던데, 붙었는지 모르겠다.

미현이 언니와는 잘 안 되나보지?(미현이 언니 시집갈 나이가 됐는데, 걱정이야)

홍익대 미대 일원의 자부심과 긍지로서 오빠 동생 현옥이는 즐거운 학교생활을 하고 있어. 이제 2학년의 전공 선택 문제 때문에 올 여름은 많은 견문을 쌓아야 돼. 전시회도 가고 선배들 말씀도 들어보고….

내 생각으로는 목공예를 전공하려고 하는데, 막내 작은아버지의 직속 후배가 될지도 모르지~.

남학생들이 많이 전공하기 때문에 힘든 것은 각오해야 되지만 까짓거 해보지 뭐. 안 그러우? 오빠.

엄마 아빠도 좋다고 하시고. 아직 여유가 있으니까 더 신중히 생각해야겠지? 오빠는 요즘 힘들지? 날씨도 덥고. 이제 오빠 4학년이여유? 정말 세월은 유수 같지? 떠나기 전날 기타를 치며 불안해하던 오빠였는데….

벌써 4년이 지났네. 참! 오빠가 남겨두고 간 기타는 현옥이가 치고 있어. 올 여름에는 꼭! 기타 정도는 칠 줄 알게 친구들의 권유로~ 우리과 친구들 중에 요번 '강변가요제' 에 나가는 친구도 있어.(됐음 좋겠어) 나보고는 꽃다발이나 준비하라고!

4차가 본선인데 내가 보기엔 1, 2, 3차 예선을 극복할 능력이 없을 것 같은데 두고 봐야지 뭐.

아! 그리고 이번 주 일주일은 친구와 함께 가구점을 돌아다녔어. 물론 여름용 땅콩차를 팔겸, 가구 디자인도 볼겸, 꿩 먹고 알 먹고 보람도 있었고 남은 차는 친척들에게….

요새 방학은 학원 강사를 못하게 돼서 조금 섭섭하지만 그 나름대로 잘 보내고 있어. 서울 식구들 모두 안녕하시니깐 걱정 말고 오빠도 건강하고 여동생 현옥이를 가끔 생각하길 바라며 안녕~.

1986. 7. 18. 서울에 있는 동생 현옥이 올림.

큰딸 편지

오빠에게 · 8

그동안 잘 있었지? 새해 복 많이 받아. 설에 온 식구가 모여 세배 드리고 떡국 먹고 윷놀이 했는데 엄마가 '개' 만 쳐서 우리집은 8번 모두 꼴찌 아니면 꼴찌를 겨우 면할 정도였어. 웃음이 넘치고 흥이 났었어.

현진이는 요즘 아주 열심히 공부해. 이제 3학년이 되니까 발등에 불이 떨어졌지 뭐. 오빠도 알지? 우리 집 아이들은 불 떨어지면 열심히 하는 거~(호호) 엄마, 아빠는 요즘 할머니 할아버지 같애.

TV에서 꼬마들이 나오면 귀엽다고 어쩔 줄을 모르셔. 목석(木石) 같은 울 아버지께선 요즘 얼마나 우스개소릴 잘하시는지~ 코미디를 가끔 하신다고.

엄마가 아빠 별명을 '화장실 친구' 라 지으셨어. 화장실에만 들어가시면 화장실과 얘기 하시느라 꼼짝을 안하시거든.

난? '전화 친구' 아니면 '우리집 스타' 작업이 한창 진행 중일 때는 '거지'

이거 다 엄마가 지어준 별명이야. 참 오빠, 작은엄마 아빠들께서 오빠가 세뱃돈 부쳐달라고 전하라고 했다니까, 세배도 안 받고 어떻게 돈을 주냐며 마구 웃으셨어. 세배하는 모습을 찍어서 보내야 주신대.

어제 저녁 엄마 아빠 그리고 나 셋이서 12시까지 화투를 쳤어.

갑자기 엄마가 돈내기 하자는 바람에 고스톱은 엄마 아빠가 잘 모르시니깐 민화투를 했는데 얼마나 웃겼는지~ 지금도 배가 아파. 너무 웃어서 하루하루가 너무 빨리 지나가는 것 같애. 조금 여유를 가지려하면 하던 일을 못하고….

아무튼 올 겨울방학은 바쁘게 보내고 있어. 오빠는 잘 지내고 있겠지? 살이 더 많이 쪘어? 오빠에게 오랜만에 사진을 보내려하니 마땅한 사진이 없어서~ 다음에는 더 예쁜 사진 있으면 보낼게요.

엄마 아빠 함께 찍으신 사진(극히 정다운 포즈)은 마루에서 찍은 거구, 현진이와 내가 찍힌 사진은 우리방 현진이 책상 앞에서 찍은 거야. 그리고 내 독사진은 학교에서 조각 작품을 배경으로 하여 찍은 것인데 보이는 두 작품 가장 내 마음에 들어서. 실물이 더 이쁘다는 사실 잊으면 안되용.

오빠, 건강하고 그저 하나님만 열심히 믿으면!(엄마의 말씀)

교회 다니는 거지?

1987. 1. 20.
오빠를 무지무지 보고 싶어 하는 동생 현옥

오빠에게 · 9

오빠야! 졸업 축하해(진짜 진짜) 그동안 정말 힘들었지?

난 어제 시험이 끝났어. 아직 전공시험이 남긴 했지만. 작은아버지 작은어머니 희천이 모두 안녕하시지? 할머니는 아직 고모댁에 계셔?

우리 집 목련꽃은 꽃잎이 떨어지고 등나무에는 잎이 하나 둘씩 나오고 있어. 거실에 있는 잉어란 놈도 이젠 너무 커서 어항이 비좁을 정도야. 하루하루가 지나가지만 우리 집은 변한 것이 없어.

현옥이가 쬐금 이뻐졌다는 것 외는~(히히)

학교생활이 너무 재미있어. 가끔 과제가 많아 골치가 아프지만~.

오빠 나 오빠가 부러운 점이 딱 한가지 있어. 뭐냐면? 영어를 잘한다는 것. 어떻게 하면 되는 거야? 현옥이는 영어가 너무 싫은데~ 전공에 관한 영어도 많고 앞으로 졸업해도 영어를 못하면….

며칠 전, 힐튼 호텔 그랜드 룸에서 독일 실내 장식 직물 전시회를 엄마랑 구경 했는데 영어로 뭐라 떠드니 알아들을 수가 있어야지. 우리나라도 독일이나 이태리와 같이 섬유 제품을 비싸게 수출하려면 디자인이 좋아야 되는데, 우리나라는 섬유수출 세계 몇 위 안에 있으면서도 아직 제 값을 받지 못해 정말 속상해. 이제 얼마 후면 우리나라도 고급 디자인들이 나올거야.

글쎄, 그 안에 현옥이가 있을지도 모르지. 요즘은 학교에서 옷감 무늬를 디자인 하는데 정말 재미있어. 처음에는 디자인 한 것을 보고 엄마한테 "엄마 이것으로 무얼하면 좋겠어?" 하고 물어보면 이불감이라든가 보자기 했으면 좋겠다고 하더니만 요즘은 "얘, 그걸로 여름에 시원하게 옷 해 입으면 좋겠다" 하시잖아.

그만큼 현옥이의 디자인도 세련돼지고 있어.

지난번 정훈이 오빠 놀러왔었는데 아버지가 많이 늙으셨대. 난 잘 모르겠는데~.

내년에 20년 근속이셔. 아침마다 운동은 계속하시지만 요즘은 무척이나 피곤하시나봐. 하지만 농담도 잘하시고 엄마보고 예쁘다고도 하셔서 가끔은 온가족이 웃기도 해.

아버지 생신에 가족이 모두 모이셨어. 나일이가 내년에 학교 들어가. 희경이는 만화가가 되려는지 어찌나 만화를 잘 그리는지~ 만화를 그린 노트가 100권이 넘었대.

희곤이는 올해 고입 시험이 있어서 토, 일 아버지한테 와서 공부를 배워. 봄인가 했더니 어느덧 날씨가 이젠 덥게 느껴져. 이제 한 달 그리고 또 한 달이 지나면 오빠를 볼 수 있겠지? 오빠! 건강하고 매주 가정예배 때 오빠를 위해 우리가 기도한다는 사실 잊지 마세요.

1987. 5. 1. 현옥 올림

오빠에게 · 10

오빠야! 나 현옥이 어? 모르겠어? 이 세상에서 제일 이쁘고 사랑스런 동생 현옥이라니까. 미국 식구들 모두 안녕하신지? 며칠 전 오빠가 다닐 학교 사진을 보았는데 와! 너무 멋있더라. 오빠가 공부하는 건물은 기숙사와는 아주 멀리 떨어져 있던데….

지금 아빠는 구역예배 드리러 가셨고 엄마는 안방에서 뉴스를 보시고 현진이는 공부하구. 모두들 저녁식사를 마치고 각자 할 일들을 하고 있어. 항상 여름 때면 수해 때문에 고생인데 올해는 아주 많은 피해가 있었어. 오빠도 물론 보도를 통해 알고 있겠지만 우리집도 적은 돈이지만 수재의연금을 냈어. 쬐그만 나라에서 걱정이 끊이질 않고 있으니~.

며칠 전부터는 노사문제 때문에 떠들썩거리고 아무튼 정신이 없어. 오빠는 요즘 어떻게 지내고 있어? 오빠 살 좀 그만 쪄라. 응? 지난번 졸업식 사진 보니깐 꼭 꽃돼지 같아.(히히)

현옥이 방학동안 친구들과 놀러갔었어. 고등학교 동창 중에서 조치원에 아빠가 대령으로 계신 친구가 있어서 5박 6일 동안 5명이서 군대 내에 있는 교회에서 특송도 부르고 계룡산 속리산 등을 구경하고 아주 즐거운 시간을 보냈어. 물론 관사에서 지냈기 때문에 위험한 일은 없었어.

내 딴엔 태어나서 처음으로 친구들과의 여행이라 다녀온 후에도 얼마나 뿌듯하고 재미있었는지~.

오빠는 대학원 졸업 후 어떻게 지낼 거야? 졸업해야 알겠지만 오빠의 생각이 무척이나 궁금해.

난 요즘 앞으로의 일들을 생각하면 머리가 뽀개지는 것 같아. 쬐그만 게 우습지? 졸업 후 계속 공부하고 싶은데 글쎄 어떻게 될지.

방학동안 vocabulary를 조금 공부하는데 왜 이리 하기 싫은지, 꼬부랑글씨만 보면 자신이 없어지고 요걸 외우면 조걸 잊어버리고 그 놈의 영어는 누가 만들었는지~ 참!

오빠, 나 17일부터 YMCA에서 강습하는 일주일 수영 강습을 배울 예정이야. 방학 동안 무언가 하나쯤 새로운 것을 배우고 싶어서. 잘했지? 일주일 배우면 기본적인 것을 알 수 있겠지 뭐. 학교 체육관에 수영장이 있으니까 가끔 공강 시간에 수영하는 것도 좋을 것 같아.

혹시 오빠 미국에서 Hilay Grifford 나 bonnie lee holland, wendy mckay, ayalak jonas 등의 이름을 들어 본적 있어? 현재 미국에 섬들이라던데 이러한 디자이너들에 의해 생산된 직물들은 옷감이나 실내용품 벽장식용으로 많이 쓰여지고 있고 여러 백화점의 직물부나 직물만 다루는 가게 텍스타일 쇼룸을 통해 판매되고 있대. 나도 유명한 아니 무명이라도 좋으니 소비자들의 욕구를 충족시켜줄 수 있는 섬유 예술가가 되고 싶어. 현재 하고 싶은 것도 많고 배우고 싶은 것도 많고…. 하지만 뜻처럼 잘되진 않아.

이제 조금 있으면 가을 학기가 시작되고 과제에 시달리다 보면 어느새 겨울방학이 돌아올 거야. 미국에서 공부하는 오빠가 오늘 따라 무척이나 자랑스럽게 느껴져. 조금은 부럽기도 하고.

오빠! 그동안 고생 많았지? 난 순 한국말로 배우는 공부도 힘들어서 쩔쩔 매는데, 영어로 조잘조잘 대는 공부를 했으니~ 우리 오빠 정말 장하다, 장해!

어제 해외 연수 받고 온 과 친구들을 만났는데 자기네들이 꼭 큰 공부를 한 듯이 뿌듯해 있더라고. 난 속으로 웃었지 뭐. '울 오빤 5년 동안 해외에서 공부를 하구 있다구'

오빠 건강하고 열심히 공부해 응? 2년이 지나면 오빠는 대학원을 졸업하고 난 노숙한 대학 4년생 마지막 학기를 맞고 현진이는 대학교 신입생이 되고. 그러면 엄마 아빠는 주름살과 흰머리가 많이 생겨서 조금은 더 늙어 보이실거야.

사실 말이 나왔으니 말이지, 우리 아빠 엄마처럼 자식들에게 이렇게 많이 희생하시는 분들도 없을 거야. 그치? 적은 월급으로 아들 유학 보내랴, 부잣집 애들이나 공부하는 예능계 공부를 딸들에게 시키랴, 그뿐이야? 집안 궂은일 치르시랴 바쁘다 바빠!

오빠 다음 편지 할 때는 가족사진 보내줄게. 현옥이가 얼마나 이뻐졌나, 현진이가 얼마나 못생겨졌나, 궁금하지? 사진을 보내려 해도 마땅한 사진이 없고 찍을 기회가 없었어.

하지만 이제는 우리집 사진기가 나의 전용 사진기가 점차적으로 되고 있으니 걱정마. 오빠 건강해야 돼! 응~~

1987. 8. 15. 동생 현옥 올림

오빠에게 · 11

그동안 잘 있었지? 작은아버지 어머니 희천이도 안녕하시고? 지난번 오빠 목소리 듣고 어찌나 좋던지~ 오빠도 내 목소리 듣고 반가웠지? 오빠 맛있는 거 아주 많이 만들어 먹어. 요리책 값을 빼야지~(호호)

오늘은 윤성이(고등학교친구) 생일이라 동숭동 대학로에서 친구들의 모임이 있었어. 7명 친구 中 성연이가 10월 3일, 미용이(여우)가 11월 12일에 결혼 한다우. 내가 4학년 되면 아이 돌이라고 떡 먹으라고 연락 오겠어. 기분이 참 묘~해. 얄밉기도 하구. 마치 다 자란 것 같아서 속상해. 난 지금도 친구들과 장난치며 수다를 떨고 싶은데 친구들은 모두 커버린 느낌이야. 오빠 이해하겠수?

이 허전한 느낌! 인생이 뭔지~(호호)

오빠! 하나님이 현옥일 참 이뻐하시나 봐. 왜냐구? 내가 작은 기도를 드리면 하나님께선 들어주시거든. 물론 오빠도 이뻐하실거야. 7년 동안 아무 탈 없이 어려운 환경에서 있던 것 생각하면 그치?

엄마가 그러시는데 오빠는 태몽도 유별났고 지금도 유별나다나? 꿈에 광명이 비추었다고 하시면서 너무 생생하게 꾸셨대. 믿을 만한 것은 못되지만 아무튼 기분은 좋다시며 지금도 그림으로 표현하라면 그려내실 것 같대.

오빠 태몽은 보통 꿈이 아닌 것 같은데 나한테 팔아라 응?

정말 하나님이 함께 하시면 오빠는 크게 성공할거야 믿습니다. 아멘~

울 식구들은 여전하셔. 아버지 어머니 사랑싸움 계속되고 울어머니 먹는 거 챙기시는데 우린 행복하고….

우리집 똥개는 입이 얼마나 높고 주체성이 강하신지 특별한 음식만 드시고 하이라이스, 오므라이스, 짜장 등 외국 음식은 건드리지도 않는다고~

아버지께선 "울 헤리는 나라를 사랑하는 마음이 꼭 주인을 닮았다"하시네.

참! 며칠 있으면 올림픽 개막식이야.

할머니와 아버지께서 개막식을 구경할 예정이야. 우리 할머니는 정말 행복하신 분이야. 그렇지. 오빠?

집에서 고생하시는 어머니를 볼 때마다 내년에 할머니 우리 집에 오시면 엄마가 더욱 힘드실 것 같아서 걱정이 돼. 하루 빨리 할머니께서 성령으로 말미암아 변화를 받으시면 좋을 텐데~.

오빠가 졸업 후 집에 온다고 생각하면 너무너무 든든해. 안 먹어도 배부른 것 같고~(과장이 좀 심했음)

오빠! 매주 교회가기는 힘들겠지만 한 달에 한두 번쯤은 갔으면 좋겠어. 몇 주까지만 해도 느끼지 못했던 것을 지금은 느낄 수 있어.

뭐냐고? 나의 앞길은 인도함을 받아야 한다는 것. 나 혼자서는 도저히 이룰 수가 없거든. 모든 것의 주관자는 하나님이라는 사실!

난 교회에 다닌다고 해도 다른 세상적인 사람들과 다름이 없었어. 물론 지금도 크게 달라진 것은 없지만~ 언젠가 내가 믿음이 신실한 친구에게 이런 질문을 했었어.

"야! 하나님을 믿는 사람이면 모두 잘 돼야 되는 거 아냐? 왜? 하나님을 믿지 않으면서도 모든 일이 잘 풀리는 사람이 많은 까닭을 모르겠어"

친구가 하는 말이 "현옥아 잘 된다는 기준이 뭐니? 모든 일이 잘 풀린다는 것은 세상적인 눈으로 보았을 때 잘 풀린다는 거야. 하나님께선 진정 인격적인 분이기 때문에 방향 설정이 틀린 것을 원했을 때는 주시지 않는다구. 사람이 일평생 잘 살아야 70여년, 그 이후의 끝없는 영혼의 세계에서 행복하게 살고 싶지 않니?"

이렇게 대화를 하면서 난 많은 것을 깨달았어. 오빠나 현옥이 모두 택함을 받은 사람이야. 또한 우리 가족을 너무나도 이뻐하시기 때문에 잘나지도 못한 나를 미술 제일의 대학교에 보내주셨고 7년이란 긴 생활을 어렵게 보내면서 고생한 만큼 성숙하게 오빠를 만들어 주신 분도 하나님이셔.

믿는 자에게는 능치 못할 일이 없다 하셨는데, 오빠! 하나님을 만나보고 싶지 않아? 나도 하나님을 아직까지 만나보지 못했기 때문에 앞으로 노력할거야. 성령님의 뜨거움을 느끼고 싶어. 그것이 해결되면 모든 일이 해결될 거 같아. 오빠 좋은 소식 많이 많이 보내줄게.

기대하시라 개봉박두!

오빠 건강해야 돼~

1988. 9. 13. 현옥이가

오빠에게 · 12

잘 있었어? 미국 식구들도 안녕하시지? 희천이도 이젠 3학년이 되나? 세월은 정말 유수같아.

현진이 입학식 날 우리 식구들 오랜만에 외식을 했어. 정말 오랜만이었어. 부엌 싱크대 새로이 바꾸고 방 도배(할머니께서 쓰실 방) 하고 정신없었기 때문에 현진이 졸업식 때나 합격의 영광이 있었을 때나 엄마 아빠 결혼기념일(27주년), 그냥 보냈기 때문에 아버지께서 "외식하자"하시길래 단란한 시간을 마련했지.

이젠 막내딸까지 대학을 보내서 홀가분하신가봐. 현진이는 요즘 대학 생활에 하나둘씩 적응해 가고 있어.

"언니 있지, 너무 좋아. 토요일에 학교 안 간다구!" 토요일 수업 없는 것이 그리 신기한가 봐. 매일 종아리 살이 빠졌나 검토도 하며 예쁜 여대생이 되어가고 있어.

난 이제 4학년이야. 친구들 졸업식에 갔더니 나도 빨리 졸업하고 싶더라.

오빠 난 정말 행복해. 내가 할 수 있고 하고 싶은 나의 일을 할 수 있기에~ 하지만 그것도 1년이란 짧은 기간이 남았을 뿐이고 마음 한 구석에는 작은 걱정도 있어.

내 마음에는 아직도 세상의 눈으로 바라보는 수많은 사건과 사물들이 존재하는 것 같아 두렵기도 하고, 온전히 절대자께 모든 것을 맡기는 친구들 보면 부러움이 생겨. 이 험하고 어려운 세상을 나 홀로 서기에는 부족함을 인정하기에.

4월 초에 할머니께서 우리 집으로 오셔. 이제 현진이 대학 들어가고, 하고 싶으신 것 마음껏 하시면서 쉬고 싶었다는 울 어머니, 할머니께서 대기 하시기에~~ 벗어나질 못 하셔.

오빠 난 정말이지, 울 엄마를 보면 속상해. 오빠를 보면 엄마는 조금이나마 든든하실 거야.

참! 현진이와 내가 함께 쓰는 방은 2층으로 이사 했어. 예전에 쓰던 방은 할머니께서 쓰게 될 거야.

요즘 아버지께서 엄마한테 무지 무지 잘하셔. 엄마가 탕수육이 먹고 싶다 말씀하시면 사주시고 땅콩을 사다 주시기도 하며 한마디로 쏟아져. 뭐가? 들깨가. (호호)

현진이 대학 걱정 후 긴장이 풀리셨는지 갱년기 때문인지 엄마께서 요즘 무척 힘드신가봐.

엄마 아빠 이젠 할머니 할아버지 다됐어. 지나가는 꼬마들을 무척이나 귀여워하시는 것을 보면~.

지난 설날에 성욱이 오빠가 와서 세배하고 갔어. 그래도 오빠는 친구복은 있나봐. 참 고맙더라구. 엄마가 출타 중이라 내가 김치찌개 만들고 밥하고 이것저것 만드는데~ 바쁘다며 저녁 식사도 안하고 갔어. 내가 식칼 들고 막 뭐라 했어. 그랬더니 무섭다며 다음에는 꼭 먹고 간다고 하던데!

오빠, 빨리 한국 와서 직장잡고 장가가라 응?

뭐? 현옥이가 마누라 바가지 긁을 거 같다구? 에이 그럴 리가~ 내 친구 조카 보니까 너무너무 귀엽더라. "꼬모, 꼬모" 하며 말하는 것을 보면~

나두 그런 조카 빨리 보고 싶다. 응?

오늘은 주일이야. 엄마 아빠는 교회 벌써 갔다 오셨어.

현진이는 대학부 예배를 드려. 나도 이제 교회가야 돼.

다음에 또 만나~~ 오빠 안뇽.

1989. 3. 5. 현옥이가 울 오빠에게

오빠야! · 13

취직 축하해!

내가 뭐랬어, 분명히 빽이 있으니 걱정 염려 붙들어 놓으랬지.

이제 한 달 후면 아주 오는 거야? 신난다.

왜냐구? 못생긴 울 오빠와 함께 살 수 있으니까.

너무 길었어. 7년이란 기간이. 오빠는 더했겠지?

사실 이제 와서 말하지만 너무 오래 떨어져 있으니까 우리 오빠가 무엇을 잘 먹는지 오빠 얼굴에 콧구멍이 2개인지 3개인지도 모르겠더라고.

내일 모레는 아버지 생신이셔. 내일 현진이랑 선물을 사려 나갈 예정이야. 운동화를 사드릴까, 아니면 멋진 (아주 젊어 보이는)남방을 사드릴까, 고민이야. 오빠 한국에 오면 현진이랑 현옥이한테 꿀밤 한 대 아니 두 대 먹어야 돼. 이제 한국에 오면 부모님 생신 정도는 기억해야 돼. 아시겠어요?

우리들 생일은 꼭 기억하면서 항상 부모님 생신은 기억 못하더

라.(오빠 얄미운 것 같애 잉~)

엄마 아빠는 굉장히 무지무지 위대하신 분이야.(믿으시면 아멘 하십시오)

참! 다음 주에 현옥이 졸업 여행을 떠나. 제주도 비행기도 타고 들판의 유채꽃도 구경하고 기분 삼삼할거야. 부럽지?(호호)

현진이는 스케치 여행이란 것을 빙자해서 학교에서 여행을 떠났어. 오늘 돌아오는데~ 재미있었을 거야. 하여튼 우리 삼 남매 노는데는 꼭 끼여요. 난 이번 여행기간 동안 마음을 정리하고 (아쭈~) 목적이 있는 여행을 할거야(얼씨구) 히히. 사실은 모든 스트레스를 해소하고 신나게 놀며 사진 과제를 하려고 해.

참! 정환이 오빠가 오빠에게 안부 좀 전하래. 아부하는 거지 뭐.

지난주에는 현진이와 정환이 오빠와 함께 예배 후 저녁 식사를 했어. 이것 또한 현진이한테 아부하는 거지 뭐.

오늘 엄마와 교회에 가려고해. 감사기도 드려야지.

못난 오빠 취직시켜 주셨으니~. 주여, 이 아리따운 현옥이에게도 취업의 문을 열어 주옵소서. 아멘.

오빠 한국 올 때까지 건강해야 돼.

작은아버지 어머니께 잘해드리고 귀여운 희천이에게도 사랑을~.

아무튼 오빠 난 요즘 기분 끝이야! 끝! 삼삼하단 말시.

1989. 4. 14.
아리따운 현옥이가 하나밖에 없는 못생긴 오라버니께.

오빠에게 · 14

잘 있었어? 오라버니?

좋겠수! 엄마와 오랜만에 데이트를 할 수 있게 돼서.(호호)

오빠, 시험은 잘 보았어? 이제 몇 주 후면 오빠를 볼 수 있게 된다고 생각하니 기분이 삼삼해.

오빠가 대학원 졸업할 수 있게 된 것은 하나님의 은혜와 엄마의 사랑이 있었기 때문이야. 오빠도 알지?

정말 힘들었어, 울 엄마.

큰맘 먹고 떠나시는 여행이야. 오빠가 이곳저곳 구경도 시켜드리고 맛있는 음식 좀 많이 사드려.(엄마는 나가서 드시는 음식은 육식도 잘 드시거든)

글쎄, 오빠가 신세 진 사람들에게 준다고 악세서리를 사셨는데 어찌나 좋아하시던지~ 오빠 아플 때 도와준 친구에게는 큰 선물을 줄거라면서~.

오빠 이제 좋겠다. 엄마랑 주일날 손잡고 교회도 가고(호호)

아무튼 오빠 이제 열심히 교회 다니게 될 거야. 믿습니까? 아멘.

오빠! 엄마 신나게 해드려. 알았지? 응?

집안일 모두 잊어버리고 푹 쉬다 오시게 해.

오빠! 다시 만날 때까지 안뇽. 건강해야 돼!

1989. 5. 13.
8층 실기실에서 현옥이가 사랑하는 오라버니께

어머니께 · 15

울 엄마! 엄마!

세월이 너무 빨라서 어떤 때는 실감이 나지 않아요. 내 나이가 40이 훨씬 넘었는지~ 울 엄마가 70이 되셨는지~

엄마, 난 요즘 참 행복해. 예수님 때문에 울고 예수님 때문에 웃고 하루에도 몇 번씩 가슴이 찡~ 하고.

이 모든 것이 엄마로부터 내려온 믿음의 유산이라 생각해.

엄마! 고맙습니다.

좀 더 일찍 하나님을 만났더라면 나의 길이 좀 달라지지 않았을까 하는 후회도 들지만 내 계획, 내 방법대로 인도하시는 분이 아니라는 생각에 다시 감사를 드리죠.

엄마는 내 삶의 롤모델! 난 엄마처럼 가족을 위해 자식과 남편을 위해 희생할 자신은 없지만 항상 배운 것이 있는지라 바르게 살려고 노력하고 있어요.

울 엄마 이제는 세상 걱정없이 여유있게 사셔야 되는데~.

몸이 아파도 자식들이 걱정 할까봐 내색하지 않는 엄마 모습에 난 가슴이 아파.

엄마! 난 이다음에 엄마가 천국에 가도 삶에 힘들었던 엄마 모습보다는 예쁜 모자 쓴 소녀같은 엄마로 기억될 것 같애.

'네 길을 야훼께 맡기라. 그를 의지하면 그가 이루시고 네 의를 빛 같이 나타내시며 네 공의를 정오의 빛 같이 하시리로다.' (시편 37편 5~6)

엄마의 삶의 모습을 보여주는 말씀인 것 같아서 적어봤어요.

나도 이 말씀처럼 살려고 해. 엄마처럼.

엄마 사랑해요♡

2008년 새해 큰딸 현옥 올림

5 작은딸 편지

내 엄마여서 참 고맙습니다.

오빠에게 · 1

날씨가 무척이나 많이 더워졌지?

오빠! 우리 26일날 종묘로 소풍 갔었어.

근데 종로 4가에 세운상가 앞까지, 친구랑 가는데 무척 힘들었어.

남녀 합반이라고 노는데 이건 완전히 먹기만 하다 왔어. 옆에 1학년 아이들 노는 것 보고 헤~ 헤 입 벌리고 있었지 뭐.

세상에 이렇게 재미없는 소풍 처음 봐. 하지만 그래도 소풍 기분은 나더라고.

소풍갔다 오는데 친구가 지하철 타고 간다고 해서 나도 버스에 사람 많을 것 같아서 같이 타고 왔는데 지하철 타러 갈 때 막 뛰어 가다가 쇠파이프에 걸려서 꽈당 하고 넘어졌어. 별로 아프지도 않아서 표 끊어 기다리고 앉아있는데 보니까 무릎에 바지가 4cm정도 찢어져 있잖아. 그래서 모자를 무릎에 놓고 앉아 있었어.

무사히 집에 도착해서 보니깐 휴~~ 너무나 쓰리잖아. 그래서 안

방에 들어갔더니 엄마는 “이그, 뒤퉁맞게 넘어져서 바지 뚫고 살까지 뚫어 가지고 와!” 하시잖아. 또 언니는 이그, 쯧쯧쯧 혀를 차고 하여튼 웃긴 소풍이었어.

촌놈이 시내 나가서 있으니깐 지나가다가 사람은 많아서 툭툭 걸리고 어리벙벙하더라고.

벌써 5월이 다 지나갔어. 너무 빠르지? 가끔 심심하면 언니하고 오빠 흉내 내면서 웃기도 해.

오빠, 내가 얼마나 자랐는지 알아? 자그마치 키가 160cm, 이 정도면 큰 편이지? 이건 정확한 거라고. 며칠 전 신체검사 때 나온 결과니깐. 놀랐지?

그리고 학교에서 남자 여자 짝하는데 내 짝은 너무 재미가 없어.

그 커다란 몸집을 지탱하고 앉아가지고 에휴~ 너무너무 재미가 없어. 그런데 몇 번 말해보니까 그 아이대로 장점이 드러나더라고.

오빠! 요즘 공부하느라고 힘들지? 친구들 중에 자기 오빠 말하는 거보면 우리 오빠가 제일 멋쟁이인 것 같아. 맞지?

그리고 요즘 아버지께서 구역예배 빠지지 않으시고 꼬박꼬박 얼마나 잘 나가신다고.

참 오빠 우리 2층에 병아리 있는 거 모르지? (지금은 커서 닭과 병아리 중간임) 재은이가(동인이 언니 딸) 학교 앞에서 병아리 두 마리 사다 아파트에서 길렀는데 엄마가 우리 2층에 갖다 놓으라고 해서 아빠가 기르는데 둘 다 수놈이거든! 날개로 막 날려고 해서 이젠 거의 닭이 됐어. 아빠가 나무 인형 상자에 모기장으로 막아서 집을 만

들어 줬는데 처음엔 예쁘더니 이젠 좀 징그러워.

그리고 외삼촌이 사온 귤나무에서 귤이 엄지손가락 만한 게 열렸어. 얼마나 신기한지 모르겠어. 우리 집은 다른 집보다 나무가 많아서 좋아. 그리고 어항속의 잉어도 얼마나 크게 자랐는데….

그곳 식구들 다 안녕하시지? 이곳도 모두 다 안녕하셔.

그럼 오빠 몸 건강히 잘있어.

1983. 5. 28.
오빠를 무지무지 좋아하는 귀여운 동생 현진이가.

오빠에게 · 2

오빠 안녕? 오빠 편지 받고 얼마나 기뻤다고. 가끔 오빠 생각했는지 모르겠다니 그런 말이 어딨어? 매일 매일 했는데….

오빤 벌써 방학했지만 우리는 아직 한 학기가 끝나지 않았어. 볼펜으로 쓰는 글씨가 많이 늘었지? 처음에 중학교 들어왔을 땐 좀 학교란 게 불편하고 어색했었는데 이젠 제법 익숙해졌어. 내 모습을 보고 싶다고? 딴 머리에 오빠 동생의 얼굴에 청바지에 T셔츠 차림, 이만하면 상상할 수 있겠지? ^-^

우리 학교에선 교복 자율화라고 해서 단정한 옷차림 보여주기 대회가 있어. 그게 뭐냐고? 그건 한 달에 한 번씩, 한 반에서 1명씩 나와서 여러 학생들에게 자기 옷차림새를 보여주는 거야.

우리 학교는 오빠, 언니가 없어서 참 좋아! 그리고 며칠 전에는 교내 합창 대회가 있었어! 우리 학교에선 못했고 경기고등학교 강당 빌려서 했어.

언닌 오늘도 화실에 갔어. 화실 가는 게 그렇게도 좋은가 봐.

오빠, 우리 학교 뱃지가 어떻게 생긴 줄 알아? 대충 [구정] 요렇게 생겼는데 처음엔 제법 기분이 좋았는데 이젠 옷갈아 입을 때마다 바꿔달아야 하기 때문에 좀 귀찮아. 우리학교 구자가 갈매기 구자래. 그래서 갈매기 모양인가 봐. 그리고 나 저번 저번 주일서부터 친구하고 교회 나가. 언니 교회에.

그리고 학교에서 단체로 대성리 여학생 풀장 3박 4일로 가거든!

근데 가려는 아이들은 많고 해서 선착순 80명만 받는데. 그래서 오늘 아침 7시에 학교 가서 12번째로 넣었어. 이런 건 빠르지?

그리고 오빠, 세계 청소년 축구대회 봤어? 학교에서 준결승전 할 때 방송으로 틀어줘서 전반전만 들었는데 나중에 졌다고 하니 다들 풀이 죽어 있었어. 하지만 4위니깐 우리 교장선생님이 그랬어(여자 교장선생님이야) 우리나라 국민은 모래알처럼 단단해서 뭉쳐지지 않지만 일본은 진흙이라 뭉치면 단단해진다고. 그러니까 그 모래알에다 시멘트를 넣어 단단한 콘크리트를 만들자고!

오빠 세계에서 우리 국민이 최고지?

그곳 식구들 모두 안녕하시겠지?

이곳 서울 식구들도 잘 있어. 오빠 몸 건강해! 건강이 최고니까. 우리 오빠가 최고야. 그럼 다음에 또 편지할게.

1983. 6. 22 오빠 막내동생 현진이가.

오빠에게 · 3

오빠씨, 안녕? 나도 안녕! 히히 오빠 그동안 잘 있었어?

어저께 엄마 아빠가 이 전도사님 만나 뵙고 녹음 테이프 가져오셨어. 그래서 셋째 삼촌 녹음기 가져다가 오늘 저녁에 금방 들어봤어.

오빠 여기 있을 때와는 달리 너무너무 어른 같아. 엄마는 이제 저녁 때 잘 때마다 한 번씩 들을거래. 그렇게도 좋으신가 봐.

기숙사에서 친구들과 잘 지낸다니 반가워.

난 말야, 혹시 우리 오라버니께서 불편하게 지내시지는 않나 얼마나 걱정했는데….

난 지금 봄방학해서 집에 있어. 10일간인데 몇 반이 될지, 누구와 같이 갈지, 선생님은 누굴지 너무 궁금해.

참 오빠, 청담국민학교 있는 쪽에 청담중학교가 또 생겨서 요번에 우리 동네 아이들은 거의 그 중학교 됐대. 우리 학교는 운동장은 코딱지 만해 가지고 교실 짓는다고 법석이야.

그리고 25일은 제사여서 얼마나 법석이었다고! 26일은 엄마 생일이여서 언니와 돈 모아서 유리로 된 설탕 그릇에다가 사탕이랑 껌이랑 넣어서 빨간 리본도 매서 드렸어. 진짜 받는 기쁨보다 주는 기쁨이 큰 것 같아.

넷째작은아버지 댁은 이사하였는데 나도 아직 집은 못 가봤는데 되게 큰 집인가 봐. 엄마가 그림 그려서 액자에 넣어서 선물했어.

할머니께서는 건강하셔. 그리고 희경이는 후년에 학교 간다나?

우리 집 식구 모두모두 건강해.

내일 모레 학교 소집일인데 1학년 동생 1반 우리들 1반해서 청소하는데 우리가 지도하거든! 괜히 학교에서 언니도 동생도 없다가 동생들 들어오니까 기분이 좋아!

오빠! 현진이 저번 때부터 일기 쓰고 있는데, 내 비밀 얘기가 다 써 있거든. 그래서 책상 서랍에 넣고 푹 잠그고 다녀. 오빠 공부하고 학교 마치고 한국에 오면 특별히 오빠만 보여줄게.

빨리 봄이 왔으면 좋겠어. 봄이 오려다가 글쎄, 오늘은 영하 7도로 내려 갔지뭐야. 사람 약을 올리나?

오빠 내 친구가 너희 오빠 어떻게 생겼냐고 하잖아? 그래서 내가 우리 오빠 얼마나 미남인데 코도 오똑하다고 말했더니 내 친구가 글쎄 "야 거짓말 말어! 너 얼굴 보면 대충 짐작이 간다" 그러잖아. 어휴나 못생긴 것만 보고 그렇게 말하잖아. 에잉~~속상해.

오빠, 나 감동했어. 한국에서 맨날 장난치고 나하고 언니 울리고 하던 오빠가 너무너무 어른 같아서 말이야. 현진이도 어른스럽고 점잖아져야겠지?

오빠! 나 2학년부터는 공부에만 열중할 거야. 약속해, 자!

오빠, 내 키가 언니하고 똑같아. 이제부터는 나 먹는 거 나눠서 언니 좀 먹여서 키 좀 크게 해야겠어. 까딱하다가 내가 더 크면 그걸 어째? 오빠 목소리 들으려고 조그만 카세트에 네 명이 머리를 대고 귀를 쫑긋 세우고 얼마나 열심히 들었던지. 엄마 생일날 아침에 이 전도사님한테서 전화 왔었어.

엄마는 "오늘 생일날 아들 소식 들어서 너무 좋다 얘" 하시며 좋아하셨어.

오빠! 보고 싶어. 그럼 몸 건강히 있어야해!

1984. 2. 27. 현진이가

오빠에게 · 4

안녕하셨습니까? 하하 박 선생, 킥킥. 오빠 안녕?

벌써 여름방학 시작한 지 보름이 지났어. 언니는 요즘 보충 수업 나가.

24일날 학교에서 캠프 갔었걸랑! 이천으로(1박 2일)

가서 텐트치고 밥 해먹고 근데 우리 조는 찌개거리는 가지고 갔는데 양념을 안 가지고 가서 찌개가 맹탕이었어.

소금 꾸러 다니느라고 얼마나 힘들었는데. 휴~ 직접 우리 손으로 밥 해먹는데 정말 즐겁기도 했고 힘들기도 했어. 우리 조는 밥을 너무 많이 해서 버릴 수도 없고 해서 먹느라고 죽을 뻔 했어.

밥 먹고 소화제 먹고 이상하게 남자 애들이 찌개는 잘 끓이더라고. 덩치는 곰만 해 가지고.(커서 공처가 되려나?)

이제 텐트 치는 거와 버너 켜는 거는 자신 있다구.

그리구 일요일에 우르르 몰려 온 식구들 때문에 아이구, 정신이 없었어. 나일이가 그 반들반들 번쩍번쩍 하던 머리가 검은색으로 덮었는데 참 희한하더라. 희곤이는 내년에 중학교 가고 희경이는 후년에 학교 들어간다나.

어젠 소나기가 왔어. 쏴아 쏴아~ 으 시원해.

오빠! 지금 L.A에서 올림픽 하고 있지? 여기서도 위성중계로 보고 있어.

우리나라 선수들이 많이많이 금딱지를 목에 걸었으면 좋겠다.

한~~ 100개쯤(?) 88년도엔 우리나라에서 올림픽이 열리잖아? 와! 얼마나 멋있을까, 그치 오빠? 그럼 오빠 몸 건강히 잘 있어야 해! 알았지?

안녕, 다음에 또 편지할게.

1984. 8. 2. 오빠의 막내동생 현진이가

오빠에게 · 5

현진인 이제 방학도 다가고 '방학동안 뭘 했을까?' 하고 생각하며 빨리 개학 하기를 바라고 있어. 아마 내 기억엔 몸무게만 늘린 것 같아서 한심하기도 하고. 참 이상하지? 몇 달 전만 해도 고등학생이다 하고 다니는 언니들 보면 쥐포나 질겅질겅 먹고 다니는 우리들보다 훨씬 어른스럽고 형님(?) 같았는데….

오빠! 요즘 어떻게 지내? 무척 바쁘지? 현진이도 고등학교 가면 오빠처럼 바빠야 할 텐데, 난 정말 입학 하는 건 좋은데 졸업 하는 건 싫어.

앙~ 이제 1월이 지나고 2월이 올거야. 그나저나 빨리 겨울이 갔으면 좋겠어. 겨울초에는 눈도 많이 오더니 요즘은 기분 안 나게시리 눈도 안 오고 춥기만 하고.

참, 오빠 모르지? 아마 모를 거야. 뭐냐면 우리 어쩌면 2학기부터 교복 입을지 몰라. 학교에 따라 교복을 달리 개선해서 입도록 하는데 2학기부터 입는대. (머리, 가방, 신발 자유) 히히히~~ 신난다.

난 정말 교복 입고 싶었어. 그래야 고등학생 기분도 나고. 맨날 맘대로 입고 다니니까 꼭 국민학교 9학년 같애.

며칠 전에는 대학 입시로 여기저기서 불꽃이 번쩍번쩍 튀더니, 그 속에서 우리 언니 씨가 홍대 들어가서 얼마나 좋았다고.

걱정마! 걱정마! 이 현진이도 열심히 해서 좋은 대학 갈 거니까.

세상에! 어제 저녁 뉴스에 보니까 챌린저호가 '쾅!' 했다는데 으아~~ 끔찍하게. 하여간 TV에서 보니깐 진짜 무섭더라.

우리나라도 빨리 우주선 쏘아 올릴 만큼 강해졌으면 좋겠다. 그치? 오빠, 아~~ 이제 개학하면 내 짝꿍한테도 잘 해줘야지. 이 누님을 어찌나 잘 따르는지, 킥킥~~ 아휴 이제는 중학생이 아닌 고등학생으로서 좀 더 의젓하고 점잖고 공부 열심히 하는 현진이가 되어야 할 텐데….

아마 우리 가족 모두 아빠 엄마랑 오빠랑 언니랑 나 모두 주님 안에서 승리하는 삶이 될 수 있을 거야. 난 그렇게 믿을래.

그럼 오빠 몸 건강하고 다음에 편지할 땐 어느 학교 배정 돼서 어엿한 고등학생으로 편지할게. 이만 안녕!

1985. 1. 30. 현진이가.

오빠에게 · 6

지겹게 덥던 여름이 가고 이젠 제법 춥기까지 한 날씨야. 해마다 계절이 바뀌는 게 한편은 신기하고 한편은 즐겁고….

올해는 가을장마라 할까, 비가 자주 내려. 그래도 추석엔 온 가족이 시골 갔다 왔어~~ 휴 안부 인사는 이정도로 하면 되겠지?

정말 편지 서두는 딱딱하고 재미없더라. 그럼 이제 화제 전환~ 오빠 여기 다녀가고 참 바빴지? 이 동생도 역시야. 체력장이다 뭐다 해서 얼마나 괴로웠다고.

요즘 우리반 애들이 교장 선생님한테 뭐라고 하는지 알아?

"두고 보자 투투!" 이게 무슨 말이냐면 투투는 교장선생님 별명인데 원래 투투는 만화에 나오는 '뚱돼지 개구리' 걸랑.

연합고사 끝나고 두고 보자는 말이야. 아침 일찍 등교하면 저녁 먹을 때야 집에 오게 되거든. 그래서 요즘 가사 선생님은 연합고사 끝나면 티이파티 한다고 하고 도덕 선생님은 땅굴 데려간다고 하고 담임선생님은 영화구경 시켜준다고 하고 정말 선생님들께서 약속한

게 얼마나 많다고! 그러고 보면 선생님들께서 우리에게 신경 쓰는 게 보통이 아니야. 우리가 1회 졸업이여서 그렇겠지. 그리고 나 눈이 쬐끔 나빠졌어. 으~ 이 예쁜 얼굴에 안경을 걸치다니 치명적인 사실이야. 아~슬프다.

엄마 딸들이 다 눈이 나쁘다고 한숨~~ 아휴 속상해.

근데 참 이상하지? 오빠가 다녀간 지 몇 달 밖에 안 지났는데 벌써 3년은 된 것 같아서 또 보고 싶어진다. 시간이란 거 꽤 웃기는 존재인가 봐. 아니 시간이 아니라 사람일지도 몰라. 그러고 보니 앞에서 해야 할 인원보고 사항을 얘기 안했잖아.

"이곳 서울에서 막내 현진이가 미국 오빠께 인원 보고 하겠습니다.

재적 5명 ⑴아빠, 현재 뉴스를 보고 계시며 방금 이발하고 오셨음. ⑵엄마, 부엌에서 저녁 준비, 맛있는 냄새가 많이 남. ⑶오빠, 요즘 몹시 바쁠 것으로 예상 함. ⑷언니, 아직 귀가 전, 요즘 매우 바쁘고 매우 열심히 그리고 공부함. ⑸나, 현재 지금 막 밥 먹고 편지를 계속 쓰고 있음. 요즘 바쁨. 이상 인원 보고 및 현재 상황 보고 끝!"

헤헤(간사 애교 포함) 나도 이 정도면 꽤 씩씩하지? 에잉~~ 이젠 끝으로 인사해야겠다 잉~

그럼 오빠, 오빠가 하는 일에 항상 주님이 함께 하시길 기도 드릴게. 그럼 이만 쓴다아아아아아

1985. 10. 7. 현진이가
ps) 오빠, 지금 피곤해? 피곤하면 체조 좀 해!

오빠에게 · 7

생일 진심으로 축하드려요~ 여름인가 싶더니 이제는 가을이란 놈이 찾아와서 우리의 분위기를 바꾸고 있어. 금방금방 지나가는 하루하루가 어떤 땐 잡아서 꽁꽁 묶어 놓고 싶을 만큼 얄밉지만 인간이 어떤 짓을 해도 바꿀 수 없도록 하나님께서 만들어 놓은 시간이란 것은 묵묵히 제 할일만 하고 있나봐. 참 오빠 아시안 게임, 결과만이 아닌 그 모든 과정이 정말 훌륭했지? 아시안 게임의 열기가 식을 무렵 학교의 축제의 열기로 가득차고….

이런 모든 것이 아무리 인정이 메말라 있고 각박한 세상이라고들 하지만 우리는 하나라는 일체감과 무질서 속에 질서가 형성되는 게 아닐까? 하여튼 올해 가을은 정말 멋진 것 같아.

오빠 있잖아. 난 오늘 하교 길에 우연히 까만 하늘의 별을 보면서 우린 조금이라도 하늘을 보면서 자신의 삶에 대해 생각해보는 기회가 얼마나 있을까? 시간이 없어서가 아니라 나 자신이 혹은 우리 모두가 그런 시간을 꺼려하는 게 아닐까? 라는 생각을 했어.

가을은 사색의 계절이라 내가 쓸데없는 생각을 하고 있을까? 적어도 그렇게 생각하지는 않는데 말이야. 후후

생일 축하 편지에 너무 내 얘기만 했지? 히히^-^

처음 맛보는 고교시절에 난 너무 많은 매력을 느끼고 있나봐. 아직 어리지? 어리니깐 오빠 막내 동생이지.

그럼 오빠, 오빠의 생일을 진심으로 축하하며 현진인 이만 물러가겠습니다용~~

1986. 10월에
오빠를 무진장 무진장 보고싶어 하는
현진이가 오빠의 생일을 축하하며…

오라버니께 · 8

오빠 안녕?

나야 나, 현진이. 까만 밤이야. 현진인 오늘도 언제나 앉으나 서나 우리 오라버니 생각을 하면서(기분좋지?) 요즘은 거동이 불편할 정도로 백미터 달리기도 잘하고 옛날보다 소란스럽기 짝이 없고 여하튼 저하튼 간에 튼튼하게 잘 자라고 있다구.

오빠~~~ 용서해줘잉~~~ 오빠한테 좀더 여자다움이 철철 흘러넘치는 예쁜 편지지에 쓸려고 했는데 사놨던 편지지를 다 써버려서 지금은 밤이라 어쩔 수 없이 노트를 좌악~ 찢어서 쓸 수밖에….

그래도 제일 예쁜 노트를 골랐다구(그게 그거지만..)

휴~~ 얘기가 자꾸만 삼천포로 새는데.

오빠~~~~앙 지금은 겨울인데 이 겨울이 지나면 난 고3이래.

글쎄 학교에서도 집에서도 화실에서도 온통 화젯거리는 대학! 대학! 이라구. 뭐가 그리 대단한 곳인지 궁금해서라도 가봐야겠어.

지금 같아선 대학가면 굉장히 어른 될 것 같고 낭만과 거 뭐랄까.

하여튼 굉장히 멋있을 거 같은데 언니 보면 그런 것 같지도 않아. 근데 선배들 얘기 들어보면 고등학교 때가 좋은 거래.

뭐가 좋을까? 7시 30분부터 수업 시작에 집에는 잠자는 것 뿐인데.

하긴 과거는 아름답게 기억된다니까.

추워지면서 보온 도시락에 도시락만 부피가 커지고 학교는 웬만해서는 스팀 엄두도 못 내고 그저 떨고 있는 우리에게, 우리 수학 선생님께서는 가뜩이나 졸린 5교시에 한 사람 조는 것만 발견하면 창문을 하나씩 열기 시작하는데…. 그럴 때 진짜 진짜 악마처럼 보인다구. 춥고 배고프고 고생 좀 해봐야 지금 이 시간이 소중한 줄 안다고 하면서….

이건 비밀인데 수학 선생님 별명이 '요괴 인간' 이야. 요즘 애들은 어쩌구저쩌구 한 번 말씀 시작하면 좔좔좔~~~ 끝이 없어.

내일은 월요일 1교시엔 조회가 있는데 복장 검사가 있어서 뱃지 명찰을 필히 준비해야하고 교련 선생님 수첩에 이름이 적히지 않도록 주의해야 한다구. 물론 현진인 그런 면에서야 항상 만점이지.

나도 이젠 철이 들대로 들어 한 풀 꺾여서 어깨에 기운이 하나도 없다가도 "그까짓 거" 하면서 힘차게 걸을 수 있는 마음을 가졌다구….

하다못해 길거리에 박혀있는 돌부리가 거부반응을 일으켜 날 넘어뜨린다 해두 행복한 미소를 지을 수 있어야지, 안 그래?

조잘조잘 얘기 하다 보니까 오빠 얘기를 못 들었네.

바빠? 현진인 자나깨나 앉으나 서나 오빠 생각 한다고 편지 첫머리에 써놓고 오빨 기분좋게 만들었건만 오빤 현진이 생각 좀 하고 있는 거야?(끼끼끼)^-^

아~~ 더 쓰고 싶지만 나 지금 글씨가 자꾸만 중심을 잃어가면서 눈꺼풀이 내려와서 손놀림을 할 수 없게 되려나봐. 그럼 이만~~

From : 레몬처럼 싱싱한 건강과 샴페인처럼 톡 쏘는 개성과, 귤처럼 새콤한 매너와, 초콜렛처럼 달콤한 사랑과, 생강처럼 쓴 고독과 겨자처럼 매운 판단력을, 장미처럼 아름다운 매력과 불꽃처럼 뜨거운 정열과 등대처럼 밝고 희망에 넘치는 예쁘고 사랑스런 소녀

-현진이가

1887. 11. 22.

보고 싶은 오빠에게 · 9

오빠, 나 현진이야.

오빠가 보내준 편지하고 테이프 모두 잘 받아 보았어. 일찍 답장하고 싶었는데 후기 결과 나온 후에 하려고 하다가 이렇게 늦었어. 나 상명여대(미술학과)에 붙었어. 너무 댓수율이 세서 기대도 하지 않았는데….

꿈만 같아. 우리집은 2차에 강한가 봐.

1차 떨어졌을 땐 믿어지지가 않고 모든 게 다 끝난 기분이었어. 하늘이 무너지는 것 같고, 2차 준비하는 한 달이 그렇게 서럽고 처량할 수가 없었어. 재수를 해야 한다는 것이 얼마나 끔찍했던지.

아참, 오늘은 오빠가 보내준 테이프를 받고 마침 합격 소식을 들어서 얼마나 좋은지 몰라. 너무 기쁘고 그동안이 너무 서러워서 계속 울었어. 1차에 붙었으면 아마도 이렇게까지 기쁘지 않았을 것 같아. 패배감을 맛본 뒤 한 달! 세상에 태어나서 처음으로 겪는 아픔이 왜 그렇게 컸던지. 오빠가 녹음 해준 노래가 계속 흘러나와. 내가 좋아했던 노래들이야. 세상에 어떤 것보다 오빠가 편지 속에 전해준 위로의 말이 얼마나 큰 힘이 되고 많은 위로가 되어 주었는지 몰라.

이제는 무섭지도 울지도 않을거야. 얼마나 많이 울보가 됐는지 뭐가 그리도 서러운지 계속 울었어. 책상에 있는 참고서를 보면서 저걸 또 볼 생각을 하면 웬수같고 그렇다고 재수하면 붙는다는 보장도 없고….

난 평생 대학 못가는 줄 알았어. 세상 모든 것이 그렇게 나빠 보이고 누가 일부러 떨어뜨린 것처럼 그렇게 밉더니 문제아 되고 반항아 되는 게 별게 아니라는 생각이 들어. 전화에 들려오는 "축하합니다! 합격하셨습니다."라고 말하는 그 여자가 왜 그리도 이쁘고 사랑스럽던지. 처음에 내가 전화하고 한바탕 울고 또 걸어보고 잠깐 있다가 아빠가 또 걸어보고 나도 믿어지지가 않아. 만약 이게 꿈이라면 깨지 말았음 좋겠어.

홍대 떨어졌을 땐 친구가 붙었다는 소식에 쟤는 붙었는데 난 왜 떨어져야 했을까 라는 생각에 말로는 축하한다고 하고 속으로는 샘이 나고 신경질 났거든. 떨어진다는 친구 소식엔 뭐라할까, 동질감 같은 것 때문에 은근히 좋아하면서 위로로 삼고. 그러는 내가 얼마나 싫고 처량하게 보이던지.

사람이 그런가봐. 이성적으로 생각하면 친구가 붙었으면 같이 기뻐하고 떨어졌으면 같이 슬퍼해야 하는데 감정은 그게 아니니 말이야. 난 아마 그렇게 천사같진 않은가 봐.

이제는 화장도 귀걸이도 머리도 내 마음대로 할 수가 있어. 갑자기

주어진 자유에 한참은 헤매겠지? 2차 준비하는 한 달간 또 다시 그림을 그리고 공부할 때, 그림을 그리면 석고를 깨고 싶고 공부를 하면 참고서를 찢고 싶고(작년부터는 선지원이라 2차도 다시 시험을 봐) 또 생각하면 부모님께 너무 죄송스럽고 나 자신이 밉고. 무엇보다 힘들었던 날, 스스로가 다스릴 수가 없었다는 거야.

이리저리 흩어진 마음과 갈래갈래 찢겨진 나의 생각들을 바로 잡아서 정립할 수 있는 힘이 부족했던 거야. 달이 바뀌는 것도 싫고 봄이 오는 것도 싫고 밖에 나가면 사람들 모두가 나를 동정의 눈으로 쳐다보는 것 같고.

어쩌면 한번의 실패가 사람을 그렇게까지 나약하게 하는지 정말 신기할 정도였어. 한 달 동안 화실에 가지도 않고 집에서 석고를 사서 그렸는데 언니가 많이 도와주었어. 붙었다는 소식을 듣고 세 모녀가 우는데 나보다 언니가 더 서럽게 우는 거 있지. 멀리서 걱정해주는 오빠도 무척이나 고마웠고.

엄마 나 때문에 일이 손에 잡히지가 않았는데 부엌도 고치고 뭐도 사고 뭐도 사야 한다고 즐거워하시고 아빠는 내색은 안하셔도 얼마나 안도의 한숨을 내쉬시던지…. 막내딸 대학도 못 보내나 싶어 무척이나 걱정 하셨나봐.

내일은 언니랑 학교 갔다가 오고 이제는 친구도 마음대로 만나고 실컷 돌아 다닐거야. 오빠 작년 여름에 갈 땐 꼭 대학생이 되어 있겠다고 한 약속, 지키게 돼서 너무 기뻐. 이제 오빠가 올 여름에 오면 재수생이 아닌 여대생이 되어 있을거야.

우리집도 이제는 대학 걱정은 끝났나봐. 홍대 들어갔으면 나 잘난 줄 알고 이리저리 날뛸 텐데 패배감과 낙오자라는 스스로의 자책 그리고 나의 길에 대한 심각한 근심, 과거에 대한 후회와 그리고 쓰리고 아팠던 후에 기쁨은 더 달고 하늘을 날 것 같은 기분이었어.

하나님께서 많은 것을 알게 해주신 후에 대학에 들여보내시려고 하셨나봐. 지금 생각하면 한 번의 쓰라림이 디딤돌이 되었는지도 모른다는 생각이 들어.

파랗게 새싹이 돋고 따스한 봄볕을 내리어 주실 때 난 또 다른 환경과 생활에 속하게 돼. 어느 누구보다 아주 많이 열심히 할거야. 원서 써주시면서 걱정이 돼서 어쩔 줄 몰라 안절부절못하시던 담임 선생님, 시험 보기 전날 실수하지 말라고 전화까지 해주시던 선생님이 너무 고맙고 꼭 합격이란 소식으로 보답하고 싶었는데 이젠 그렇게 할 수도 있어. 오늘밤은 너무 좋아서 잠을 못 잘 것 같아. 6년 동안 해왔던 생활의 반복이 아닌, 나도 새 생활에 속할 수 있는 자격을 갖게 되었어. 많은 사람의 기도와 염려 덕분이었던 것 같아. 오빠가 귀국하는 날 현진인 대학생의 모습으로 오빠를 맞을 수가 있어. 어떤 것을 생각해도 모두가 좋고 행복하게 느껴져.

그럼 오빠 몸조심하고 막둥이 걱정은 이제 한시름 놓겠지?

또 편지 할게.

1989. 1. 마지막 날, 현진이가.

보고 싶은 오빠 · 10

오빠! 그 동안 잘 있었는지? 난 요즘 졸업과 입학 사이에 공백 기간이라 특별한 걱정도 근심도 없이 그야말로 내 팔자가 상팔자야.

졸업은 지난 14일에 했는데. 중학교 졸업과는 또 색다른 기분이었어. 중학교 졸업 땐 거의 다 비슷비슷한 상황에서 졸업을 하는데 고등학교 졸업은 각기 진로도 다르고 붙은 아이, 떨어진 아이, 직장을 물색하는 아이, 전문대 시험을 준비하는 등 가지각색인데다가 졸업식에도 참석하지 않은 친구도 많았어. 무엇 때문인지는 몰라도 여태까지는 아무리 열심히 발버둥을 쳐도 결국은 하나의 원 안에서 돌듯이 다람쥐 쳇바퀴 돌듯 종점은 시작과 같았는데. 이제는 그 원이 하나의 구불구불한 풍선이란 놈으로 퍼진 것 같아. 한 반에 절반도 못가는 대학에 내가 가게 된다는 게 감사하고 또 태어나서 처음으로 겪는 나 자신에 대한 아픔과 고민도 나를 많이 성숙하게 했고….

요즘 언니는 친구들 졸업식에 따라다느라고 정신없어. 내년 이맘때면 언니도 졸업한다고 난리겠지? 책상 앞에 붙은 작은 나의 달력엔 1월은 숫자 하나하나에 싸인펜으로 X자로 지워 진 채 있고, 2월은 뭐가 그리 바쁜지 약속시간만 잔뜩 적혀져 있고. 아아 1월은 너무 지겨운 탓이고 2월은 너무 즐거운 탓이겠지.

아직은 쌀쌀하고 춥기도 한데 햇볕은 봄빛이야. 난 봄하고 여름은 별로이고 가을, 겨울이 좋았는데 올해는 봄을 맞이하는 느낌이 색다른 이유일까? 괜찮은 거 있지.

우리 집도 이제는 아무 걱정 없이 살면 좋을 텐데.

저번에 친구들 하고 'Die Hard' 란 영화를 봤는데 큰 걱정거리가 해결된 후에 봐서 그런지 너무 재미있게 봤어. 영화 하나를 봐도 붙은 친구하고 가게되고 재수하는 친구는 맘엔 있어도 학원도 그렇고 집안 식구 눈치 보일까 싶어 쉽게 불러내기가 어려워. 그래서 자꾸 맘에 걸려. 같이 경험한 친구도 모든 걸 이해할 수 있고 한번 더해서 좋은 대학 가면 된다고 위로해 주지만 정작 친구로서 해줄 것이 하나도 없다는 게 속상하기만 해. 아마도 사람의 이중적인 심리인가 봐. 내가 재수할 입장이라면 친구로 하여금 위로를 삼을 텐데 말이야. 어쨌든 대학이 뭐길래 그러는지 모르겠어.

이번 주가 지나면 신입생 오리엔테이션을 하고 입학을 하게 돼. 지금은 지난 1년이 너무 지겹고 지옥 같이 느껴지지만 짧은 시간에 조그만 추억이 훗날엔 아름답게 느껴질 때도 있겠다 싶어.

오빠도 건강하고 빨리 만나게 됐음 좋겠어. 그럼 안녕.

1989. 2. 22. 현진이가

작은딸이 엄마에게

엄마께 · 11

엄마!

왜 엄마 생각만 하면 콧등부터 시큰해지는지….

내가 곰살스럽게 굴지 않아도 엄마 생각을 얼마나 끔찍이 하는지 모르지? 그래도 내가 엄마하고 제일 늦게까지 산 딸이잖아.

할머니 모시면서 힘들었던 거, 언니 오빠는 잘 몰라도 난 잘 알고 하숙하면서 정신없이 살았던 거, 오빠는 잘 몰라도 언니랑 난 잘 알아.

엄마! 철모를 땐 엄마니까 그런가 보다 했는데 내가 자식 낳고 살아보니까 엄마 생각하면 왜 이렇게 눈물이 나는지 몰라!

엄마! 건강하게 오래 살아요. 나중에라도 나 더 눈물나지 않게. 자식은 그런가봐. 자기만 힘들게 하지 말래지. 그래도 자식 다 키우고 돈 걱정없이 사시는 게 얼마나 고맙고 감사한지 몰라요. 그 큰 살림만 줄어들면 참 좋을 것 같은데….

엄마! 이젠 여행 많이 다니세요. 편하고 돈 안 드는 시골만 다니시지 말고 젊어서는 바빠서, 여유 없어서, 구경 못했던 하나님이 만든 세상을 많이 보고 즐기셔야죠. 집에서 아빠랑 마주보고 있는 것보다 좋은 경치 구경하면서 좋은 공기 마시면 마음도 유해지고 또 몇십 년 쌓은 정도 새록새록 살아나지 않으려나? 부모가 자식한테 평생 살아가는데 잣대가 되고 모범이 되는 거 참 힘든 일이야. 엄마 아빠는 그렇게 사셨으니까 성공한 셈이에요.

이른 아침에 오붓하게 엄마 생각하면서 몇 자 적으려니 딸내미가 옆에서 참 성가스럽게 하네. 예나 지금이나 똑같은 건 자식하고 지지고 볶고 사는 거겠지 엄마? 자식 키우는 거 참 힘들고 어려워 엄마. 난 그냥 저절로 자랐는 줄 알았더니 내 자식 키우니까 그게 아닌 걸 알겠네. 자식으로 인한 기쁨과 슬픔 그리고 책임, 고민하고 해결하는 중에 인생이 다 가는 건가 봐.

세상이 점점 험악해져서 엄마 세대엔 없었던 일들이 요즘은 많이 일어나요. 엄마 기도 많이 해줘요. 이기면서 잘 살 수 있게요. 그리고 엄마 여유 있는 거 아니고 또 특별한 자식도 아닌데도 학력이라는게, 다 똑같이 사는데 뭔 필요냐고 해도 살아가는데 얼마나 큰 자신감을 주고 자기 주관을 뚜렷하게 해주는데. 공부 시켜준 만큼 엄마한테 되돌려 준 거 없어서 미안하지만 늘 고맙게 생각해요. 엄마, 우리 아들이 "엄마 그림 멋지다! 내가 전시회 해 줄게" 하더라.

엄마 그때 꼭 와요. 자식이 하는 말만으로도 참 행복한 게 부모 마음이지? 엄마! 나 때문에 행복했지?

사랑해요.♥

2002. 3. 14. 막내 올림.

엄마께 · 12

엄마!

왜 엄마라는 이름은 이렇게 가슴 가득 푸근하고 또, 넘치게 행복하면서도 또 코끝을 찡하게 하는지 모르겠습니다. 고향 같으면서도 가슴 한 구석 고마워서 미어지는 이름!

우리 삼 남매는 엄마의 기도를 먹고 자란 듯싶습니다. 그리 똑똑하지도 못했고 그리 특별하지도 못한 아이들이 남보다 앞서 잘되는 것은 최선을 다한, 엄마 삶의 결과이고 주님께 맡기고 기도한 결과일 것입니다. 모두가 선생 봉급으로 주제넘는다 했을 때 유학이다, 미대다 분수에 넘친다 했을 때 믿어 주었고 뒷바라지 해 주셨죠.

그래요, 분에 넘쳤지요. 분에 넘치는 공부를 했어요. 엄마 덕분에, 엄마 기도 덕분에….

지금 생각하면 하루도 편한 날 없었던 엄마의 고단한 삶이 그저 엄마의 삶이라고 당연히 여겼던 것 같습니다.

자식만큼 이기적인 게 또 있을까요? 그저 늘 바쁘기만 한 엄마에게 더러 불평도 했던 딸이 저도 제 자식을 키우다보니 이제야 철이 드는 가 봅니다.

엄마 고맙습니다. 그리고 미안합니다.

최선을 다해 사랑하고 아낌없이 떠나보내며 늘 당당한 엄마의 모습은 참으로 훌륭하고 현명한 어머니의 모습이었습니다.

내 엄마여서 참 고맙습니다. 엄마 딸이어서 참 다행입니다.

엄마만큼 현명하고 당당하게 자식을 키울 수 있었으면 좋겠다는 생각을 합니다. 내리사랑이란 말이 맞는 가 봅니다.

엄마의 노년은 겨울을 이겨내는 따스한 봄 햇살 같았으면 좋겠습니다. 뜨겁지 않으면서도 온 몸을 녹여주고 눈에 띄지 않으면서도 온 몸을 녹여주고 눈에 띄지 않으면서도 잔잔하게 행복을 느끼게 해주는 봄 햇살처럼….

그렇게 엄마가 행복했으면 좋겠습니다. 아프지도 말고 외롭지도 말고 초라하지도 않게 예쁘고 행복한 할머니로.

참 이기적이고 욕심 많은 자식의 소망이겠죠?

이제부터는 저도 엄마의 기도 후원자가 되려합니다. 그러니 불편하거나 힘들거나 하면 저에게 기도 부탁해 주세요!

엄마 인생이 고스란히 담긴 엄마 얼굴은 참 아름답고 예쁩니다. 자랑스럽습니다. 아마 하나님이 부모를 선택할 수 있게 했다면 엄마 아빠 딸이 되려고 애를 썼을 겁니다. 사랑합니다.

2008. 3. 8. 막내딸 올림

6 작은집가족 편지

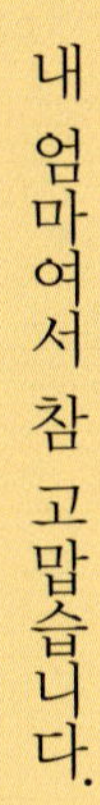

둘째가 형님 형수님에게

형님, 형수님께 · 1

얼마 되지 않은 기간이나 멀리 떨어져서 그런지 몹시 오래 된 느낌입니다. 일가 모두 안녕하시겠지요? 서로 헤어진다는 것이 얼마나 뼈저리게 슬픈 일인지 모르겠습니다.

우리는 공항에서부터 얼마나 울었는지 모릅니다. 그저 흐르는 눈물에 어깨가 저리도록 북받치는 슬픔을 참기가 너무 비참했습니다. 비행기가 이륙하는 순간 정든 고향, 부모님과 형제, 친지들을 언제 뵈올 수 있을까 공항 대합실의 아쉬운 시간이 너무도 짧아 다시 한 번 더 만져보고 서로 안아 보고 싶은 마음이었습니다. 그렇게 쓸쓸히 우시는 어머님의 모습이 머리에 스칠 때마다 그저 불효된 느낌과 마음에 북받치는 슬픔과 눈물뿐입니다.

형수님! 떠나는 마지막 순간, 형수님의 눈물과 저의 눈물이 무엇을 의미하고 서로 일치한 생각의 눈물이라 여기면서 저는 고마운 마음으로 떠나왔습니다.

형수님, 그리고 형님! 어머니의 고집은 저도 압니다. 그러나 이 세상 또 그런 부모님 어디서 다시 모시겠습니까? 어머니 연세 66세입니다. 70을 사셔도 4년, 그 이상 사셔도 10년 내외입니다. 어머님은 현대 여성처럼 배우지 못했습니다. 많은 생각 못하고 또한 너무 단순합니다. 남의 말 또한 잘 듣습니다. 형님이 모시고 얼마간 잘하시면 어머님은 지난날을 크게 후회하고 모든 것을 다행하게 생각하실 겁니다.

꼭 부탁드립니다. 떠나는 순간 형수님께 어머님 잘 부탁드린다고 한마디만 하고 싶었어요. 그러나 큰형님, 큰형수님께 어찌 제가 그런 말씀을 드리겠어요. 그저 눈물만 흘렸습니다.

형수님! 지면상으로 부탁드리는 겁니다. 그렇게만 해주시면 그 고마움을 꼭 잊지 않겠어요. 그리고 꼭 갚겠어요.

좋은 소식 부탁드립니다.

1976. 5. 2. 미국에서 동생이 올림.

삼촌이 조카에게

희범이 보아라 · 2

그간 모두 안녕 하시겠지? 이곳도 무고히 지내고 있다. 학교는 잘 다니는지? 처음 중학생 생활이 즐겁겠구나. 이곳은 여름방학이 약 3개월 된단다. 희천이는 한국처럼 어디 놀러가지도 못하고 말 못해 친구와 재미있게 놀지도 못하고 엄마 아빠 일 나가면 집안에서 혼자 지내지. 희천이가 크면 이럴 때 한국 내보내면 좋을 텐데. 너무 어리고 해서. 이곳은 하루 놀면 그만큼 생활 하는데 큰 지장을 준다.

요사이 작은아버지는 말야, 아침 7시까지 직장 나가서 3시 30분에 끝나면 작은엄마 데려다 놓고 바로 주유소에 나가 저녁 9시까지 일하지.

돈이라는 것, 이곳 오면 얼마나 힘들게 버는지 누구나 알지. 내가 나가는 직장은 주로 용접하는 공장이다. 직원이 약 100명되는데 동양 사람은 나 혼자만 있어. 공대를 나와 학교생활을 해서 시범적으로 채용한 것 같다.

이곳 임금 사정으론 대우도 좋은 편이라고 모든 사람들이 이야기

한단다.

너도 부지런히 공부하고 영어 공부도 해둬라. 작은아빠가 기반 잡으면 이곳에 와 공부하렴. 이곳에는 유명한 대학이 있어서 미국 각 지역에서도 공부하러 오고 또 일본 한국 등 동양 사람들도 많이 와 공부하고 있지.

열심히 공부해야 된다.

아빠한테 온 편지 받아 보았다. 할아버지, 할머니 수색으로 오시게 됐다며? 참 잘 된 일이다. 오시면 친절히 모시고 잘해 드리도록 해라. 희범이는 잘 할 거야.

이곳은 편지 쓸 시간도 없어. 하루 종일 쉬지 못하고 일하다 보면 등과 팔이 아프다. 아침에 일어나면 손가락이 부어오르지만 그러나 직장에서는 미국 사람보다 부지런히 일하고 빨리 해. 현재로는 신용을 얻고 있으나 너무 힘이 든단다.

내년에는 무슨 일이 있어도 조그마한 사업을 해야 될 것 같다. 이곳은 월급쟁이는 항상 월급쟁이다. 그런 것은 한국과 같겠지만.

내가 힘이 들어도 주유소에 나가는 게 그런 욕심에서 나가는거란다. 많이 배워 실수 없게 하기 위해서이다.

너도 중학생이 됐으니까 작은엄마 작은아빠 희천이에게 편지도 자주 해다오. 희천이가 내가 편지 쓰는 것 보고 형한테 편지 쓴다고 한다. 읽어 보아라.

형보세요!

형 잘있어요. 저는 여기서 잘 있어요. 형도 시간있는 대로 편지 써요. 시간 업스면 안써도 되요. 우리는 방학했어요. 아빠는 공장에 취직 했고요 엄마는 할아버지 할머니들 도우는 대로 갔어요. 취직은 엄마가 먼저 했어요. 오늘 아침 아빠가 안 나가니까 엄마가 아빠하고 쓰랬어요. 이런 콜럼버스 같튼 대는 회오리바람이 심하대요. 그럼 이만 줄이겠어요.

1976. 6. 27. 희천이가 형에게.

동서가 형님에게

형님께 드립니다 · 3

정초엔 무척 바쁘셨겠지요? 아주버님은 좀 어떠하신지요?

현진이가 만들어 보낸 카드 받고 희천이가 편지는 해야 하는데 한글을 쓸 줄 모른다고 어찌나 야단인지 제가 함께 앉아 가르쳐주어 몇 자 썼습니다. 처음 이민 올 때 제 생각은 간신히 깨우친 한글을 안 잊게 해준다고 다짐을 했습니다만 그게 어렵군요. 아직은 읽을 줄은 알아요. 영어가 아무래도 저희 반에서 떨어지기 때문에 한국어에 신경 쓸 수가 없어요. 산수는 저희 반에서 톱인가 봐요. 4학년 산수인데요.

편지에 서강에서 형님네 이사 하시게 된다고요? 부랴부랴 편지 씁니다.

저번에 드린 편지 받으시고 답이 왜 없으신지요? 꼬박꼬박 답장해 주셨기 때문에 더욱더 기다려지나 봅니다. 제 글이 서툴러서 형님 기분 상하게 해드린 건 아닌지요? 물론 다 이해 하시고 계시리라 믿습니다만. 여러 가지 일을 이야기 하고파 펜을 들긴 했습니다만 왜 그런지 쉬이 풀려 나오지가 않는군요. 가슴만 이렇게 꽉 막혀 답답하고요.

제게 있었던 여러 가지 일들이랑 형님의 지난 이야기들, 이해 가지 않는 일들을 언젠가 형님과 조용히 속이야기 할 날이 있겠지요?

형님! 수색교회에서 보내주신 카드 정말 얼마나 기뻤는지 모릅니다. 작은 한 장의 카드지만 이역만리 타국에서의 기쁨은 그곳에 계신 분들은 이해 못하시겠지요. 12월이 되면서 부지런히 우체통을 뒤지며 저희들에게 오는 편지나 카드가 없나 기다리고 기다리는 날들이었지요.

한국에서는 연하장과 카드 안 보내기 운동을 한다지만 타국에 있는 친지나 친척에게는 보내기 운동을 하는 것이 이 서러운 이민생활을 하는 교포들에게 크나큰 위로와 힘이 되어줄 거라는 걸 그들은 모르는 가 봅니다.

날마다 누구누구에게서 카드가 올 텐데 하며 오는 대로 벽에 쭈욱 걸어놓고 보고 또 보고 한 달이 지나도록 기다리고 또 쳐다보고 하는 것을 아무리 설명해도 잘 모르실거에요. 그 마음을….

셋째와 넷째가 카드를 안 보내 주어서 얼마나 서운한지, 어린애 같죠? 이해하세요.

형님, 그리고 이사하는 대로 바쁘시더라도 종종 소식 주세요.

희범이 현옥이가 보고 싶네요. 사진을 보니 더욱 더 보고 싶어요.

희범이는 의젓하고 현옥이는 새침하고 현진이는 귀엽고….

안녕히 계세요. 형님의 건강도 돌보시고요.

희천이가 쓴 편지도 읽어주세요

누나에게

누나 잘있었어.

나는 방학했어

형, 누나, 그리고 현진이, 보고싶어.

현진이가 그린 그림 잘 보았고 누나가 보낸 편지 잘 보았어.

참, 나 저번에 나야가라 폭포 갔다 왔어.

밤에는 나야가라 폭포가 멋있더라. 카나다에서 비추는 빛을 받아 드리고 카나다에서 빛을 여러 가지로 폭포를 비추어.

나야가라에 가다 또 돌고래 재주 물개의 재주까지 봤어.

그럼 이만 줄이겠어.

- 희천이가 현옥이 누나에게 -

1978. 1. 14. 미국에서 둘째드림.

동서가 형님에게

형님께 드립니다 · 4

꿈이었어요. 모두~

아직도 깊은 잠에서 깰 수가 없습니다.

너무나 아름답고 그리운 잊을 수 없는 30일 동안은 그저 꿈이었다고만 표현하고 싶습니다. 못내 적응할 수가 없어 늙고 말라버린 제 모습을 고국에 가서야 발견 할 수 있었지만 아무래도 좋았어요. 제가 할머니 같아 보였어요. 그냥 그렇게 그립고 보고 싶은 분들과 함께 웃으며 이야기하며 살고 싶어 그저 목이 메고 바보같이 울음만 나왔었습니다.

비가 억수 같이 쏟아지는 속에서도 모든 형제 조카들 함께 하루를 즐기던 날은 왜 그렇게 가슴이 떨리고 즐거웠는지요? 어느 사람들은 고국에 갔다 오면 모국을 그리는 마음이 덜해진다지만 저는 반대인 것 같습니다. 모든 분들의 너무나 따뜻한 보살핌과 염려, 지나친 폐를 모든 분들에게 끼치고 돌아온 것 같습니다.

형님, 몇 시간이었지만 형님의 꾸밈없는 모든 이야기들 속에서 다시 깊은 정을 확인할 수 있었고요. 특히 아주버님의 그 즐거워하시던 한 때 전 조금(아니 많이) 놀랐어요. 아주버님의 다른 면을 발견했거든요. 항상 너무나 어려우신 분이란 것만 생각 했었기에….

다시 돌아가고픈 마음만 가득합니다. 제 건강은 아주 좋습니다. 잠시나마 걱정 끼쳐드려서 죄송합니다. 희천이도 건강하구요. 아범이야 걱정 없어요. 이렇게 새벽 4시에 일어나 앉아 긴 일장춘몽을 하나의 필름으로 만들어 정리해 봅니다. 무사히 도착했음을 알려 드리려고요. 난필 총총 줄입니다.

안녕히 계십시오.

또 소식 드리겠습니다.

1980. 7. 29. 미국의 둘째 올림.

작은집 가족 편지

삼촌이 조카에게

희범이 보아라 · 5

가내 무고하시고 할머니 역시 건강하시게 지내시겠지. 이곳은 별일 없이 지내고 있다. 희범이 네가 벌써 커서 대학에 들어간다니 세월은 역시 빠르구나. 우리 시대는 서서히 물러서고 너희들의 세대가 이 모든 것을 맡고 일어설 때니 한편 대견스럽고 한편 쓸쓸한 생각도 든다.

우리는 무슨 개척자인 양 이곳에 이민 와서 생각 못한 고생을 얼마나 했는지 아무도 알지 못할 것이다. 지금에서야 한숨 돌릴 것 같으나 앞으로 희천이 교육 또 우리가 늙어 살 계획은 지금부터 닦아야 한단다.

희범아! 이곳에 온다니 삼촌은 든든하고 얼마나 좋은지 모르겠다. 그러나 네가 꼭 알아야 할 일이 있기에 너에게 몇 자 쓴다. 너의 유학은 남이 생각하는, 또는 책에서 읽는 화려하고 낭만적인 유학은 결코 아니야.

물론 집에서 모든 것을 댈 여력만 있으면 젊은 네가 보다 큰 나라에서 활개를 치며 유학 생활을 할 수 있겠지. 그러나 옛날이나 지금이나 그런 유학생은 1%도 안 된다. 유학생의 70%는 도중하차야. 서울서는 유학한다고 친구 친척에게 야단법석 하고 그냥 돌아가려니 체면이 안 서 한국에서도 끼니를 안 거르는데 이곳에서 못 먹어 가며 주야 중노동을 하고 살아가는 사람도 있단다.

나는 이곳 신문에서 참다못하여 자살하는 사람 기사를 가끔 본다. 이 삼촌은 결코 너를, 실패한 유학생으로 만들고 싶지 않아 미리 말하는 거란다.

우리가 이민 온 지 5년 밖에 안됐다. 그것도 아무것도 없이 시작한 거야. 겨우 자리를 잡은 마당에 너의 모든 것을 다 대며 유학 시킬 능력이 없단다. 학비 대는 부모도 생각해보면 허리가 휠 텐데 너의 책값 용돈 어찌 다 대시겠니. 아무리 안 들어도 한 달 용돈 300$ 안 가지고는 이곳에서 못살아. 물론 주식비는 제외 된 거야. 만일 주식비를 추가한다면 700$은 더 가져야 한단다. 물론 너에게 주식비를 내야한다는 것은 아니고 이곳 조건이 그렇다는 거란다. 그러니 너의 용돈은 네가 벌지 않고는 부모가 무슨 돈이 많아 용돈까지 한국에서 대겠니. 아마도 너의 고생도 많이 따를 것이다. 아르바이트를 가지는 것도 문제지만 그 하는 일이란 게 한국의 중노동과 똑같다.

우리 가게에서도 대학생이 파트타임으로 일하는데 얼마나 열심히 그리고 힘들게 일하는지 아느냐. 한번은 할머니에게 만약 희범이가 와서 유학하면 저런 일 하겠느냐고 말씀드렸더니 할머니 역시 희범이는 못 할거라고 하시더라.

그래도 우리 가게는 힘이 덜 드는 곳이야. 매일 그 무거운 야채 상자를 트럭에서 내려 창고에 운반 하는 것이 태반이야. 그러나 젊어서 고생은 돈 주고도 못산다. 이곳 누구나 그 일 다하고 살아왔다.

너의 결심이 무슨 일이든 하며 학업을 닦는다면 이 삼촌은 기꺼이 너의 뒷바라지를 할 거다. 그러나 그런 피나는 고생을 각오하지 않으면 분명 도중하차이니 아예 이곳에 올 생각은 말아라.

이곳의 노동은 대학생 공무원 누구나 파트타임으로 일하니 한국처럼 체면이 없는 나라라 살기는 편하단다.

만약 네가 고생하여 금의환향 하는 날엔 우리도 얼마나 뿌듯하겠니? 참으로 이 세상에 나와 보람된 일 한 것 같아 이 삼촌 그리고 숙모도 몹시 기쁠 것이다. 너에게 보낼 서류는 며칠 기다리라고 연락이 와서 며칠 있다가 부치겠다고 아버님께 말씀드려라.

1982. 3. 3. 뉴욕에서 삼촌이

동서가 형님에게

형님께 드립니다 · 6

정성껏 보내주신 옷들 그리고 이불 너무 과만하군요. 희범이 옷 한 가지라도 더 해 주시지 않고 너무 저희에게 신경 쓰신 것 같아 어찌나 죄송스러운지 모르겠어요. 희범인 아직 이곳 사정을 몰라서 퍽 어리둥절해 있을 거예요. 더구나 아침엔 저희 부부가 가게 나와 버리면 희천이와 단둘이서 먹을 것 스스로 찾아 먹어야 하니 안 됐어요.

그래 "희범아, 너 군에 가서 고생하는 셈치면 아마 조금 나을거야" 했더니

"아뇨! 고생은 무슨요"하고 웃더군요.

글쎄, 공항에서 그 녀석이 저희들을 알아보고 와서 인사하지 않았더라면 못 찾을 뻔 했다니까요. 많이 성장하고 의젓해졌어요. 마음이 어찌나 든든한지 몰라요.

그래서 "얘 희범아, 너 여기서 장가들어 희천이와 의지하고 살며 어머니 아버지 이리로 모시면 난 외롭지 않고 좋겠는데 네 생각은 어떠니?" 하고 물었지요.

그랬더니 "안 돼요, 전 돌아가야 해요. 제가 여기 있으면 제사는 누가 지내게요?"하지 않겠어요. 녀석, 장손이라고 생각하는 것이 아주 다르더군요.

형님! 희범이 보내고 얼마나 마음이 적적하세요? 그래도 눈물 안 흘리셨다니 저로선 해낼 수 없을 것 같은 강한 의지시군요.

희범인 Pace대학에 가서 우선 영어 회화만 시험을 보았지요. 그 대학에서 제일 낮은 반으로 들어가 열심히 공부를 해야 된다는군요. 아무튼 염려는 놓으시고요. 젊어서 고생은 사서도 한다는 옛말을 생각하시고 이곳에서 또 저희들 나름대로 교육 시키겠습니다. 이곳에 잘 적응하도록요.

잠시 왔다갔다하며 가게에서 몇 자 난필로 적었습니다.

가내 다 건강하시리라 믿고 이만 총총 줄입니다.

1982. 8. 10 미국에서 동서 드림

동서가 형님에게

형님께 · 7

참 오랜만에 형님께 글을 드리네요.

죄송합니다. 항상 형님이 보내 주신 글 가방 안에 넣고 다니면서 써야지 써야지 하면서 생각만하고 차분히 앉아 있을 마음의 여유가 없어 늦어졌어요. 다들 무고 하시겠지요.

희범이 편에 소식 자주 들으시리라 생각되기에 더 게으름을 피웠나 봐요. 희범인 이제 제법 영어도 잘하고 뉴욕 거리는 버스만 타면 못가는 데가 없지요. 영어도 공부하는 아이라 아주 빨라요. 물론 스스로 피나는 노력의 대가이겠지만요.

이번 겨울엔 스키 좀 타려고 식구들 모두 스키장비 일체를 샀지요. 자주 가기는 시간도 경제적인 것도 생각을 해야 되기에 어려워 두 번 갔었지요. 그런데 가게를 일요일 하루 쉬기 때문에 꼭 일요일에 가야 하는데 희범이가 한번은 안 간다고 하더라구요. 교회에 나가야 한다면서요. 형님이 기뻐하실 이야기지요? 허나 너무 강요(?)하시면 모처럼 식구끼리의 야외에도 못 나가면 일주일 내내 공부하느라 머리가 아픈데 식힐 시간이 없지 않아요? 농담이구요. 녀석 워낙 성격이 좋아 잘 적응해요. 제 작은아빠 심부름은 도맡아서 하지요. 희천이와도 어찌나 재미있게 대화를 하는지….

처음 서먹하던 것 다 없어지고 그렇게 친할 수가 없어요. 이곳에 지난 토요일 아침에 어찌나 눈이 많이 왔는지.(세기만의 큰 눈이래요) 제일 돈 많이 벌어서 종업원 돈을 주는 토요일에 차 지붕까지 푹 덮인 채 눈에 갇혀 가게에 갈수가 없어서 집에서 푸욱 쉬었답니다.

동네 사람들이 다 쏟아져 나와 굴을 파고 또 사진들을 찍고 장관이었지요. 저도 몇 장 찍었어요. 눈 치우는 광경을 희범이 편지할 때 함께 보내드리라고 몇 장 주었어요.

형님! 희범이 걱정 너무 하지마세요. 물론 한국에서 고생이란 걸 하나도 모르고 자라서 어려움도 많겠지만 돈을 벌고 배워서 한국가면 두려울 것이 없는 남아가 되어 돌아갈 테니까요. 녀석 꼭 성공해서 형님의 그 안타까운 기도에 보답을 할 거에요. 같이 있으니 더욱 정이 가고 성격이 원만하다는 걸 느껴요. 그리고 희천이와 못 해보는 대화도 맘껏 할 수 있어 좋구요. 희천이와는 영 대화를 못해 보고 마나 하는 아쉬움이 많아요.

보내주신 물건들 아주 잘 받았어요. 그리고 맛있게 먹구요. 모자는 아주 이 미국에서도 최상품이에요. 스키 탈 때 쓰고들 있어요. 그리고 눈을 치울 때도요. 모처럼 한가해서 몇 자 썼어요.

그럼 안녕히 계세요.

1983. 1. 17. 미국에서 둘째 드림

둘째가 형님에게

형님 안녕하십니까?

보내준 편지 잘 받았습니다. 이곳은 무고히 지내고 있습니다. 항상 걱정은 노(老) 어머님 건강과 편안입니다. 노인일 누구도 예측 못하는 일이므로 살아계실 동안 몸 건강히 마음 편하게 활동 해주셨으면 하는 바람뿐입니다. 희범이도 이곳에 잘 적응하여 살아가고 공부도 열심히 해 저희 내외 마음 든든합니다. 희천이도 잠시 희범이가 없으면 형을 찾을 정도로 정이 들었나 봅니다.

벌써 답 올렸어야 될 텐데, 정신적으로 육체적으로 그리 시간이 잘 나지 않습니다. 그 무슨 회장을 한다고, 경제적으로 부담도 있으나 우리 협회가 뉴욕에서 200여 개의 단체 중 다섯 손가락에 끼는 큰 단체이므로 남아가 되어 한번 해보는 것도 괜찮아 하는 겁니다.

희범이의 문제를 말씀 드리겠습니다.

희범이 편에서 생각 할 때는 우리가 제 부모가 아니기에 여러모로 불편한 점 많을 겁니다. 우선 이곳의 사정은 아이들이 일어나기 전, 저희 부부는 가게 나와야 합니다.

미국 사람의 대부분이 자신의 식사를 자신이 해결해야 되는 것처럼 우리에게도 예외는 아닙니다. 희천이는 벌써 초등학교 때부터 단련되어 그리 신경이 안 갑니다만, 희범이에게는 무척 생소했으리라 믿습니다. 그러나 항상 냉장고에는 자신들이 얼마든지 해먹을 고기, 과일, 계란 등등 모든 것이 꽉 차 있습니다. 그리고 부엌 설비부터 모든 면이 편리하여 누구나 쉽게 요리를 할 수 있습니다. 모처럼 한국에서 오신 분들은 좀처럼 이해가 잘 안 갈 겁니다.

이곳은 부부가 아침부터 저녁까지 뛰지 않으면 살아가기 힘든 곳입니다. 이곳에도 갓 이민 온 자녀들이 많습니다. 희범이와 다를 바 없습니다. 대학생도 있고 고등학생도 있습니다. 그들도 언어의 장애가 있고 집안 살림과 이민 초기의 경제적 불안으로 방과 후 야채가게 등에서 일을 하여 학교에 다니는 학생이 많습니다.

다행히 희범이는 어느 정도 제가 경제적으로 자리를 잡기 시작하므로 먹고 사는 데는 별 부담이 없어서 파트 타임을 할 필요가 없고 다만 형님과 제가 바라는 공부에만 열심히 해주기를 바랄 뿐입니다.

희범이 역시 어른들의 바람을 잘 알기에 열심히 공부하고 있습니다. 그러나 토요일은 저의 가게에 나와 일을 하고 40불을 받습니다. 미국 아이들을 시키면 금전적으로 절약도 됩니다만, 희범이도 미국 경제도 배울 겸 돈의 귀중함도 알릴 겸 시키고 있습니다.

희천이도 가끔 나와 일을 하면 돈을 주고 안 하면 안 줍니다. 저에게도 여러모로 벌려만 놨지 뚜렷하게 모아둔 것은 하나도 없습니다. 2~3년 후, 희천이 대학가면 이곳에서 일 년에 1~2만 불(좀 이름난 대학)은 듭니다. 기숙사비 합치면 2~3만 불 들어야 되는데 걱정이 됩니다. 그리고 이곳에서 노년 대책도 생각 안 할 수 없습니다.

저는 형님의 어려운 점을 생각하여 희범이가 그냥 집에서 다니면 어떨까 하고 생각합니다. 하지만 공부에 많은 지장을 준다면 할 수 없지 않습니까.

물론 저는 희범이를 믿습니다. 마음 또한 넓어 여러모로 포용하는 능력이 많습니다. 기숙사에 들어간다고 흔히 일어나는 마리화나나 피고 친구와 술 마시고 세월 보내리라고는 절대 생각 안합니다. 그러나 혹시 이성 관계로 좀 자유로운 시간이 필요한데 삼촌의 감시로 어려운 점이 있어 기숙사에 들어가 자유시간을 가지려고 하지 않나 하는 생각에, 희범이 보고 여자 친구 있으면 집에 데려와 놀라고도 하나 희범이는 극구 부인하며 또한 저도 노파심에 걱정을 하는 것 같습니다.

솔직히 말해 남자가 여자 친구 사귀는 것 그렇게 나쁘다고 안 봅니다. 그러나 친구와 한밤중에 돌아다닌다면 미국은 한국과는 비교가 안 될 정도로 위험합니다. 또한 부득이 늦을 일이 있으면 친구 기숙사에서 자고 오는 것이 좋다고 했습니다. 그래서인지 일주일에 한 번 정도는 자고 들어옵니다. 처음에는 신경을 쓰며 이야기 했습니다만 공부하느라고 늦는다고 할 때 희범이를 믿을 수밖에 없어 묵인하곤 합니다. 물론 희범이 자신이 여자친가 없다고 했고 저도 어떤 것도 발견 못했으며 그저 노파심에 여러모로 생각하는 겁니다.

저에게도 귀중한 희천이가 있습니다. 형님에게도 귀중한 희범이가 있습니다.

항상 희범이에 대한 걱정은 형님 이상으로 관찰하고 신경 씁니다. 이런 점이 희범이는 물론 절대로 안 그러며 공부하기 위함이라고 저도 90% 믿습니다. 희범이는 지금까지 착실하게 교회도 나가고 학교에 잘 다니고 비교적 귀가 시간도 일정합니다. 어느 점 나무랄 데가 없는 모범학생이라 해도 과언이 아닙니다. 그러나 그럴수록 저는 박차를 가하고 정신이 다른 곳으로 가서는 안 된다고 생각합니다.

이곳 기숙사는 자취방이나 같습니다. 물론 사 먹을 수도 있습니다만 하루 한 끼도 아니고 자신이 만들어 먹어야 합니다.

저는 전적으로 희범이를 믿으려고 합니다. 그러므로 4개월이니 기숙사에서 보내는 것도 좋다고 봅니다. 이곳에서도 자녀들이 다니는 곳에 거의가 기숙사 생활을 합니다.

또한 교양 과목은 한국에서도 어려운데 얼마나 어렵겠습니까? 저는 희범이를 믿습니다. 오로지 염려가 되어 말씀드리는 건데 조금도 걱정 안 해도 된다고 생각합니다. 만일 조금이라도 이상하면 저는 절대 안 보낼 것입니다.

희범이도 집안 걱정하며 돈 아껴쓰고 열심히 노력하고 있습니다. 제가 너무 비약해서 생각하는 것도 희범이를 아끼는 데서 오는 겁니다.

저희 부부는 제자식과 조금도 다름없이 대해 줍니다. 처음 미국에 왔을 때, 희천엄마가 졸라 급히 책상이며 침대를 바꾸어 주었고 겨울 주말이면 저희들과 스키도 즐기며 희천이와 같이 스키셋트도 마련해 주었습니다. 너무 걱정 마십시오.

그리고 희범이 옷을 보낼 때는 절대 우리들 것은 보내지 마십시오. 꼭 부탁입니다. 저희들이 필요할 때는 형님께 부탁드리겠습니다.

가게에서 너무 바빠 난필입니다.

용서하시고 안녕히 계십시오.

1984. 1. 14. 뉴욕에서 동생이

둘째가 형님에게

형님께 · 9

그동안 가내 무고 하시고 어머님 건강하시다니 무엇이라 고마운 말씀을 드려야 할지 모르겠습니다. 이곳은 무고하고 희천이 희범이 다 개학해 학교에 잘 다니고 있습니다. 희범이는 이제는 미국생활이 저보다 더 익숙해졌고 튼튼히 공부 잘하고 있습니다.

요즘은 학교에서 직업을 갖고 저녁 늦게 올 때가 더러 있어 너무 피곤하면 그 직업을 그만두라고 했습니다. 물론 학교에서 주는 직업은 한국에서 조교가 하는 일이나 마찬가지라 배우는 점도 있고 누구나 주는 직업도 아니라 좀 관망하고 있습니다. 너무 피곤해 자신의 학업에 지장을 주면 그만두게 하려고 합니다. 사람은 자주 접촉해야 친해진다고 지금은 희범이가 저의 친자식처럼 느껴집니다. 어느 때 야단치면 섭섭할 때도 있겠지만 그것이 흐르면 미운정 고운정 다 드는 게 아니겠습니까?

형님!

희범이에 대해서는 조금도 걱정하지 마십시오.

처음에는 늦게 들어오면 걱정되고 야단도 쳤습니다만 지금은 그럴 필요가 없게 자신이 잘 적응해 나가고 있습니다. 희범이 생각엔 내년에 한번 한국 방문 할 계획인 것 같아, 희천이도 내년 여름에 같이 보낼 계획을 하고 있습니다.

어머님은 너무나 근력이 좋으셔서 마음대로 다니신다니 얼마나 고마운지 모르겠습니다. 이번 추석과 생신을 겸해 집사람이 200불을 어머님께 부친다고 해 은연 중 또한 고맙게 생각했습니다. 친정에 오직 큰어머님이 계신데, 다만 50불이라도 부쳐 드리자고 해도 여태껏 한번도 송금 못했습니다.

노인은 언제 어찌 될지 모릅니다. 마음 편히 잘 모실 거라고 믿습니다.

도봉동 누이와 작은 누이는 잘 지내고 있겠지요. 여러 가지 궁금도 하고 한국에 다녀오고 싶지만 지금은 여건이 잘되지 않습니다. 가게에서 난필로 몇 자 올려 죄송하며 다음 기회에 다시 올리겠습니다.

1984. 9. 8.
뉴욕에서 동생이 올림

숙모가 조카에게

희범이에게 · 10

그래 재미있게 잘 지내니? 항상 밤 12시가 다 되어 들어오는 것은 아닌지? 너 공수표 하나 떼었어. "가서 편지 드릴게요."해놓고!

매일 Mail Box 뒤져봐도 네 편지는 없더라. 여기 너의 작은아버지하고 나는 네가 상상하는 대로 가게에선 바빠도 집에 둘이 멀건이 앉아있을 땐 참 사는 맛이 안 나는구나. 너희들이 있어도 각자 제방에서 공부나 하겠지만. 그래서 항상 집에 늦게 들어간단다. 그리고 너희들 침실은 문을 꼭 닫아놓지. 공부방도. 왜냐고? 열어보아야 텅 비어 있으니 차라리 안 열어보고 너희들이 있을 거라는 상상을 하며 TV나 보는 거지.

지난 일요일은 작은 아버지 골프치러 나가시고 나 혼자 있자니 참, 이건 지옥이더라. 하루 종일 집안 치워 보았자, 희천이 책상이나 대충 정리 해놓고 Vaccum 해도 10분이면 끝나고 허리가 아프도록 잘 쉬었다.

가게에서 바쁜 게 낫지, 하루 쉬는 것도 너희들이 없으니 할 일이 없는 거야. 참 둘째 고모는 MaryLand에서 봉제 공장에 두 분이 다 취직이 되셨다더라. 잘됐지? 그곳 시댁에서들 잘해 주신다고 좋아하더라. 할머님께 그렇게 말씀드리고.

그래, 네가 해드린 다이아몬드 목걸이 받으시고 어머니께서 울지 않으셨니? 그 상황을 좀 미사여구 동원해서 사진과 함께 보내 주면 좋으련만, 친구 만나기 바빠서 어디 내 욕심대로 네가 해주련! 쯧쯧

희천이에게도 이렇게 한글로 편지를 쓸 수 있다면 얼마나 좋겠니? 말로는 표현 못하는 것, 모두 표현해서 인생관을 토론하고 삶이 무엇이라는 것을 알려줄 기회도 될 텐데…. 내가 영어에는 자신이 없고 그래 몇 자 영어를 적어 보내는 것은 그 녀석 편지 쓰는 법도 배워 주려는 의도이니 네가 매일 희천이 재촉해서 편지 쓰도록 해주련?

8월 24일까지 너희들을 어떻게 기다릴지 까마득하구나. 참 주책이지? 너희들 다 결혼해서 떠나가면 어떡하려고 이러는지 모르겠다. 모처럼 부모님 모시고 즐겁게 지내다 오길 바란다. 그리고 희천이에게 너무 신경 쓰지 말거라. 그 녀석 어려운 것도 배워야 한단다.

그럼 모쪼록 건강히들 있다 오너라. 시간 나는 대로 편지 보내다오. 나보다 너네 작은아버지가 더 성화시구나.

서울 식구께 두루 안부 전해다오. 그럼 이만 줄인다.

1985. 7. 9. 미국에서 작은엄마가

둘째가 형님에게

형님께 · 11

너무 걱정을 끼치고 떠나 도착 즉시 편지 올리려 했으나 여독과 감기 몸살로 약 일주일간 대단히 아파 가게에도 나오지 못했습니다. 제가 어머님을 걱정해야 될텐데 어머님이 오히려 저를 걱정한 불효를 저질렀군요. 여하튼 지금은 거의 완쾌하여 정상입니다.

항상 서울 가면 느끼는 것이지만 형수님의 규모 있는 알뜰 살림이 희범이 잘 가르치고 현옥 현진이 학교 잘 나간다고 볼 수 있습니다. 그러나 인생은 누구를 위해 사는 것이 아니고 우선은 자신을 먼저 생각해야 되는 것이 사실입니다.

형님도 벌써 60이 가까워오면 얼마나 인생이 짧은가를 새삼 느낄 겁니다. 저나 형님은 사람같이 살 시일은 불과 10년 내외입니다. 그 이후는 누구도 장담 못합니다.

지금은 인생의 정리 단계이며 노후의 일을 생각해야 됩니다. 아이들 성장 교육 시킨 것으로 부모의 의무는 다했고 오직 자신의 남은 여생을 어떻게 보내야 좋은가를 설계하고 또한 사회적으로 활동할 수 있을 때 두 분 가급적 많은 시간 내어 즐기십시오.

너무 알뜰하다 후회되는 일이 있어서는 안 됩니다. 최소한 일 년에 한두 번 여행 하는 것을 생활 계획에 넣으시고 하고 싶은 것 조금씩 하면서 사셔야 됩니다. 조금만 더 기다린다는 것이, 영원히 못할 수도 있다는 것을 깊이 염두에 두십시오. 그리고 어머님 문제입니다. 몹시 속상하시겠지요?

다 압니다. 그러나 어머님 좋은 대로 하시게 하고 헌식 내외가 아무 말 없이 잘 모시니 무엇보다 고맙습니다. 물론 그 일이 얼마나 힘들다는 것 다 압니다. 그러나 우리가 모든 정성 다하여 잘 모실 때 아이들의 교육 또한 깊습니다.

점점 달라지는 사회 풍조와 너무 빨리 변천하는 젊은 세대들, 그들에게 브레이크를 거는 것도 오직 부모가 실천으로 아이들에게 보여 주는 것 이외는 없습니다. 괴로워도 힘들 때도 절대 아이들 앞에서 괴로운 얼굴 보여 주어서는 안 됩니다. 이것이 아이들 마음에 앞으로 내 부모 어떻게 모시겠다는 증표 같습니다. 이것 만큼은 각오하시고 실천에 옮기셔야 합니다.

이 모든 것이 인생의 정리입니다. 형님의 꼬장꼬장 하신 성품도 교회 때문인지 너무 너그러워지셨고 알뜰 살림으로 찌든 형수님의 손 또한 안됐습니다.

훌륭하게 커가는 조카들 보니 대견하고 이번 여행 중 가장 즐거운 시간은 우리 가족 모여 즐거운 저녁 한때였습니다.

천진하고 꾸밈없는 저희들 사촌끼리의 우애를 보니 좋았습니다.

사촌들과 동떨어져 혼자 있는 우리 아들 희천이가 쓸쓸하고 안됐다는 생각을 했습니다. 그러나 이놈도 천진하고 나무랄 데가 없는 박씨 가문 자식인 것은 틀림없습니다. 시간 있을 때마다 동양의 예의를 말하지요.

아무쪼록 몸 건강하십시오. 이것 이외에 더 좋은 것 없습니다.

다음에 또 올리기로 하고 이만 안녕히 계십시오.

1987. 12. 1. 뉴욕에서 동생 태식올림

동서가 형님에게

형님께 · 12

바쁘게 크리스마스가 지나고 있습니다. 아이들이 집에 오고 또 저희 내외는 연말 파티 쫓아다니느라 바쁘고 그렇군요. 다 건강하신지요?

이제 설도 며칠 안 남고 형님이 이래저래 바쁘시겠네요.

집안 식구 다 모이시면 훈훈하시겠군요. 저희야 네 식구 모여 간단히 떡국이나 끓여 먹고 그러고 나면 또 빈집같이 조용하겠지요.

아범이 아픈 몸 이끌고 온 날 저녁은 뜬눈으로 새웠었지요. 아직도 그 후유증인지 피곤하다면서 가게 일은 아예 거들떠보지도 않는군요.

종업원 두 사람이 나간다 해서 조금 걱정이에요.

어머님은 "얘, 사람 더 두고 아범 일시키지 말아라." 하시지만 뭐 제가 아범 마구 부려 먹는 줄 아시나 봐요. 다 걱정되셔서 하는 말씀이지만 조금 듣기가 서운하네요. 참 보내주신 선인장 정성껏 데쳐 먹었어요. 처음 먹기 시작할 땐 별효과를 기대하지 않았는데 역시 속이 많이 편해졌어요. 그래서 더 구할 수 있음 이곳에서 구해서 달여

작은집 가족 편지

먹어보려고 해요.

항상 저를 생각해 주시는 형님의 정성에 고마운 마음 그지없습니다. 희범이는 아마 여름쯤 한국에 가려는 계획인 듯하나 잘 모르겠나 봐요.

두 녀석 다 건강하게 열심히 공부하고 있는 것 보면 마음이 뿌듯하답니다. 희천이도 기숙사에 들어간 뒤로는 공부 좀 하는 척해서 기특하고요.

나이가 들면서 아범이 비실비실할 땐 속이 상해요. 아직도 여독이 덜 풀린 탓이겠지요.

희곤이는 고등학교 결정 됐나요? 아범이 찍어온 사진에서, 온 집안 식구들 모여 저녁 먹으며 노래 부르는 사진 아주 흐뭇하더군요. 언제 모두 모일 수 있을는지요. 한 사람도 빠짐없이 말이에요.

새해 건강하세요.

난필 놓습니다.

1987. 12. 26. 미국에서 둘째 드림

동서가 형님에게

형님께 · 13

서울 소식은 희범이 편에 잘 들었습니다. 보내주신 선물들 아주 감사히 잘 받았습니다. 덧버선과 브라자는 시원해서 지금 입고 신고 있구요. 바쁘신데 심부름까지 시켜드려서 죄송합니다. 더운데 잠시 손님이 뜸하기에 문 옆에 앉아 몇 자 적습니다.

블라우스와 치마 사신 것, 상업은행으로 백오십 불을 부쳤습니다.

실은 가게에서 하도 더워서 입으려고 소매없는 블라우스 사서 가져 오면 돈을 줄 테니 돈 걱정 말고 사오라고 희범이에게 부탁했던 것인데 너무 예뻐서 나들이 옷이나 해야 되겠어요.

희범인 오자마자 어찌나 바쁘게 돌아다니는지 얼굴 보기가 힘이 들어요. 희천이도 여름 학기 강의를 들으면서 학교에서 일을 하고 용돈을 벌기 때문에 여름이라서 한가해져 조금 숨이 트입니다. 바쁘면 바쁜 만큼 돈이나 들어오면 좋은데 어찌나 불평들이 많은지 남의 나라에서 흑인들과 싸우는 것도 이제 신물이 나는군요. 툭하면 고소를 해서 법원에 나가야 하니 말이에요. 이젠 형님도 저도 늙어가는데,

옛이야기 나누며 오순도순 걱정 없이 살 날이 언제쯤 올까요?

아범이 아파서 일도 못할 때는 어찌나 겁이 나는지 앞이 깜깜해요. 미련하게 윽박지를 땐 미워도하면서 그것이 부부인가 봐요. 고운정은 없고 미운정만 남았어도 말이에요. 호호

오고가며 몇 자 적다보니 내용이 엉망이군요. 다시 손님이 오는군요. 아주버님 건강하시길 기도하며 몇 자 총총 적습니다.

보내준 선물들, 고맙다고 형님이 대신 동서들에게 전해주세요. 시간이 없어 일일이 편지 못한다하더라구요.

안녕히 계세요.

1988. 7. 7. 미국에서 둘째 드림

숙모가 조카에게

희범이에게 · 14

축하한다! 첫 출근을 했다니 대견하구나.

네 앞날에 무궁한 발전이 있길 기원한다. 네가 출근하기 전날 저녁엔 내가 너의 꿈을 꾸었지. 내 꿈은 참 잘 맞거든. 하하 믿진 말어.

네가 전기 분야에서 크게 성공하여 많은 사람을 거느리게 된 것 같은 꿈이었어. 허나 너는 조금, 낭비벽(?) 이 있으니 극히 조심하고.

성공을 해도 네 손에 돈은 그리 많이 들어오지가 않는 그런 꿈이었구나.

네가 떠나고 온통 마음이 텅 비어버렸었단다. 가게에 가면 네가 "작은어머니!" 하며 무언가 물어오겠지 하는 망상과 집에 오면 젖은 머리로 지하실에서 수건 목에 걸고 올라오는 환영이 너는 모르겠지.

참 작은어머니도 별 소리 다하시네. 어디 그럴라구 하겠지만 네가 이다음에 내 나이가 되어 정든 사람 떠나 보내보면 이해할 거다.

7년! 네가 섭섭했던 때도 있었겠지만 고운정 미운정 다 들어 네가 조카라기보다는 아들 같았단다. 희천이야 원래 멋대가리 없고 내성적이라서(언어의 불편도 겹치고) 어디 마음에 있는 이야기 한 번 할 수 있는 처지가 아니잖니? 어린 너에게 때론 온갖 푸념 다 해놓고 얼마나 부끄러웠는지 너는 모를 것이야. 그래도 넌 어른처럼 다 받아주고 나를 위로해 주었던 네가, 얼마나 든든했는지 모른다.

원래 상냥하고 다정한 네 성격을 희천이가 반만 닮아도 좋겠다만…. 주말만 되면 너와 희천이가 떠들썩하게 들이닥쳐 떠들고 웃고 하면 구석구석에 있는 가구들까지 함께 깔깔대며 웃는 것 같았는데 이제 집안이 왜 이리 적막한지 모르겠구나.

한 장의 그림 속에 멋대가리 없이 색채도 넣지 않은 채 그려져 있는 것 같은 실내, 누워있어 봐도 앉아 있어도 TV를 틀어도 적막함은 여전하구나. 그래서 아래 위층으로 돌아다니며 죽어라 하고 청소를 해보지. 그래도 마음은 텅 비었어. 네가 차지했던 공간이 참 넓기도 하구나. 그러다보니 또 내 외로움을 너에게 푸념해 보는 꼴이 되었구나.

그래서 형님에겐 편지 드려도 너에겐 안 쓰려 했는데….

마침 삼촌은 골프나가시고 홀로 앉아 펜을 들었다. 네 책상을 걸레로 닦으면서 또 네 생각에 젖어 보면서, 네가 자던 침대를 건드리지도 않은 채 네가 돌아오기만 기대 해보는 마음 나는 욕심쟁이구나.

'형님이 미워요, 형님이 내 큰아들 뺏어갔다구요'

이렇게 엄마에게 당치도 않은 항의를 입속으로 중얼거리면서 말이다.

희범아!

젊어서 고생은 금을 주고 사서도 한다는데 지난 7년, 너는 참으로 좋은 경험을 했어.

미국에서 네 힘껏 고생도 해보았고 무서운 삼촌 밑에서 으박지르는 상관도 대해보았고 네가 우리 가게에 나와 일하면서 나에게나 삼촌에게 대하듯이 상관을 대하고 모시면 넌 틀림없이 성공할 거야. 너는 어딜 가나 성품이 좋아서 성공하겠지만….

이만큼 썼으면 나의 허전함도 조금은 풀리는 것도 같다마는 귀국해 바쁘고 정신이 없는 너에게 마음의 부담은 안 주겠다는 의지였는데 길어졌구나.

여기 엄마 사진 동봉한다. 엄마께 드리고 작은엄마의 안부 전해 드려라. 원래 무뚝뚝한 내가 돼놔서 더 정답게 못해 준 것이 내내 가슴에 남는구나.

잘 있어라!

1989. 7. 2. 뉴욕에서 작은엄마가.

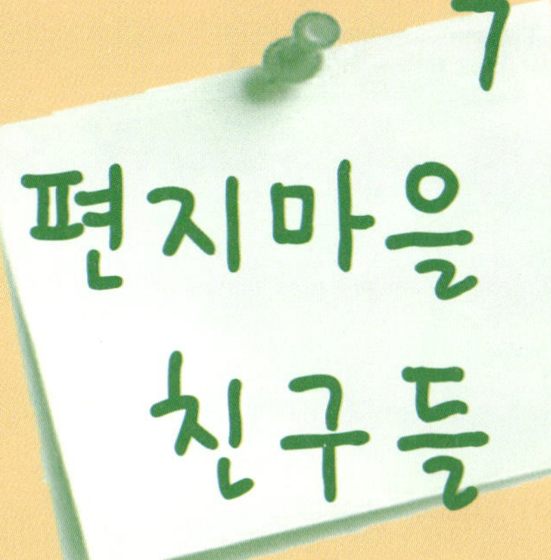
7
편지마을
친구들

정정성 회장님께

올해는 유난히도 길고 지루한 여름이었던 것 같습니다. 숙질 줄 모르는 불볕더위가 연일 기승을 부리고 저수지 바닥까지 드러낸 가뭄은 모든 이들로 하여금 참기 어려운 하루하루가 아니었나 싶습니다. 그러나 그 혹독한 시련을 극복하는 인내 속에 분명 무엇인가 깨달음이 있고 삶의 지혜도 생겨 또 다른 축복을 우리 국민이 받지 않을까? 하는 작은 기대도 걸어 봅니다.

비온 뒤에 땅이 더 굳어지는 것 같이 말입니다.

전주에는 무사히 다녀오셨는지요? 덕진공원 연꽃은 얼마나 아름다웠으며 넘늘거리는 연잎과 반가운 만남들은 찌는 듯한 더위도 잊었으리라 믿습니다. 저 역시 마음 써주신 덕분에 건강히 지내고 있습니다. 돌사닥다리 같은 박토에 어설프게 곡식을 심어 놓고 좁은 밭이랑에 묵묵히 앉아 김을 매노라면 푸근히 쏟는 땀은 온 몸을 적시고 이마의 땀방울은 정성을 쏟는 동안 자연의 순리도 흙의 고마움도 배우곤 한답니다.

때로는 푸르름을 사랑하는 이내 마음을 알아주는 듯 간간히 산들바람이 갯 내음과 함께 나를 스쳐가면 이전에는 미처 경험하지 못했던 또 다른 싱그러움과 상큼함이 아마 나로 하여금 이 일을 계속하게 하는 가 봅니다.

올해는 만물 고추가 예년에 끝물만도 못하지만 물주고 살린 정성에 보답이라도 한듯 작렬하는 태양빛에 붉은 고추를 말리면서 농부의 흐뭇한 마음도 보람도 느껴봅니다.

생활이 많이 편리해졌다고는 하나 늘 시간이 모자라는 삶은 이제 나이들어 일을 효율적으로 해내지 못하는 아쉬움 때문인지? 아니면 일에 욕심을 부려서인지? 분간하기 어려운 때도 더러 있습니다.

이제 회원들의 글에서 진한 정을 느끼고 아우님들과 딸과 며느리 같은 젊고 싱싱한 모습에서 더 많은 것을 배우게 됩니다. 때묻지 않은 손주들의 하얀 마음 밭에 고운 그림을 그려줄 날도 멀지 않았겠지요.

회장님의 그 넉넉한 마음과 향기는 편지마을에 영원히 존재할 것이며 그 노고는 결코 헛되지 않으리라 믿습니다.

회장님의 가정에 늘 건강이 넘치고 남편과 자녀들에게 지혜와 총명과 또한 신의 은총이 함께하기를 기도합니다.

안녕히 계십시오.

1994. 8. 6. 유정숙 드림

신미덕 아우님께

유난히도 덥고 긴 여름, 아우님댁 모두 건강하신지요? 태풍(더그)의 접근으로 마음 졸이고 혹한 가뭄은 저수지 바닥까지 드러내며 숨통을 막는 듯 하더니만 KAL機 화제는 또 웬 말인지요. 신의 도우심이 있어 태풍도 KAL機의 인명도 모두 무사함은 천만다행스런 일입니다. 아니 한마디로 긴장, 경악, 안도의 하루였습니다.

한치 앞을 모르고 사는 인간의 삶이 때로는 허무를 느낍니다.

미덕 아우님! 모임이 있을 때나 행사 때 늘 아우님의 수고하는 모습에서 맏며느리다운 면모를 볼 수 있어 보기 좋았습니다. 지난번 경복궁 모임 때는 얼음 한 조각을 버리지 않고 이용하는 알뜰함에 미덕 아우님의 삶을 엿볼 수 있었지요. 혈육으로 이어진 인연도 아니면서 또한 긴~ 대화로 가볍게 지내지도 못했으면서 아우님의 형편과 사정 그 무엇 하나 뾰족하게 아는 것도 없으면서 우리 두 마음을 포개보고 싶은 것은 어인일 일까요?

늘 둥둥 떠다니는 바쁜 나의 일상에 어울리지 않게 늦게 편지마을

한 일원이 되어 걸음마부터 배워 보려해도 그것은 마음뿐이고 걸음마는커녕 서지도 못하고 주저앉지 않나 하는 생각도 해 봅니다.

별로 내세울 것 없는 농사일이나 농촌과 도시를 오가며 부대끼다 보면 어려운 점도 없지는 않지만 질서 정연한 자연의 순리에 때때로 머리가 숙연해집니다. 사막 같은 밭이랑을 묵묵히 바라보며 모든 것을 받아들이는 흙처럼 순리대로 사는 법을 일찍부터 터득하여 살아온 농부들이 존경스럽고 거룩해 보이기까지 했습니다.

이가 곧 '농심' 이고 '천심' 이지요. 가뭄에 힘겹게 달린 옥수수는 모두가 못난이들이여서 인심을 쓰자니 욕을 먹을 것이고 포기하여 버리자니 하늘이 무서워 두고두고 말려서 이용하기로 했지요. 이제 가뭄을 이기고 물맛 본 농작물들은 힘찬 성장과 함께 결실의 준비에 들어가고 그 동안의 나의 땀방울은 식탁의 풍성함으로 바꾸어질 것입니다.

아우님! 편지는 자주 못해도 마음속엔 늘 아우님의 모습 그려져 있을 것입니다. 오늘 하루의 한순간을 소중히 여기며 사랑하며 사노라면 알알이 영글어 가는 보람도 찾아보고 어떤 강풍에도 넘어지지 않는 어머니로 아내로 자리를 지키는 여인이 되리라 믿습니다.

아우님, 편지는 살펴서 고쳐 읽어 주시고 글로 표현 못한 답답한 부분도 있었음을 고백합니다.

끝으로 아우님 가정에 건강이 넘치고 자녀들에게도 지혜와 총명이 늘 함께 하기를 바랍니다. 안녕!

1994. 8. 8. 유정숙

순용 씨에게

시대가 복잡해지고 터무니없는 사건들이 연일 사람을 놀라게 하더니만 계절까지 놀랐던지 봄이 없는 여름이 성큼 다가왔나 봅니다. 가뜩이나 어리둥절한 정신이 더 더욱 아리송해집니다.

그 좋은 금수강산을 온통 오염으로 뒤범벅해 놓은 인간의 행위가 하도 괘씸하다 보니 사람이 생각할 기회를 주노라 하나님이 뚜렷한 사계절을 흐려놓으시려나? 하는 두려움도 들곤 합니다. 그간 안녕하셨는지요?

손녀 은혜할머니가 분명한데 마음은 청춘이라 왠지 이상야릇한 감정이 한 켠에 남으니 우습죠? 하도 소식을 전하지 못하여 오늘은 마음이 무작정 상개리로 달려갑니다.

시댁 형제들이 많다보니 미국에 삼 남매가 있어 뉴욕, 워싱턴, 오클라호마에 있어 미국서도 서로 못 만나는 남매들이 고국에 와야 만나는 등 서로 목소리만 듣고 사는 처지라 모처럼 아이들 데리고 고국에 와서 오래도록 묵고 북적거리다 갔습니다. 가뜩이나 빠른 세월을 헤어보지도 못한 채 반년을 보내고 한숨 돌리려니 콕 집어 아픈 곳도 없군요. 온몸이 납덩이처럼 무거워 큰 곤욕을 치루는 중에 긴장이 풀리면 병이 날까 싶어 봐주는지, 외손주가 아우를 보느라 큰딸이 입덧이 나서 친정을 자기집 삼아 있으니 세 식구가 와서 들락거립니다. 50대 엄마는 분명 천국을 보장 받았는데 아무래도 나는 편한 팔자는 못되나 봅니다. 하하.

유방암으로 엄마를 잃은 남매를 정신적으로 붙들어 달라는 부탁이 있어, 작년에 인연을 맺어 호흡을 하다 보니 마음 아픈 사연도 많고 자식을 두고 먼저 가는 어미의 슬픔의 깊이는 얼마나 깊었을까? 마음 한켠이 아릿했습니다.

암으로 죽어가는 이들을 돌보는 호스피스 교육을 받으면서 시한부 인생을 사는 이들의 안타까운 사연 중에 제일 아쉬워 후회하는 것 중의 하나가 더 좀 베풀걸- 더 좀 참을걸- 더 좀 재미있게 살걸- 하는 것이라는 교수의 말에 많은 것을 느끼며 그 뼈아픈 사연 속에 내 자신이 그저 감사하게만 생각 됐지요.

올해 농사는 잘 됐는지요? 우리는 풀 농사만 지었는가 싶을 정도로 풀과의 싸움이 때로는 처절하답니다. 재래식 온돌에 불을 지피고 허리를 지지는 시원함에 서투른 농사나마 열심히 짓지요. 별로 신통치도 못한 것에 애착을 두는 우리 내외를 자식들은 이해가 안 되겠지만 그래도 푸르름이 좋은 걸 어떡합니까?

미련하고 우습게 사는 관계로 세월은 걷잡을 수 없이 빠르게 지나가는데 어른들 말씀이 60이 넘으면 더 빠르다니 지금부터 빠른 세월

잡아 보는 궁리를 해봐야겠습니다. 글 쓰는 일은 도통 잊은 지 오래고 도무지 책 읽을 새도 없으니 무식해지는 늙은이는 바로 이거구나 싶어요.

부평 따님 댁에 오실 때면 연락 좀 주세요. 70이 되면 마음대로 다니기도 어렵다던데 그래봐야 우리도 10년 안에 부지런히 다녀야겠어요. 마음은 여전히 소녀 같아서 혼자 있는 시간이 좋고 흐뭇해도 편히 있지 못하는 성격이 단점이지요. 순용 씨가 꼬마 앨범에 그토록 매력을 느끼시니 오히려 제가 감사합니다.

둥둥 떠다니다가도 펜만 들면 수다스러워지는 탓에 마냥 이야기하고 싶고 TV에서 전북 완주군 어쩌구 하고 나오면 가보지도 못한 고장을 아는 척 하지요.

이제 자식들 걱정일랑 접어두자고 하면서도 늘 되풀이해야 되는 노파심을 어쩌지 못하니 순용씨나 나나 모든 어미의 심사는 대동소이 한가 봅니다. 순용씨는 자식이 멀리 살아 못 보는 게 약이려니 하시고 저는 가까이 살아 병이구나 한답니다.

다가오는 삼복더위에 건강하시고 이심전심 마음 전할 수 있는 친구 있어 늘 감사하며 이만 펜을 놓겠습니다.

1996. 7. 10. 정숙 씀

최순용 친구가 보낸 편지

유정숙님께

몹시도 가물더니 드디어 비가 내리고 목마르던 밭작물이 목을 축이고 타들어 가던 농심도 한결 생기를 얻었습니다.

그동안 어떻게 지내셨는지요? 편지 보내놓고 답장 기다리기 몇몇 날이 흘렀는지요? 쓰고 보내기는 더디게 하면서도 받고 읽기는 퍽 좋아하는 난 어쩌면 염치좋은 염치쟁이가 아닐는지요?

정숙 씨의 편지는 늘 허전한 삶에 활력소가 되어 기쁨으로 다가왔는데 이제야 게으른 펜을 듭니다.

얼마나 편지를 기다리셨어요? 미안합니다.

항상 소식 띄워야지 하면서도 다른 데다 몸과 마음을 빼앗기니 정말로 무기력하고 무정한 순용이입니다.

이제 선거도 끝나고 마음의 분주함도 끝난 줄 알았는데 생각지도 않은 삼풍백화점의 붕괴로 엄청난 인명 피해는 또 많은 사람들의 마음을 아프게 하는군요. 한 가지 어려운 고비를 넘기면 또 큰 환란이 닥치고 참으로 한 세상 사는 일이 어렵고 순풍에 돛단 듯 흘러가지만은 않네요.

혹 이번 참사에 우리 편지마을 친구분들이 불운을 당하시지나 않았는지 가슴을 졸이기도 했습니다. 그곳은 시골보다 훨씬 편리하고 문화 혜택을 많이 누리기도 하지만 또한 험하고 무서운 일도 일어나기 쉬우니 서울이 마냥 좋은 곳만은 아닌 것 같군요.

늘 조용하고 사람 그림자는 끼니 때나 볼 수 있고 한낮엔 담배밭 일로 우리 마을은 굉장히 심심하지요.

저희 집은 담배 농사는 않기에 물론 품앗이도 없어요.

어제는 쓸쓸하고 서글픈 날이기도 했습니다. 우리 이서교회 목사님이 뜻밖에 사임하고 군산 조촌동교회로 부임해 이사 가는 날이었고 또 제가 조금 알고 지내던 무의탁 노인이 오랜 병고 끝에 삶을 마무리한 날이기도 했으니까요. 그분은 행복을 가꾸는 아낙들에게 작은 사랑을 나누는 기쁨이 어떤 건지 가르쳐 주신 분이었거든요. 곁에서 그분을 늘 도우며 거두어 주는 젊은 여인 가족들이 끝까지 보살펴 주었지요.

혈육 한 점 없이 그분은 팔십오 년의 긴 세월을 어떻게 지내셨는지 참으로 쓸쓸하게 살다 가신 분이 아니었나 싶습니다.

교회장으로 간소하고 단출하게 이리시 공동묘지에 안장했지요.

살아계실 제 좀 더 덕을 베풀어야 했는데 많이 후회했지만 무슨 소용이리요.

정숙 씨!

괜히 우울한 이야기만 했네요.

거리에서 엎드려 배로 기어가며 구걸하는 불쌍한 사람들을 보면 선뜻 지갑이 열리지 않는 건 또 무슨 욕심덩어리인지….

남을 위해 살아야겠다고 마음먹다가도 정작 눈앞에 닥치면 외면해 버리기가 비일비재하니 많이 반성해야겠어요. 이제 우리 삶은 조금이라도 누구에게 도움주며 기쁨을 맛보아야 하지 않겠어요?

정숙 씨는 좋은 글 많이 쓰시는지요? 문단에 등단하는 일이 태산처럼 높게만 보이니 언제 어느 시절에 그런 때가 오려는지요.

단행본 제목은 무얼로 정해서 쓰시는지요? 단행본 일은 얼마만큼 진전이 되어 가는지, 여름호 회지는 또 언제 만들어질지 모든 게 궁금하고 보고 싶네요.

청담동을 지도상에서 찾아가며 친구를 그립니다. 천호동의 경희 친구, 가회동의 유금준, 암사동의 정정성 회장님, 난 곳곳에 마음 통하는 친구를 많이 둔 참 행복한 시골 아낙입니다.

아무쪼록 건강하고 온가족들과 즐거운 나날 되길 빕니다.

1995. 7. 11. 이서에서 순용(드림)

성악이 친구야!

친구야!

그동안 잘 있었어? 나는 늘 동동거리지. 집에 있는 날은 세수도 못하고 종일 서 있으니 도대체 그 살림이란 것이 종일 섰어야 본전이거든. 편하면 밀지고 빚지고….

지난번에 몽실이네 갔더니 모퉁이에 심어둔 등나무가 봐주는 이도 없는데 수백송이 꽃등을 늘어뜨리고 나를 기다리는 거야. 그리고 옆을 보니깐 목단도 탐스럽게 라일락도 향기롭게 붉은 단풍까지 아줌마 안와서 울었다는 거야. 하기야 16년의 세월이면 강산이 변하고도 또 반이 변했을 세월이니 힘들다 푸념하면서도 정이 들었던 거야.

아침이슬 머금은 풀잎사이로 따사로운 햇살이 닿으면 그 싱그럽고 경이로운 모습들에 감탄하고 감사하며 그 내면의 아름다움과 공중의 새 소리로 찬양을 드릴 수밖에 없어.

내가 좋아하는 친구 성악! 요즘 건강은 어때? 너의 건강을 위해서 기도해. 참참히 생각날 때….

춘란이 소식은 들었는지? 이제 어영부영 세월 보낼 때가 아닌 것 같아.

앞이 얼마 없으니 말이지. 우리 영감인지 곶감인지도 겨울에 눈을 대수술하고 운전을 못해. 앞으로 어찌 될지 모르겠지만.

하기야 60년대로 돌아가면 힘들 것도 없지만. 그래서 등산하는 식으로 다니기로 했어. 불안하게 운전하는 것보다 마음은 편해. 자식은 주말에 가시면 모셔다 드릴 테니 주말에 가라지만 우리는 놔먹은 늙은 망아지 같아서 더 불편해. 아쉬우면 택시 타는 게 낫지. 못됐지? 하하….

친구야, 시간 좀 내라. 네가 시간 내면 내가 맞출게.

흐르는 세월 막지도 못하고 한탄도 말고 우리가 서로 시간 맞춰 만나며 살자.

들국화처럼 고상한 친구들 늦게 만났지만 나는 늘 감사해. 말이 통하는 친구들이 있다는 게 참 좋아.

그 놈의 소녀같은 감성은 늙어도 버리지 못하고 때때로 발동을 하니 이게 망령인가 봐.

오늘은 새벽같이 남편이 모임에 나갔기에 호젓한 시간 내어 식탁에서 수다떠는 거야. 친구야 건강해. 잘 지내고 또 보자 안녕!

2005. 5. 16. 청담동 숙이가.

조성악 친구가 보내온 편지

정숙 씨

정숙 씨!

당신을 생각하면 참 기분 좋은 사람이라오.

그 인상에서 마음에서 행동에서 그 하나하나 미운 것이 없는 당신, 혹시 당신 천사 되려다 만 것 아닌가?

정숙이! 한 해를 보내고 또 한 해를 맞았지. 이러기를 우리는 68번, 요즘은 이 나이로는 노인 축에도 안 끼워 준다지만 오는 백발 막을 수 없어, 20일이 멀다하고 염색하면서 백발로 있고 싶지 않은 것은 젊은 망령일까?

잘 지내고 있겠지?

당신이야 늘 긍정적으로 사는 사람이니 혹 성날 일 있어도 성내지 않고 있으면 곧 그 일이 좋게 풀리는 기술을 지닌 사람이기도 하지.

새해를 맞았는데 얼굴 한 번 봐야 하겠는데 무슨 놈의 이유 핑계는 모두 다 가지고 있는지라 날씨 풀리면 만나자는 말만 해두고 날짜는 소관대로 정하는 거지 어쩌겠나. 행복한 당신, 뭘 하고 지낼까? 농장

일은 아직일 테고 동부인해서 여행?

당신은 영감님 흉보는 것도 자랑으로만 들리더라. 나는 재미없고 지루한 날을 내 나름대로 잘 소화하며 지내고 있다오. 때론 고집불통처럼 심술도 부리고 때론 어린애같이 연약하고 몸 부분 안 아픈 곳이 없다고 엄살부리며 맛있는 것 찾고 어느 하나 예쁜 구석이라고는 찾을 수 없는 영감탱이를 내 스스로 늙은 애기 하나 키운다고 마음을 고쳐먹었네. 비위맞춰주느라 때론 속이 갑갑해지기도 하고 어떤 땐 불쌍하기도 하고 차츰 이 빠진 호랑이 신세로 변해가는 모습에서 '젊었을 때 잘하지!' 하는 마음이 움쑥움쑥 터져 나오기도 하지.

며칠 전 '비익연리(比翼連理)' 라는 부부는 닮는다는 내용의 글을 읽었어.

또 80세 된 老 시인이 '부부' 라는 시에서

놋쇠든 사기이든 오지이든
오십년이 넘도록 하루같이
함께 있어야만 제격인
사발과 대접

부부가 서로 닮으려 노력하는 것은 서로에게 비치는 최상의 배려이자 이해라고 했는데 서로가 이해하고 배려하고 이런 마음을 가질 수 있는 노년이면 이 부부는 곱게 행복한 부부로 늙어가는 것이겠지만 일방적일 때는 불행인거지.

또 부부란 3주를 연구하고 3개월을 사랑하고 3년을 싸우고 30년을 참고 견대내면서 이루어지는 것이라니.

내 팔자, 참고 견디면서 살라는 게 내 격인 듯하이!

봄이 오면 선뜻 만나고 싶어지는 사람. 언제나 두루뭉실 모나지 않고 기분 좋은 여자. 마음속 내내 복이 깃들어 행복한 여인.

그런 여자를 봄이 오면 만나고 싶다. 정숙이 당신!

김춘란이는 영감님 입원해서 퇴원하고 짬내서 한 번 만나자고 했으니 공처럼 둥근 당신 나올 수 있겠지?

나 사는 것 별 변동사항 없지만 마음은 넓게 생각은 편하게 행동은 즐겁게 하려고 노력하는 여자로 거듭날 거야. 아마 잘 지내고 있으리라 믿으며 새해 인사 겸 새벽잠이 안 와서 방바닥에 배 깔고 이 편지 쓰는 거야.

그래도 건강은 챙기고 만날 것을 기약하며 이만.

2006. 2. 9. 성악이가

책을 엮으면서

유정숙 선배님께

선배님!

지난 1월 중순, 칼바람이 살을 에는 듯한 날에 천호동 현대백화점에서 만났지요. 그날 선배님께선 밀감상자 속에 차곡차곡 쌓아 둔 묵직한 편지 묶음들을 힘에 부치도록 들고 나오셨습니다.

“이걸로 책을 만들 수 있나요?” 하시던 선배님은 천생 수줍은 소녀 같았습니다.

집에 와서 상자에 담긴 선배님의 오랜 편지를 쏟아내면서 그 방대한 양에 놀랐고 30년도 더 된 유구한 세월에 다시 놀랐습니다.

거실 바닥에 그득히 편지를 꺼내놓고 밤이 이슥토록 분류 작업 해보니 카드를 포함해 수백 장이나 되었습니다. 받은 편지는 물론 보낸 편지까지도 복사를 해서 소중히 간직하고 계시던군요.

책에 실을 원고를 간추려 내는 작업에서 선배님댁 가족의 30년 역사가 도란도란 잠깨어 나는 듯 했습니다.

350여 통의 손편지를 읽고 나니 마음 같으면 한 편도 빠짐없이 다

책에 싣고 싶었지요. 하지만 그 중에서 3분의 1만 추려내야 하는 일이 얼마나 아쉽고 어렵던지요.

선택받지 못한 수많은 원고들이 애절하게 저를 바라보는 것만 같았습니다.

아드님을 7년간 미국 유학 보내 놓고 온 가족이 주고받았던 편지들은, 아날로그 시절에만 존재할 수 있는 휴먼 그 자체의 논픽션 드라마였습니다.

모정(母情)이 얼마나 위대한 것인지, 부정(父情)은 또 얼마나 무량무변(無量無邊)한지를 잘 보여주었지요. 오빠를 그리워하는 여동생들 편지에서 알콩달콩 오누이 정도 흠씬 느꼈습니다.

성공 이민자로 뿌리를 내린 작은집 가족이 물심양면으로 조카의 성공 유학을 도운 그 구순한 정도 무척 감동적이었습니다. 30년 전, 이 편지들을 받을 때마다 부모는 부모대로 아들은 아들대로 얼마나 가슴 두근거렸을까요?

그 어떤 연서가 이보다 더 설렘이었을까요? 편지에 구멍이 날 만큼 읽고 또 읽었을 테지요. 편지 편편마다 가족의 사랑이 물씬 배여, 읽는 내내 저도 가슴 따듯하고 행복했습니다.

선배님!

미당 서정주 시인이 그랬지요.

'나를 키운 8할은 바람이었다!' 라고.

아드님을 키운 8할은 분명 어머니의 기도였습니다. 애끓는 모정의 간절한 기도 덕분으로 머나먼 미국 땅에서 아드님이 학업을 일구느라 고군분투 하면서도 반듯하게 성장했고 서울의 두 따님은 심성이 따듯한 소녀에서 숙녀로 성장했구요.

이 편지글이 책으로 펴나오면 독자들은, 좋은 부모님을 만난 선배님의 세 자녀분을 몹시도 부러워하겠지요.

따스한 감성과 맑은 영혼을 가진 선배님께 출간의 축하 인사를 드립니다.

편지글이 수필의 범주에 속하는 것은 틀림이 없지만 정교한 수필에서는 볼 수 없는 또 다른 매력이 있습니다. 결코 도금되지 않은 진실과 감동이 바로 그것입니다.

부디 많은 독자에게 읽혀졌으면 합니다. 날로 삭막하고 이기적이고 때론 위태롭기까지 한 요즘의 가족들에게 선배님의 가족 이야기는 팍팍한 가슴을 단비처럼 적셔 줄뿐 아니라 가족 사랑의 참의미를 일깨워 줬기에 크게 귀감이 될 것입니다.

끝으로 부족한 저를 믿고 선배님의 가족사를 엮는 일에 기꺼이 동참하게 해 주시고 칭찬과 격려를 아끼지 않으신 그 무한한 신뢰에 감사드립니다.

박형식 선생님의 팔순을 감축드리며 두 분 오래오래 강녕하고 다복하십시오!

2013년 3월 장은초(드림)

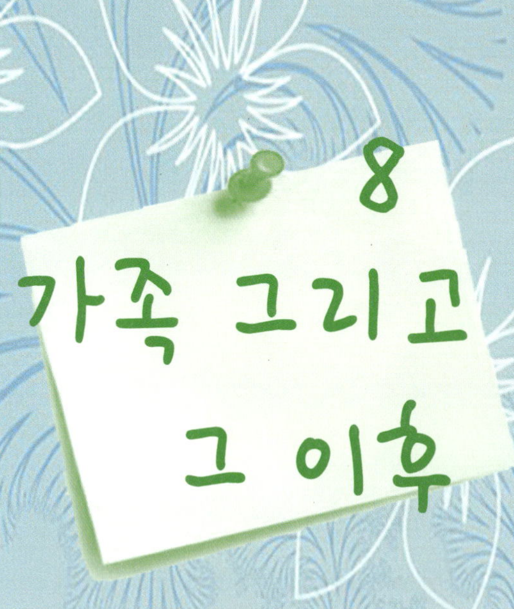
8
가족 그리고
그 이후

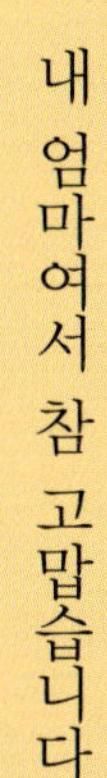
내 엄마여서 참 고맙습니다.

아들편지

내 부모님은 참으로 신기하고 축복받은 인생을 살고 계시지 않나 생각한다. 1남 2녀를 잘 기르셨고 아버지는 젊어서부터 당뇨병을 앓으셨음에도 불구하고 중학교 교감선생님으로 정년 65세에 건강히 퇴임하셨다. 물려받은 재산 없이 박봉임에도 삼 남매를 모두 대학과 대학원에 보내시고, 더욱이 장남을 7년이라는 적지 않은 시간 동안 미국 유학을 보내셨다. 그리고 지금은 오래된 집이지만 모든 사람이 부촌이라고 생각하는 강남 청담동의 개인 주택에 사신다.(청담동에도 길하나 차이로 극심한 빈부의 차이를 보이는 곳이 있다.^^)

누가 생각해도 산술적으로 이해가 안 되는 경제생활을 하신 것이다. 이러한 결과에는 예수님께서 보리빵 다섯 덩이와 두 마리의 물고기로 말씀을 듣기 위해 모인 오천 명의 신도를 먹이셨다는 기적을 하느님께서 부모님에게 나누어 주셨기에 가능했다고 믿는다.

이러한 축복 내면에는 두 분의 노력과 땀방울이 이루 말할 수 없이 축적되어 있음을 우리 삼 남매는 알고 있다. 두 분께서는 오래 전부터 경기도 화성에 있는 초가를 개량해 양철 지붕을 이은 시골집에 가끔 내려가시곤 했다.

몇 년 전, 어머님께서 넘어지셔서 거동이 힘드니 새벽에 병원에 갔으면 한다는 아버님의 전화를 밤늦게 받았다. 걱정스러운 마음에 바로 달려가 서울 병원으로 모셔와 검사를 받게 한 일이 있다. 원인은 목 디스크가 넘어지실 때 충격으로 악화된 것이다. 노인들에게 충분히 있을 수 있는 일이지만 나는 어머님을 입원시켜 드리고 오는 차 안에서 얼마나 많이 울었는지 모른다.

어머님께서는 내 유학생활 동안 집에서 하숙을 치셨고 그것도 모자라서 집 가까이 있는 학교에 학생들 점심을 해주시고 모은 돈으로 장남의 등록금을 보내 주신 것이다. 그러기 위해서 멀리 가락시장에서 찬거리를 이고 지고 오시느라 목에 무리가 가서 디스크가 온 것을 잘 알고 있었기 때문이었다. 이러한 생활에 맛난 음식 변변한 옷이 있었을 리가 만무하다. 그리고 중 · 고등학교 한창 예민한 학창 시절에 부모님을 도와 결코 풍족하지 못했을 생활을 감수해 준 두 여동생의 생활도 어려웠으리라 생각한다. 우리 가족의 희생과 노력 덕분으로 나는 참으로 과분한 유학생활을 무사히 마칠 수 있었다.

나도 이제 자식을 낳고 기르며 아이들에 대한 무한한 부모의 사랑을 느끼지만, 위대한 부모의 마음은 불가능을 가능으로 만드는 기적의 묘약이 아닐까 한다.

가족과 함께 미국 생활에 정신적 그리고 경제적으로 버팀목 역할을 해준 분은 미국에 계시는 숙부와 숙모님이셨다. 대학원 학기 때를 제외하고 나는 삼촌 집에서 통학을 했다. 주말에는 삼촌께서 운영하시는 가게에 나가 용돈을 벌어 썼다. 주 중에는 학교 전산실에서 일하고 학과 사무실에서 알선해준 인턴 과정도 적게나마 보탬이 되었다. 2학년부터는 16학점 중에 9학점은 장학금으로 충당하게 되었다.

토요일, 가게에서 일을 마치고 서로 얘기하지 말라시며 주머니에 넣어 주시던 두 분의 용돈도 학용품과 책값에 많은 도움이 되었다. 이런 두 분의 경제적 도움으로 다른 유학생보다는 비교적 부모님께 적게 부담을 드린 것도 다행이라면 다행이다.

정신적으로도 두 분은 부모님의 역할을 다해 주셨다. 내가 다닌 학교는 유난히 영어 과정이 힘든 학교였다. 미국 학생과 차별 없이 총 4개의 영어 과목을 수료해야 졸업이 가능했다. Placement Test 성적으로 과반수의 미국 학생도 6과목을 이수해야 할 정도였다. 특히 영시와 고문학은 정말 고학년이 되어도 내게는 피할 수 없는 난관이었다. 3학년 말에 이 두 과목을 남기고 Placement Test를 통과 못하고 고민하는 나를 보신 숙부께서 얼마나 안타까우셨는지 교수를 만나보시겠다는 것이었다. 우여곡절 끝에 나는 대학 생활 동안 여름학기와 Language School을 포함해서 총 12학기 동안 영어 과목을 이수하고 졸업을 할 수 있었지만, 어렵게 교수를 만나서라도 조카를 도와주고자 하시던 두 분의 모습은 오래 기억 된다.

주말에 부모님과 외식을 하고 집에 모셔다 드릴 때면 아직도 길 건너 사는 아들에게 운전 조심해 가라 하신다. 오십을 넘긴 아들이지만 여전히 어린아이 같으신가 보다. 부모는 늘 이렇게 걱정하고 희생하고 나누어 주시며 자식들을 짝사랑하는 존재인가보다.

아버님께서는 오랜 지병인 당뇨로 한쪽 눈이 잘 보이시질 않는다. 그리고 어머님께서는 신경장애로 귀가 잘 안 들리신다. 이렇게 불편한 몸이지만 두 분께서 같이하시면 아버님은 어머님의 귀가 되어 드리고 어머님은 아버님의 눈이 되어 드린다. 그래서 나는 두 분이 지금처럼 건강을 유지하며 오래토록 행복한 여생이 되시길 소망한다.

요즘은 인터넷 환경에서 자유롭게 통화하고 화상으로 보고 싶은 가족을 볼 수 있지만 80년대 초반에는 전화와 편지가 유일한 통신 수단이었다. 전화는 너무 비싸서 급한 일 이외에는 편지가 대부분의 안부를 묻고 서로의 그리움을 달래주는 역할을 했다.

어머님께서 그때의 편지를 꺼내 한 권의 책으로 묶어 우리 삼 남매에게 추억을 물려주시려나보다.

"어머님, 편지글 에세이집 출간을 축하드립니다!"

아들 희범(올림)

며느리 편지

내가 남편을 처음 만난 것은 1989년 9월이었고, 그때 그는 미국에서의 7년 유학 생활을 마치고 서울에 돌아온 지 2~3달이 된 신입사원이었다. 그 당시만 해도 외국에 나가 공부하는 일이 흔한 일은 아니었고, 그것도 대학 학부 때부터의 유학은 정말이지 드문 일이었다. 하지만, 나는 그가 유학을 마치고 돌아와 이미 사회인이 되었을 때 만나기 시작했으므로 그가 어떤 유학생활을 했고, 부모님이 어떤 심정과 노력으로 그 시간을 보내셨는지는 간혹 이야기를 들을 때마다 '아, 그렇겠구나' 정도의 공감을 느낄 수밖에 없었던 게 사실이다.

사람은 이 세상을 살아가면서 직접 · 간접적으로 원하든 원하지 않든 간에 많은 것을 알고 배우게 되면서 그걸 인생이라는 이름으로 부르게 되지만, 그래도 본인이 직접 경험하는 것만큼 큰 깨달음과 절절함을 주는 일은 없을 것이다. 내가 스무 살의 아들을 미국 유학을 보내고 혼자서 기도의 세월을 보내는 그 애절한 엄마의 마음을 절감

하게 된 건, 작년에 우리 큰딸이 미국에 교환 학생으로 가게 되었을 때이다. 지금이야 초등학생들도 혼자서 유학을 떠나기도 하고, 값싼 요금으로 언제라도 전화 통화를 할 수 있으며, 심지어 무료로 화상 통화를 할 수 있어 언제라도 얼굴을 볼 수 있는 세상인데도, 막상 딸아이가 생전 처음 혼자서 비행기를 갈아타고 지구 반대편으로 가는 그 시간, 처음 며칠 셋업이 잘 안되어서 전화나 인터넷 연결이 되지 않아 연락이 되지 않던 며칠간의 그 막막함은 참으로 무엇이라 표현할 수가 없었다. 그 며칠의 연락두절에 애를 끓이면서 그저 막연히 생각했던 어머니가 보내셨을 7년이라는 세월의 무게가 비로소 깊은 공감으로 다가왔다.

남편은 유학 생활 7년 동안 단 두 번 서울에 들어왔을 뿐이며, 그 당시는 국제전화 요금이란 게 엄청나게 비쌌던 시절이라 꼭 필요한 용건이 아니면 전화 통화도 거의 하지 못했다고 했다. 지금처럼 이메일이 있지도 않았으니, 심정적으로 지금과는 비교도 할 수 없을 만큼 더더욱 멀기만 한 타국의 아들의 안위를 염려하는 엄마의 마음을 표현할 물질적 현실적 수단이 편지 외에는 달리 없었을 것이다.

하루의 고단한 일정을 마치고 먼 곳에 있는 보고 싶은 아들을 염려하며 한 자 한 자 써 내려 가셨을 그 편지는 어쩌면 엄마와 주부, 며느리로서 가장 바쁜 시절을 보낼 수밖에 없었던 한 여자로서 어머니의 인생의 기록일 수도 있을 것이며, 그 편지에 담긴 엄마의 기도와 진심은 어떤 말이나 수단보다도 아들의 마음에 더 깊게 오래 새겨졌을 것이다.

이제 그 편지들이 한 권의 책으로 나오게 되니 지금도 우리 방에 있는, 그가 신혼 때부터 줄곧 가지고 있던 '엄마의 기도' 라는 이름이 붙어 있는 한 여인이 두 손 모아 기도하는 모양의 조그만 조각상을 다시 한 번 바라보게 된다. 사랑과 기도의 결정판이랄 수 있는 이 책의 출판에 깊은 존경과 축하를 보내며, 이 편지글에 배여 있는 진심과 애정이 이 책을 읽는 모든 이들의 가슴에 추억으로, 감사함으로, 때론 교훈으로 깊게 남길 기도한다.

며느리 이연수(올림)

큰딸

엄마!

나, 큰딸

결혼하고 바쁘다는 이유로 자주 뵙지도 못했는데 이젠 부모님 곁으로 이사 와서 자주 뵐 수 있으니 참으로 감사해요.

엄마는 "애고, 네가 곁으로 이사해 신경 쓸 일 많아 어쩌냐." 하시지만 엄마 그것은 하나님의 은혜예요.

늘 저희를 위해 허리가 끊어지도록 기도하시는 엄마, 이젠 걱정 마세요. 며칠 전 저희에게 중보기도를 부탁하셨듯이 이제는 저희가 부모님을 위해 열심히 기도할게요.

저에게 가장 큰 선물은 하나님을 알 수 있게 해 주신 겁니다.

엄마 감사합니다.

엄마 이 말씀 아시죠? [내가 진실로 진실로 너희에게 이르노니 한 알의 밀이 땅에 떨어져 죽지 아니하면 한 알 그대로 있고 죽으면 많은 열매를 맺느니라. (요한복음 12장 24절)]

저는 이 성경 말씀을 읽을 때마다 엄마가 생각나요.

엄마는 귀한 열매를 맺게 한 우리 가족의 한 알의 밀알이셨어요. 팔 남매의 맏며느리로서, 한 남편의 아내로서, 삼 남매의 엄마로서 열심히 사셨지요. 엄마의 인생은 뒤로하고 가족들을 위해…….

늘 바쁘고 고단하고 힘겹게…….

어릴 적 나에게도 그런 엄마의 모습이 안쓰럽게 보였으니까요.

사실 전 몇 년 전만 해도 "엄마처럼 살지 말아야지, 왜 저리도 고단하게 사실까!"하며 속상한 마음이 있었는데 엄마 곁에 살면서 엄마의 생활 방식을 가까이서 지켜보니 저의 생각이 잘못되었다는 생각이 들어요. 엄마가 사는 방법이 참으로 귀하고 얼마나 아름다운지 깨달았어요. 그리고 그것이 진정한 행복이라는 것을…….

지난여름 어느 식당 화장실에서 그러셨죠.

"애, 먼저 들어가서 물 내리지 말고 나와. 내가 들어가서 같이 물 내리게."

그 말씀으로 엄마의 몸에 배인 근검절약 정신은 단지 우리 가족만을 위한 것이 아니며, 그렇기 때문에 푼돈은 아끼고 목돈은 좋은 일에 선뜻 내어 놓을 수 있다는 것을 알았지요. 엄마 존경합니다!

머리 단장하는 시간과 비용을 모자로 대신하는, 모자가 무척이나 잘 어울리는 울 엄마. 벼룩시장표 옷을 입어도 명품보다 더 멋스러운 센스쟁이 울 엄마.

목련이 필 때면 봄기운 먼저 느껴보라고 앞마당에서 딸에게 한아름 꺾어 주시던 소녀같은 울 엄마! 그런 엄마를 사랑합니다.

또 이렇게 좋은 글을, 좋은 추억을 저희에게 남겨주셔서, 먼 훗날에도 늘 엄마가 곁에 계시는 것처럼 느낄 수 있게 되겠지요.

정말 고맙습니다. 우리 엄마!

큰딸 현옥이(올림)

작은 딸

엄마!

고마워.

이 말 외에 더 무슨 말을 할 수 있을까?

아직도 같이 길을 걸으면 차 온다고 길 안쪽으로 걷게 하는 엄마.

70이 훨씬 넘은 엄마가 40이 훨씬 넘은 딸을 보호하느라 앞뒤를 살피는 엄마를 보면 '아 그래, 우리 엄마여서 이렇지' 싶어.

직장 다니는 엄마보다 몇 곱절 더 바쁘게 살아온 엄마가 왜 그렇게 살아야 했는지, 그때 엄마 나이엔 왜 그랬는지, 내가 서른이 되고 마흔이 되니 이제야 알 것 같아.

'엄마'가 아닌 '여자'로서의 삶을 마음 깊이 이해하는 딸이 있다는 거, 엄마한테 위안이 될까? 위안이 됐으면 좋겠는데….

자식은 기억하지 못해도 부모는 자식의 모습 하나하나 머리가 아닌 가슴에 새겨 기억한다는 거, 나도 자식을 키워보니 알 것 같아.

무엇으로도 살 수 없는 엄마의 마음과 추억을 이렇게 글로 마주하게 해 주어서 정말 고맙고 감사해. 엄마!

오랜 사진 속에서 어린아이를 안고 화사하게 웃음 짓는 엄마의 젊음은 어느 여배우보다 예뻤고….

씩씩하고 열심히 자식을 키워낸 엄마의 중년은 엄마로, 아내로, 며느리로 온 가족의 든든한 기둥 같았고…. 여전히 자식을 포근하게 안고 기도해 주는 엄마의 노년은 참 따뜻해.

그런 엄마가 정말 자랑스러워.

사랑해! 우리 엄마~~~♥

작은딸 현진이 (올림)

Happy Birthday

할아버지

김태경

히끗히끗 하얀 머리에
뭐든지 들어주시는 멋진 할아버지

손자손녀 손꼽아 기다리시는 할아버지

손자손녀에게 전화오면
기뻐서 어쩔 줄 몰라하시는 할아버지

손자손녀를 사랑하시는
멋진 할아버지

할아버지 생신 축하드려요.

2008년 4월 18일 태경올림